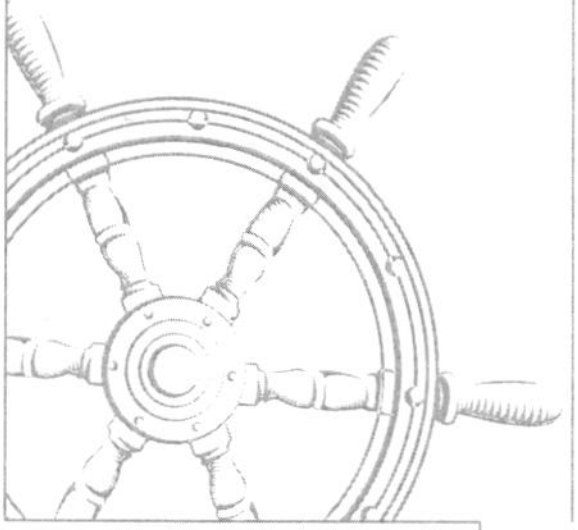

陈　梁／著

海员法律问题研究

A Study of
Legal Issues of
Seafarers

法律出版社
LAW PRESS·CHINA
北京

图书在版编目（CIP）数据

海员法律问题研究／陈梁著. -- 北京：法律出版社, 2025. -- ISBN 978-7-5244-0313-5

Ⅰ. D9

中国国家版本馆 CIP 数据核字第 2025A9L766 号

海员法律问题研究

HAIYUAN FALÜ WENTI YANJIU

陈　梁　著

责任编辑 孔明林
装帧设计 苏　慰

出版发行 法律出版社
编辑统筹 学术·对外出版分社
责任校对 王语童
责任印制 胡晓雅　宋万春
经　　销 新华书店

开本 A5
印张 10.875　　**字数** 239 千
版本 2025 年 9 月第 1 版
印次 2025 年 9 月第 1 次印刷
印刷 北京建宏印刷有限公司

地址：北京市丰台区莲花池西里 7 号（100073）
网址：www.lawpress.com.cn
投稿邮箱：info@lawpress.com.cn
举报盗版邮箱：jbwq@lawpress.com.cn
销售电话：010-83938349
客服电话：010-83938350
咨询电话：010-63939796

书号：ISBN 978-7-5244-0313-5　　**定价**：68.00 元

凡购买本社图书，如有印装错误，我社负责退换。电话：010-83938349

前 言

本书从最初的想法出现至定稿历经近二十年，终于在我临近退休时完成了。约十八年前，在为所指导的学生寻找毕业论文题目时，笔者发现无论世界海商法界还是中国海商法界对海员涉及的法律规范的研究都非常稀少，但毫无疑问这是在海运界非常重要的一个领域。于是笔者当年就安排了一个硕士学生写作这方面的毕业论文。之后，笔者又陆续安排了两位硕士和两位本科学生把这个领域的基础部分分别作为她们的毕业论文进行了初步研究。上述同学主要是以下几位：黄杨婷、杨薇、陈晶、孙宁尔和王珏玮。在她们的论文写作期间，我和这些学生合作收集了很多相关的资料并探讨了很多相关问题，包括论文结构和文字表述等细节问题。同时帮助学生们如期获得了学位。

大约十二年前,笔者基于与上述学生合作的基础研究开始与出版社联系准备写一本这个领域的专著。但是由于各种原因,书稿的定稿和修改一拖再拖,直至十几年后的今日。在此书稿的修改期间,由于中国和世界法制的快速发展,海员领域的法律变化非常大,书稿前后版本大部分内容的修改变为了重写。在此修改过程中,笔者的前博士学生夏亮同学(现为上海海洋大学教授)起到了重要作用。另外,这十几年来我指导的各类硕士、博士都看过和评论过此书稿的不同版本,因此,这些学生也为此书的完成作出了不同程度的贡献。在与出版社联系书稿出版的最后阶段,笔者所指导的法律硕士学生/科研助理许博同学也花费了相当多的时间进行了协助,并特别对书稿脚注的完善作出了贡献。总之,师生合作是此书得以写成的基础。在此,笔者一并对上述相关学生表示感谢。另外,本人还要感谢法律出版社孔明林等编辑的认真工作,他们在成书过程中找出了一些书中的错误。当然,此书的结构内容都是在笔者全程参与和指导下设计与写作、不断完善和最终定稿的,所以,如有任何疏漏笔者负全部责任。感谢复旦大学法学院资助了此书的主要出版经费。

在本书正式出版前旬,正值《海商法》的修订完成了立法程序的二读,截至 2025 年 7 月 26 日,《海商法》修订版二审后的草案公开征求意见期也已经结束,此版草案(第 33 条至第 36 条)除了增加要求船员(包括海员)需订立合同的规定还是非常简单地规定船员(当然包括海员)的相关详细规则留给其他相关法律法规决定。如上所述,《海商法》二审后的征求意见稿仍然坚持用“船员”而不是“海员”的表述,这也许是因为《海商法》在某些情况下同样适用于内河船员。另外,最高人民法院于 2025 年 7 月

31 日公布了《最高人民法院关于审理劳动争议案件适用法律问题的解释(二)》(2025 年 9 月 1 日起施行)。由于本书即将出版,客观上无法在正文讨论此司法解释的相关规定。然而,作为新的一般法的一部分,此司法解释是否能够优先于与其有矛盾的适用于海员的旧的特别法?根据《立法法》,上述问题是需要全国人大常委会决定的事项。当然,如果适用于海员的特别法与此司法解释无矛盾,此司法解释有可能补充适用于海员。笔者经过对此司法解释的初步研究,感到下面两个规定似乎有更大的可能影响到海员的法律地位:第一,当存在劳动者故意或者重大过失不订立书面劳动合同情形时,用人单位不负有支付 2 倍工资的责任(第 7 条第 2 项);第二,用人单位与劳动者约定不缴纳社会保险费的,该约定无效(第 19 条)。至于此司法解释中关于用人单位挂靠问题的规定,因为笔者已在本书中说明这个问题在海船船员派遣中较少发生,并且限于篇幅,故本书已把此问题的讨论排除。

最后,希望本书对海运界和海商法界的各位同仁的实务工作有所帮助。当然,由于本书涉及内容庞杂,其难免有一些遗漏和错误之处,如有这种发现,希望各位同仁读者不吝通过下述电邮联系笔者,非常感谢!笔者的电子邮箱为:chenliang@fudan.edu.cn。

陈 梁

2025 年 8 月 20 日于上海

目录

绪论

本书以有关海员的中国法律法规和中国参加的国际公约为主要研究对象,对涉及海员的基础性和部分专项法律问题展开深入探讨。

在本部分,笔者将先对本书的基本架构、本书所引述的涉海员部门规章及规范性文件的法律地位、涉海员相关国际公约在国内的适用方式等基础性问题作一说明。

一、关于本书基本架构

就本书基本架构而言,第一章对海员劳务合同的基本概念及相关各方间的法律关系进行了分析,第二章对《2006 年海事劳工公约》(以下简称《海事劳工公约》)和相关国际公约及其在中国的实施进行了介绍,第三章对海员劳务合同制度的基本法律问题进行了分析,第四章从作息时间、休假、工资、劳动安全保障、职业培训、社会保险和福利、遣返以及女海员和未成年海员的特殊保护等九个方面对海员的专项权利进行了讨论,并对包括海员人身伤亡损害赔偿和海员招募安置在内的一些与海员有关的特别法律问题进行了分析。

二、关于涉海员部门规章、规范性文件的法律地位

与一般陆上劳动法律问题相比,海员法律问题有其独特之处。由于中国并未如《教师法》和《公务员法》那样专门制定《海员法》,与海员职业有关的相关规定散见于各种法律、行政法规、部门规章和行政规范性文件之中。这些法律法规主要可以分成两部分:一部分是与劳动或劳务有关的一般性法律法规;[①]另一部分则是一些关于海员的特别法律法规,主要包括交通运输部、商务部及人力资源和社会保障部出台的相关部门规章和规范性文件。要梳理中国现行的海员法律制度,首先就要明确相关部门规章与规范性文件在现行中国法下的法律地位。

就法律与规章间的效力关系而言,《立法法》规定了五条基本原则:第一,“宪法具有最高的法律效力”[②];第二,“法律的效力高于行政法规、地方性法规、规章”[③];第三,“行政法规的效力高于地方性法规、规章”[④];第四,“部门规章之间、部门规章与地方政府规章之间具有同等效力”[⑤];第五,就同一机关制定的法规而言,特别法优于一般法,新法优于旧法。[⑥]

---

① 关于劳务和劳动的区别和联系,笔者将在第一章进行详细说明。

② 《立法法》第98条。

③ 《立法法》第99条第1款。

④ 《立法法》第99条第2款。

⑤ 《立法法》第102条。

⑥ 参见《立法法》第103条。

关于部门规章能否成为法院裁判依据的问题,《行政诉讼法》以及最高人民法院相关司法解释中的规定可作参考。《行政诉讼法》第 63 条指出:"人民法院审理行政案件,以法律和行政法规、地方性法规为依据。地方性法规适用于本行政区域内发生的行政案件。人民法院审理民族自治地方的行政案件,并以该民族自治地方的自治条例和单行条例为依据。人民法院审理行政案件,参照规章。"该条规定采用的"参照"这一措辞表明,就行政诉讼案件而言,规章对法院并不具有绝对拘束力。2012 年 12 月 24 日颁布的《最高人民法院关于国内水路货物运输纠纷案件法律问题的指导意见》(法发〔2012〕28 号)[①]就国内水路运输的法律法规适用问题强调称:"人民法院审理国内水路货物运输合同纠纷案件,应当适用民法通则、合同法等法律的有关规定,同时可以参照《国内水路货物运输规则》的有关规定……人民法院参照《国内水路货物运输规则》确定当事人权利义务时,应当在判决书说理部分引用论述,但不应作为判决书引用的法律依据。"根据该解释的具体措辞,它旨在强调部门规章虽然在一定程度上具有法律效力,但并不能作为案件的裁判依据,而仅具有参考效力。当然,有学者指出,[②]以作出法律解释的主体作为区分标准,中国的法律解释可以分为立法解释、审判解释、检察解释和行政解释四种。[③] 其中,立法解释由全国人大常委会作出,其效力等同于

① 参见《中华人民共和国最高人民法院公报》2013 年第 3 期,第 24 ~ 25 页。根据最高人民法院网信息,该指导意见并未被废止,载最高人民法院网,https://www.court.gov.cn/index.html,访问日期:2023 年 12 月 25 日。

② 参见童之伟:《如何监督"司法解释"》,载《南方周末》第 1543 期,2013 年 9 月 12 日评论版。

③ 参见童之伟:《如何监督"司法解释"》,载《南方周末》第 1543 期,2013 年 9 月 12 日评论版。

法律,①是这四种解释中唯一完整意义上的法律解释。最高人民法院所作的审判解释和最高人民检察院所作的检察解释仅用于解决审判、检察过程中如何“具体应用法律”的问题,此种解释只能“针对具体的法律条文”②,且须“符合立法的目的、原则和原意”③。故审判解释和检察解释“不能改变有关法律条款的实质内容”④;也不能“试图解决需要通过立法解释来解决的问题”⑤。故上述《最高人民法院关于国内水路货物运输纠纷案件法律问题的指导意见》如还有效,其关于法院在审判中不得引用行政规章作为裁判依据的规定是否等同于法律规定,目前仍不清楚。

本书中,笔者引用了大量的部门规章。中国有关海员的法制化建设目前尚在初期阶段,部门规章对国家行政管理制度的有效运行起到了十分重要的作用。在海员法律问题研究中完全不考虑规章的效力是不切实际的。

除规章外,还有必要对“行政规范性文件”的含义作一简要分析。中国内国法并未对“行政规范性文件”作出明确定义。有学者认为,其是指“国家行政机关为执行法律、法规和规章,对社会实施管理,依法定权限和法定程序发布的规范公民、法人和其他组织行为的具有普遍约束力的政令”⑥。也有行政法学者提

---

① 参见《立法法》第53条。

② 《立法法》第119条。

③ 《立法法》第119条。

④ 童之伟:《如何监督“司法解释”》,载《南方周末》第1543期,2013年9月12日评论版。

⑤ 童之伟:《如何监督“司法解释”》,载《南方周末》第1543期,2013年9月12日评论版。

⑥ 姜明安主编:《行政法与行政诉讼法》,北京大学出版社、高等教育出版社1999年版,第171页。

出，规范性文件制定的主体非常广泛，其既包括国务院及其职能部门，又包括法律和行政法规授权的组织。[①] 原《民法通则》第6条曾规定："民事活动必须遵守法律，法律没有规定的，应当遵守国家政策。"该规定未说明何为"国家政策"。学者认为，该条中的"国家政策"包括"一切国家机关制定的除法律、法规、规章之外的具有普遍约束力的决定、命令和措施"[②]。但《民法典》已经删去了"国家政策"的提法，但这是否意味着民事主体不再需要遵守国家政策，尚待立法机关进一步澄清。[③]

此外，《行政诉讼法》第53条规定，行政相对人在对行政行为提起诉讼时，可要求对作为该行政行为依据的行政规范性文件的合法性进行审查；而《最高人民法院关于裁判文书引用法律、法规等规范性法律文件的规定》（法释〔2009〕14号）第6条规定，对于除法律、行政法规、部门规章外的规范性文件，法院经审查认定为有效的，可作为"裁判说理的依据"。但《立法法》第91条第1款规定，国务院各部门可以根据"法律和国务院的行政法规、决定、命令"制定规章，该条第2款指出，"部门规章规定的事项应当属于执行法律或者国务院的行政法规、决定、命令的事项"。这两款规定表明，国务院颁布的以"决定""命令"为名的行政规范性文件的位阶高于部门规章。

三、关于涉海员国际公约在中国的适用

我国与海员相关的法律受国际公约影响很大。例如，全国人

---

① 参见关保英主编：《行政法与行政诉讼法》（第2版），中国政法大学出版社2004年版，第247页。

② 湛中乐：《论行政法规、行政规章以外的其他规范性文件》，载《中国法学》1992年第2期，第108~113页。

③ 例如，上海等城市实行的房屋限购，实际上就属于国家政策法范畴。参见最高人民法院民事判决书，(2020)最高法民再328号。

大常委会已于2015年8月29日批准加入《海事劳工公约》,[①]并于2015年11月12日向国际劳工组织递交了批准书。所以,该公约已于2016年11月12日起对中国生效。[②] 但中国未对公约在中国的适用问题作出统一规定。故这些国际公约在中国的适用方式比较复杂。2011年4月1日起施行的《涉外民事关系法律适用法》和2013年1月7日起施行、2020年12月修订的《最高人民法院关于适用〈中华人民共和国涉外民事关系法律适用法〉若干问题的解释(一)》强调,就条约与国内法的关系而言,应执行《票据法》《海商法》《民用航空法》等商事领域特别法中的规定,[③]故实际上也没有对国际条约在中国的适用方法作出新安排。故总体来说,根据《海商法》第268条,就海员问题而言,仍然是中国参加的国际条约的效力应优先于内国法。[④]

具体而言,中国的第一种做法是,虽不明确说明某些国际条约和国内法的关系,但却直接规定这些国际条约在与国内法冲突时

---

① 该公约制定于2006年,并于2013年8月20日在全球范围内对缔约国正式生效,载国际海事信息网,https://www.imo.org/en/,访问日期:2023年3月20日。

② 全国人大常委会在批准决定中声明,“在中华人民共和国政府另行通知前,《2006年海事劳工公约》暂不适用于中华人民共和国香港特别行政区和澳门特别行政区”。但2018年8月,中国向国际劳工组织交存了将《海事劳工公约》适用于香港特别行政区的声明,故该公约于2018年12月20日适用于中国香港特别行政区。载国际劳工组织网,https://www.ilo.org/,访问日期:2023年3月20日。

③ 2020年修正的《最高人民法院关于适用〈中华人民共和国涉外民事关系法律适用法〉若干问题的解释(一)》第3条第1款规定:“涉外民事关系法律适用法与其他法律对同一涉外民事关系法律适用规定不一致的,适用涉外民事关系法律适用法的规定,但《中华人民共和国票据法》《中华人民共和国海商法》《中华人民共和国民用航空法》等商事领域法律的特别规定以及知识产权领域法律的特别规定除外。”

④ 《海商法》第268条规定:“中华人民共和国缔结或者参加的国际条约同本法有不同规定的,适用国际条约的规定;但是,中华人民共和国声明保留的条款除外。中华人民共和国法律和中华人民共和国缔结或者参加的国际条约没有规定的,可以适用国际惯例。”

优先适用,如《海洋环境保护法》第 123 条[①]指出,《国际防止船舶造成污染公约》相对于该法优先适用。中国的第二种做法是通过另行制定或修改国内法将国际条约转化为国内法。如中国就是通过这种方式执行《1978 年海员培训、发证和值班标准国际公约》(以下简称《STCW 公约》)的。[②] 中国的第三种做法则是通过主管部门颁布通知或公告的方式规定相关国际公约直接在中国适用。例如,《1974 年国际海上人命安全公约》的历次修正案大都是由中国交通运输部(以下简称交通运输部)以《关于国际海事组织经修正的〈1974 年国际海上人命安全公约〉修正案生效的公告》的形式直接规定在中国实施的。[③]

外交部、最高人民法院、最高人民检察院、公安部、国家安全部、司法部于 1995 年 6 月 20 日颁布了《关于处理涉外案件若干问题的规定》(外发〔1995〕17 号)。根据该规定第 1 条第 1 项,该规定适用于"在我国境内发生的涉及外国、外国人(自然人及法

① 《海洋环境保护法》第 123 条规定:"中华人民共和国缔结或者参加的与海洋环境保护有关的国际条约与本法有不同规定的,适用国际条约的规定;但是,中华人民共和国声明保留的条款除外。"

② 《海船船员值班规则》第 1 条规定:"为了规范海船船员值班,保障海上人命与财产安全,保护海洋环境,加强船舶保安管理,根据《中华人民共和国海上交通安全法》《中华人民共和国海洋环境保护法》和《中华人民共和国船员条例》,以及我国缔结或加入的有关国际公约要求,制定本规则。"

③ 例如,交通运输部于 2012 年 11 月 15 日颁布的《关于国际海事组织经修正的〈1974 年国际海上人命安全公约〉修正案生效的公告》(2012 年第 53 号)称:"国际海事组织海上安全委员会第 89 届会议于 2011 年 5 月 20 日以第 MSC. 317(20)号决议通过了经修正的《1974 年国际海上人命安全公约》(下称《安全公约》)修正案。根据《安全公约》第Ⅷ(b)(ⅵ)(2)(bb)条和第Ⅷ(b)(ⅶ)(2)条的规定,上述修正案已于 2012 年 7 月 1 日被视为默认接受,并将于 2013 年 1 月 1 日生效。我国是《安全公约》的缔约国,在上述修正案通过后未提出任何反对意见,因此修正案对我国具有约束力。现将修正案的中文本予以公告,请遵照执行。"载交通运输部网,https://www.mot.gov.cn/,访问日期:2023 年 3 月 20 日。

人)的刑事、民事经济、行政、治安等案件及死亡事件"。该规定第1条第3项指出:"处理涉外案件,在对等互惠原则的基础上,严格履行我国所承担的国际条约义务。当国内法或者我内部规定同我国所承担的国际条约义务发生冲突时,应当适用国际条约的有关规定(我国声明保留的条款除外)。各主管部门不应当以国内法或者内部规定为由拒绝履行我国所承担的国际条约规定的义务。"该规定实际表明,在刑事、民事、经济、行政和治安类涉外案件中,我国所缔结的国际公约均应优先于相应的国内法适用。该规定完全涵盖了《海商法》第268条等法律条文中关于国际公约在涉外民事案件中优先适用的规定,并将国际公约优先适用这一规则推广适用到刑事和行政等涉及公法的案件中。当然,该规定由最高人民法院等部门颁布,仅相当于一个司法解释。由一个司法解释来对国际公约与中国内国法的关系作出安排,这一做法本身并不十分恰当。但是,目前中国法律体系建设还在进一步完善中。用司法解释等准立法行为来对现实法律问题作出迅速灵活的回应,能在一定程度上解决涉外司法实践中的国际公约的适用问题。从前述《关于处理涉外案件若干问题的规定》第1条的规定也可看出,中国实际上是倾向于在任何种类的涉外案件中都优先适用国际公约的。

四、其他需要强调的问题

读者在阅读本书过程中还需要注意以下问题。

第一,海员不同于船员。严格来讲,船员包括在海洋航行商船、内河航行商船和渔船上工作的人员。本书的讨论对象主要是在海船上工作的船员,即海员。但除特别指出之处外,本书中关于海员的相关内容(特别是有关海员权利保护的内容)一般也适用于在内河船上工作的船员。相应地,本书在讨论相关问题时也会参照内河船员相关案例。[①] 与之类似,作为与船员既有区别又有联系的一种职业,引航员也有内河引航员和海港引航员之分。有关海员的法律制度在一定程度上可以适用于海港引航员。由于本书篇幅所限,笔者将不对引航员法律制度展开讨论。[②] 为厘清船员和海员的区别,笔者也会在第一章对此进行分析讨论。在本书中,因笔者所引用的国际公约和中国国内立法中的特定名称而出现的“船员”与“海员”定义相同,两者可互换使用。

第二,本书不专门讨论渔业船员法律问题。渔业生产主要从事水产品的捕捞,而非旅客和货物运输,渔船船员与一般海员的工作内容有较大差异,故海员相关法律制度通常不能完全适用于渔船船员。《海事劳工公约》和《STCW 公约》等就明确将渔船排除在适用范围之外。[③] 国务院《船员条例》第 64 条第 2 款也规定:“渔业船员的管理由国务院渔业行政主管部门负责,具体管理办法由国务院渔业行政主管部门参照本条例另行规定。”所以,本书基于《船员条例》等国内法规和《海事劳工公约》等国际公约对海员法律问题进行的讨论并不能完全适用于渔船船员。但要注意的是,国际劳工组织已于 2007 年 6 月通过了《渔业劳工公约》,该公约已于 2017 年 11 月 16 日正式生效。[④] 与《海事劳工公约》类似,《渔

---

① 参见谭远劲飞:《我国内河船船员主要法律问题研究》,复旦大学 2023 年法律硕士学位论文。

② 《国务院关于第二批取消 152 项中央指定地方实施行政审批事项的决定》(国发〔2016〕9 号)取消了引航员任职资格审批,将引航员适任证书纳入船员适任证书进行管理。载中央政府网,https://www.gov.cn/,访问日期:2023 年 3 月 20 日。又见于 2025 年 3 月 1 日生效的《中华人民共和国引航员管理办法》(交通运输部令 2024 年第 13 号)。关于引航员相关法律问题的讨论,可参见刘孜文:《论引航的民事责任》,载《中国海洋法学评论》2008 年第 2 期,第 100～110 页。

③ 参见《海事劳工公约》第 2 条第 4 款和《STCW 公约》第 3 条。

④ 参见国际劳工组织网,https://www.i/0.orgl,访问日期:2023 年 3 月 20 日。

业劳工公约》亦旨在保障渔业船员享有体面的生活、工作条件。[①]尽管中国尚未加入该公约,但该公约的生效将会对中国远洋渔业带来重大影响。[②] 但由于篇幅所限,本书对该公约不予涉及。[③]

第三,本书基于中国法和相关国际公约对海员法律问题进行研究。由于论述的需要,笔者在部分相关章节中少量引用了一些外国法律,但笔者并无意对这些外国法相关内容进行全面完整的表述和讨论。

第四,本书讨论过程中引用了一些已失效的法律法规。一是旨在通过对旧法的介绍,帮助读者理解新法规定的来龙去脉。二是许多法律法规在修订之后,部分旧规定仍然保留在新法之中。

第五,本书主要聚焦于有关海员的行政、民事有关法律规定,除个别需要的情况外,对于海员刑事责任问题不做专门论述。

值得一提的是,英国劳斯莱斯等公司目前正在研制无人驾驶货轮,此种无人船可望在未来10年内得到迅速发展,[④]并得到普遍使用。由于无须配备海员,无人船的能源消耗量将得到大大减少,其碳排放量也将降低。[⑤] 有专家提出,运用远程控制和自主控制技术的无人船将减少人为错误的发生,降低事故风险,其效率和安全性相比传统船舶也将得到极大提升,同时也使海盗无机可乘。[⑥] 也有专家指出,无人船一旦得到广泛应用,海员很可能

① 参见该公约前言部分。

② 关于该公约的介绍可参见任玉清、陈立新:《〈渔业劳工公约〉最新进展以及中国应对策略探讨》,载《中国海商法研究》2017年第2期,第19~23页。

③ 关于渔业船员的讨论,可参见戴瑜:《中国渔船管理法律制度研究》,复旦大学2022年博士学位论文。

④ 参见国际海事信息网,http://www.imo.org/en/,访问日期:2023年3月20日。

⑤ 参见国际海事信息网,http://www.imo.org/en/,访问日期:2023年3月20日。

⑥ 参见国际海事信息网,http://www.imo.org/en/,访问日期:2023年3月20日。

将为岸上操控人员所代替,[①]人力费用将因此得到极大节约,海员招聘难的问题也可得到一定的解决。[②] 当然,无人船的发展和推广也有赖于相关国际条约和各国国内法的及时跟进。由 7 个国家组成的欧洲无人驾驶海事系统安全与监管机构(SARUMS)以及英国的海事无人驾驶监管工作小组(Maritime Autonomous Systems Regulatory Working Group)正在研究相关的监管法规,以便将无人驾驶船舶纳入《国际海上人命安全公约》的调整范围。[③]

---

① 参见国际海事信息网,http://www.imo.org/en/,访问日期:2023 年 3 月 20 日。

② 参见国际海事信息网,http://www.imo.org/en/,访问日期:2023 年 3 月 20 日。

③ 参见国际海事信息网,http://www.imo.org/en/,访问日期:2023 年 3 月 20 日。另见 B. Soyer, A. Tettenborn & G. Leloudas, *Remote Controlled and Autonomous Shipping: Uk Based Case Study*, https://wap.swansea.ac.uk/media/Remote-Control-and-Autonomous-Shipping-Final.pdf。

第一章　海员劳务合同基本概念界定及相关各方间法律关系分析

在本章中，笔者将结合中国法律制度和相关国际公约的规定，对中国法下有关海员劳务合同的一些基本概念进行界定，并在此基础上对劳动合同、雇佣合同和劳务合同这三类合同进行辨析。笔者还将探讨分析海员劳务合同相关各当事方间的法律关系。需要说明的是，本章基于讨论目的引用了部分《海事劳工公约》规定，该公约的详细情况将在第二章进行介绍。

1.1　有关“海员”定义之探讨

海员是本书讨论的主要对象。笔者将对

中国参加的国际公约和中国内国法对“海员”的定义进行研究，以便对“海员”作出界定。

1.1.1　中国参加的国际公约对“海员”的界定

《海事劳工公约》第2条第1款(f)规定：“‘海员’一词系指在本公约所适用的船舶上以任何职务受雇或从业或工作的任何人员。”[①]可见，该公约下的“海员”须符合三个特征。

其一，海员与船东间存在雇佣劳动关系，即海员听从船东指挥，接受船东监督，提供海上劳动。《海事劳工公约》未对海员的具体工作内容作出限定。因此，该公约下的海员应当既包括普通水手和机工，也包括船长、高级船员、引航员、实习船员以及其他在船上“受雇”、“从业”或“工作”的人员。在海船上从事与船舶操纵无关的其他工作的人员，如邮船服务人员、引航员、船上医生也在该公约的适用范围内。但客船乘客不提供在船劳动，其应当被排除在“海员”范围之外。

《海事劳工公约》未对“雇佣”(employ)、“从业”(engage)、“工作”(work)这三个词作出解释。笔者目前也无法找到对以上三个词提供解释的法律文本材料，因而只能借助辞典对其外延进行考察。虽然中英文都是联合国所认定的官方文字，但英文是最通用的国际工作语言，因此这里特别针对英文的含义进行探讨。《布莱克法律大辞典》将“雇佣”(employ)定义为“聘用”(to hire)；[②]将“从业”(engage)定义为“从事某种活动”(to employ or

---

① 《海事劳工公约》已经于2013年8月正式生效，载国际海事信息网，https://www.imo.org/en/，访问日期：2023年3月20日。

② See Byran A. Garner, *Black's Law Dictionary*, Thomson/West, 2004, p. 1588.

involve oneself; to take part in);[①]将“工作”(work)定义为“为雇主利益并在雇主控制下为取得某一结果而实施的身心方面的活动”(physical and mental exertion to attain an end,esp. as controlled by and for the benefit of an employer)。[②] 故这三个词在本义上并无实质区别。

其二,海员工作地点为船上,因而那些不在船上工作的人员(如航运公司的陆岸管理人员)应被排除在外。

其三,船舶指除“军事船舶”“渔船”“独桅三角帆船和舢板”等“以传统方法制造的船舶”之外的从事商业航行的“海船”。[③] 但《海事劳工公约》未对海船的吨位作出任何限制。

另外,在2025年4月《海事劳工公约》下举行的第五次三方会议发表了通过吸取新冠疫情中的教训而承认海员为“关键工人”(key worker)的决议。[④]

《STCW公约》第3条规定,该公约适用于“在有权悬挂缔约国国旗的海船上工作的海员”,但不包括在“军事船舶”“渔船”“非营业性游艇”“构造简单的木船”上工作的人员。该定义与《海事劳工公约》基本相同。

值得注意的是,2009年5月11日,国际海事组织“安全与无

---

① See Byran A. Garner, *Black's Law Dictionary*, Thomson/West, 2004, p. 1605.

② See Byran A. Garner, *Black's Law Dictionary*, Thomson/West, 2004, p. 4953.

③ 参见《海事劳工公约》第2条第1款(i)和第4款。

④ 参见正在被审议的《海事劳工公约》的最新修改版中的导则B2.5.2,此修改如在2025年6月的最后审议会议通过,将于2027年生效,载国际劳工组织网,https://www.ilo.org/,访问日期:2025年5月17日。事实上,海员被认作为“关键工人”的规定已在《国际便利海上运输公约》的2022年的修正案中引入,而此修正案也已在2024年1月1日生效。载国际海事组织网,https://www.imo.org/,访问日期:2025年5月31日。

害环境拆船国际大会"在中国香港地区召开，经过审议通过了《2009年香港国际安全与无害环境拆船公约》。该公约旨在规范拆船活动中的安全和防污染事项，以实现对船舶"从摇篮到坟墓"全生命周期进行管控，其于2025年6月26日正式生效。[①] 该公约附则第1条将拆船工人(worker)定义为常规或临时受雇拆船的人，笔者认为此类人员不属于海员。

1.1.2　中国内国法对"海员"的界定

首先需要指出的是中国《海商法》(如第31条)用的相关表述是"船员"而不是"海员"。中国内国法下的海员通常须满足两个条件：一是在海船上任职，[②]二是持有相应的适任证书。[③] 所谓"海船"，是指适合航行于海上或通海水域的船舶。[④] 船舶检验证书的记载可以作为认定海船的依据，但关键在于证书上记载的航行能力以及航行范围，而非证书的名称。换言之，若依据内河船舶检验证书上记载的航区，该船可在一定海域范围内行驶，且相关事故发生于海上，即应将其认定为海船；对于持海船检验证书的船舶，无论事故发生在海上还是与海相同的可航水域，均视为海船。[⑤]

---

① 参见国际海事组织网，https://www.imo.org/en/，访问日期：2023年7月1日。

② 《海商法》第3条第1款规定，"本法所称船舶，是指海船和其他海上移动式装置，但是用于军事的、政府公务的船舶和20总吨以下的小型船艇除外"。

③ 《海商法》第31条规定："船员，是指包括船长在内的船上一切任职人员。"同时，《海商法》第32条强调，"船长、驾驶员、轮机长、轮机员、电机员、报务员，必须由持有相应适任证书的人担任"。该法第33条指出，"从事国际航行的船舶的中国籍船员，必须持有中华人民共和国港务监督机构颁发的海员证和有关证书"。

④ 参见《最高人民法院关于适用〈中华人民共和国海事诉讼特别程序法〉若干问题的解释》第3条。

⑤ 参见最高人民法院民四庭时任庭长王淑梅：《2017年6月在全国海事审判实务座谈会上的总结讲话》，第7页、第8页。

《船员条例》规定了“船员”,即按规定取得船员适任证书的人员。[①] 这里的“船员”包括“海员”和“内河船员”,未作特别区分。有观点指出,[②]《船员条例》的上述规定将大量仅持有资质证书但未被任何船东雇佣且登船机会渺茫的“后备海员”(back-up)也纳入海员范围,不恰当地扩大了海员的范畴。故而应将此类“虚假海员”从“海员”定义中排除出去。[③]

交通运输部2013年颁布的行政规范性文件《海员船上工作和生活条件管理办法》(2013年7月26日起施行)第58条第1项将该办法下的海员界定为“受雇于从事商业活动的中国籍海船上工作、实习和见习的任何人员”。该定义与上述《船员条例》的规定基本一致,但将在非商业性船舶上工作的人员排除于适用范围之外。

《海事劳工公约》与《STCW公约》将在“渔船”、“非营业性游艇”和“构造简单的木船”上工作的人员排除于适用范围之外。相比之下,《船员条例》第64条虽排除对“渔船”船员的适用,但并未排除对“非营业性游艇”和“构造简单的木船”上的船员适用。另外,上述两部公约并未将海员限定于持有适任证书的人员,但《船员条例》则明确海员仅限于持证人员。同时,上述两部

---

① 《船员条例》第4条规定:“本条例所称船员,是指依照本条例的规定取得船员适任证书的人员,包括船长、高级船员、普通船员。本条例所称船长,是指依照本条例的规定取得船长任职资格,负责管理和指挥船舶的人员。本条例所称高级船员,是指依照本条例的规定取得相应任职资格的大副、二副、三副、轮机长、大管轮、二管轮、三管轮、通信人员以及其他在船舶上任职的高级技术或者管理人员。本条例所称普通船员,是指除船长、高级船员外的其他船员。”

② See Xu T. & Zhang P., *Rethinking the Concept of Seafaring Labour*, Journal of Shipping and Ocean Engineering, Vol. 6:4, p. 222(2016).

③ See Xu T. & Zhang P., *Rethinking the Concept of Seafaring Labour*, Journal of Shipping and Ocean Engineering, Vol. 6:4, p. 222(2016).

公约强调海员必须受雇在船工作,但《船员条例》则将不在船工作的持证人员也涵盖在内。如前所述,在涉外情形下,《海事劳工公约》与《STCW 公约》作为中国参加的公约,其对海员概念所作规定应当优先适用。在非涉外情形下,由于《船员条例》第 23 条第 1 款明确规定,"船员用人单位应当依照有关劳动合同的法律、法规和中华人民共和国缔结或者加入的有关船员劳动与社会保障国际条约的规定,与船员订立劳动合同"。故对于在我国沿海航行船舶上工作的海员而言,上述两部公约的规定仍应当优先适用。

综上,笔者将本书所讨论的"海员"定义为:在除军舰、政府公务用船、渔船、非营业性游艇和构造简单的木船之外的海船上任职的人员。

1.1.3　"船员"与"海员"的关系

从严格意义上讲,船员包括海船船员和内河船船员,而海船船员才能称为"海员"。中国现行法规并未对"海员"和"船员"进行明确区分,但相关规定中的"海员"一般仅指在海船上工作的船员。交通运输部规章《海船船员值班规则》第 2 条规定,其适用于在 100 总吨及以上的中国籍海船上工作的船员。海关总署 2016 年颁布的规范性文件《海关总署公告》(第 9 号)将"船员"界定为"持有身份证件,且其姓名在立约国船舶的船员名单上的船长及其他工作人员"。该公告仅适用于"从事国际海运业务的商船"。上述规定所称的"船员"实际上就是海员。

在中国内国法中,"海员"还常被用于特指在国际航行船舶或境外船舶上工作的船员。如《海商法》第 33 条指出:"从事国际航行的船舶的中国籍船员,必须持有中华人民共和国港务监督机构颁发的海员证和有关证书。"《船员条例》第 11 条提到:"以海员身份出入国境和在国外船舶上从事工作的中国籍船员,应当向国家海事管理机构指定的海事管理机构申请中华人民共和国海员证。”交通运输部规章《海员外派管理规定》第47条则将海员外派界定为“为非悬挂中华人民共和国国旗的船舶提供配员的船员服务活动”。

本书主要研究在沿海航行海船和国际航行海船上工作的船员,即海员。与海员相关的国际公约和中国国内立法通常不适用于内河船舶,[①]但除特别说明外,本书许多内容(特别是海员权利部分)实际上同样适用于内河船员。

1.2　劳动合同、雇佣合同和劳务合同概念之辨析

在讨论海员劳务合同前,有必要先对劳务合同的概念作出澄清。劳务合同与劳动合同、雇佣合同既有近似之处,又有一些重要的区别,以下将对这三种合同的含义予以研究,以便理清它们的内在关系。

1.2.1　劳动合同

《劳动法》第16条规定,“劳动合同是劳动者与用人单位确立劳动关系、明确双方权利和义务的协议”,但未对“用人单位”进行定义。《劳动合同法》未对劳动合同的定义做出新表述,但强调用人单位是指“中华人民共和国境内的企业、个体经济组

① 例如,在中国内国法下,内河船舶船员的适任资质与考试发证就适用交通运输部2015年11月11日颁布、2021年修正的《内河船舶船员适任考试和发证规则》。(该规则于2016年5月1日起生效)。

织、民办非企业单位等组织”[①]。由此可以推得，中国内国法中的“劳动合同”系指劳动者与中国境内的企业、个体经济组织和民办非企业单位等组织建立劳动关系、明确双方权利和义务的协议。换言之，劳动合同的一方为作为自然人的劳动者，另一方为除“自然人、家庭和农村承包经营户”外的中国境内的“企业、个体经济组织、民办非企业单位、国家机关、事业单位、社会团体、居民委员会以及依法成立的会计师事务所、律师事务所等合伙组织和基金会”等组织。[②] 在“金远航运有限公司与南京远洋运输股份有限公司、舟山市龙山船厂有限公司、王某金、张某旺、陈某香、王某辉海上人身损害赔偿纠纷”案中，[③]最高人民法院指出，《劳动合同法》适用于中华人民共和国境内的企业与劳动者形成的劳动关系，该法所调整的劳务派遣关系也仅限于境内用人单位、境内用工单位和劳动者三方之间的关系。在国内用人单位将海员外派至境外船东的船舶上工作的情况下，境外船东不是《劳动合同法》下劳务派遣关系中的用工单位。[④]

劳动合同一旦成立，劳动者即成为用人单位的成员，双方形

---

① 《劳动合同法》第 2 条规定：“中华人民共和国境内的企业、个体经济组织、民办非企业单位等组织(以下称用人单位)与劳动者建立劳动关系，订立、履行、变更、解除或者终止劳动合同，适用本法。国家机关、事业单位、社会团体和与其建立劳动关系的劳动者，订立、履行、变更、解除或者终止劳动合同，依照本法执行。”

② 参见《劳动合同法》第 2 条和《最高人民法院关于审理劳动争议案件适用法律问题的解释(一)》第 1 条。

③ 参见司玉琢、王彦君、关正义主编：《中国海事案例裁判要旨通纂(船舶船员卷)》，北京大学出版社 2017 年版，第 135 页。

④ 参见司玉琢、王彦君、关正义主编：《中国海事案例裁判要旨通纂(船舶船员卷)》，北京大学出版社 2017 年版，第 136 页。

成隶属关系,用人单位对劳动者具有管理权。[①] 尽管劳动合同和一般民事合同均体现了当事人的自由意志,但劳动合同的订立、履行、变更、解除或终止必须符合劳动法律法规的强制性规定。[②] 同时,劳动合同受《劳动法》《劳动合同法》《工伤保险条例》等劳动法律法规的调整。劳动仲裁程序通常是人民法院受理劳动争议案件的前置程序,[③]但在海员劳动争议案件中则并非如此。关于这一点,笔者在后文还将予以说明。

1.2.2 雇佣合同

《民法典》没有明确规定雇佣合同。笔者认为,雇佣合同首先应当适用《民法典》第464条对合同所下的一般定义,即"民事主体之间设立、变更、终止民事法律关系的协议"。有学者认为,雇佣合同是指"受雇人于一定或不一定之期限内,为雇佣人服劳务,雇佣人负担给付报酬的契约"[④]。也有学者提出,雇佣合同是指"当事人约定一方在一定期限内为他方提供劳务,他方给付报酬的合同"[⑤]。

与劳动合同相比,雇佣合同有以下特点。第一,雇佣合同对雇主的性质没有限制。雇主既可以是法人或其他组织,也可以是

---

① 《劳动合同法》第4条第1款规定:"用人单位应当依法建立和完善劳动规章制度,保障劳动者享有劳动权利、履行劳动义务。"

② 《劳动合同法》第3条第1款明确指出:"订立劳动合同,应当遵循合法、公平、平等自愿、协商一致、诚实信用的原则。"另见江平主编:《民法学》,中国政法大学出版社2007年版,第719页。

③ 《劳动争议调解仲裁法》第5条规定:"发生劳动争议,当事人不愿协商、协商不成或者达成和解协议后不履行的,可以向调解组织申请调解;不愿调解、调解不成或者达成调解协议后不履行的,可以向劳动争议仲裁委员会申请仲裁;对仲裁裁决不服的,除本法另有规定的外,可以向人民法院提起诉讼。"

④ 王泽鉴:《债法原理》(第1册),中国政法大学出版社2001年版,第81页。

⑤ 江平主编:《民法学》,中国政法大学出版社2007年版,第717页。

自然人，而劳动合同中的用人单位却不可能为自然人，只能是“企业、个体经济组织、民办非企业单位等组织”[①]。第二，雇佣合同主体双方具有平等性，没有从属性，反映的是一种平等交换的关系。第三，雇佣合同是在当事人协商一致、平等自愿的基础上订立的。只要不违反国家利益和社会公共利益，双方当事人可就合同内容进行自由协商，法律对此不作过多限制。第四，雇佣合同的处理适用《民法典》的一般原则。以合同有效性问题为例，《劳动合同法》规定了三种劳动合同无效的情形，包括“以欺诈、胁迫的手段或者乘人之危，使对方在违背真实意思的情况下订立或者变更劳动合同”[②]，“用人单位免除自己的法定责任、排除劳动者权利”的劳动合同，[③]以及“违反法律、行政法规强制性规定”的劳动合同。[④]《民法典》所规定的无效情形则包括：“行为人与相对人恶意串通，损害他人合法权益”[⑤]、“行为人与相对人以虚假的意思表示实施的民事法律行为”[⑥]、“违反法律、行政法规的强制性规定”以及“违背公序良俗的法律行为”[⑦]。

1.2.3　劳务合同

中国内国法未对“劳务合同”作出明确界定。同雇佣合同类似，劳务合同应适用《民法典》第 464 条第 1 款对合同所下的一般定义，即“民事主体之间设立、变更、终止民事法律关系的协议”。也有学者将劳务合同界定为“当事人双方就一方提供劳动给另一

---

① 《劳动合同法》第 2 条。
② 《劳动合同法》第 26 条。
③ 《劳动合同法》第 26 条。
④ 《劳动合同法》第 26 条。
⑤ 《民法典》第 154 条。
⑥ 《民法典》第 146 条。
⑦ 《民法典》第 153 条。

方服务过程中形成的债权债务关系的协议”①。

笔者认为，劳务合同分为狭义和广义两种。狭义的劳务合同仅指雇佣合同。广义的劳务合同则既包括劳动合同，也包括雇佣合同。其中，劳动合同主要适用《劳动法》和《劳动合同法》；雇佣合同则主要适用《民法典》中有关民事合同的一般规定。

2021 年 1 月 1 日起施行的《最高人民法院关于修改〈民事案件案由规定〉的决定》（法〔2020〕346 号）明文列举了“劳动合同纠纷”（第 186 项）、“劳务合同纠纷”（第 139 项）和“船员劳务合同纠纷”（第 226 项）这三个案由，但并未提及“雇佣合同纠纷”。笔者认为，该决定中的“劳务合同”指的应当就是狭义的劳务合同，即雇佣合同。换言之，该决定中的“劳务合同纠纷”就是指“雇佣合同纠纷”。

1.3　海员劳务合同含义之探究

本章所讨论广义上的海员劳务合同，既包括海员劳动合同，也包括海员雇佣合同。本节将对一些相关概念予以明确，从而对海员劳务合同的内涵与外延作出界定。

1.3.1　与海员劳务合同相关的概念

与海员劳务合同相关的概念主要包括“海员”“船舶”“船东”等。本章第一节已对“海员”的概念进行了澄清，故此处仅讨论“船舶”和“船东”的含义。要重申的是，本章所讨论的“船舶”仅

---

① 中国社会科学院法学研究所法律辞典编委会编：《法律辞典》，法律出版社 2003 年版，第 847 页。

指海船，不包括内河船舶。

1.3.1.1　船舶的含义

《海事劳工公约》第2条第1款(i)指出，该公约适用于除专门在内河或在遮蔽水域之内或其紧邻水域或适用港口规定的区域航行的船舶以外的船舶，但该公约并未对“海船”的含义作出具体解释。中国《海商法》第3条将该法所适用的航舶界定为，海船和其他海上移动装置，包括船舶属具，但是用于军事的、政府公务的船舶和20总吨以下的小型船艇除外。

比较《海事劳工公约》与《海商法》可知，公约将渔船排除在外，而《海商法》则适用于渔船，但同时将适用范围限于已满20总吨的船舶。根据《海商法》第268条关于国际条约在涉外情形下优先适用的规定，《海事劳工公约》的规定在涉外时应优先适用。

本书所讨论的“船舶”是指除用于渔船、军事和政府公务用途之外，达到一定吨位并在海上及与海相通的可航水域航行的商用船舶，包括海上移动式装置，但从事内河航行的船舶除外。

1.3.1.2　船东的含义

与海员建立劳务关系的相对方通常被称为“船东”(shipowner)。

《海事劳工公约》第2条第1款(j)将该公约下的“船东”界定为：“船舶所有人或从船舶所有人那里承担了船舶经营责任并在承担这种责任时已同意接受船东根据本公约所承担的职责和责任的任何其他组织或个人，如管理人、代理或光船承租人，无论是否有任何其他组织或个人代表船东履行了某些职责或责任。”可见，《海事劳工公约》将船舶所有人、船舶管理人、船舶代理人及光船承租人均视为“船东”。在多数期租和程租合同中，船舶配员通常由船舶所有人(出租人)负责,[①]故船舶所有人一般应被视为《海事劳工公约》下的“船东”。

中国内国法并未对“船东”作出界定。前述交通运输部规范性文件《海员船上工作和生活条件管理办法》第58条将船东界定为“船舶所有人或者从船舶所有人那里承担了船舶经营责任并在承担这种责任时已同意承担本办法规定的海事劳工管理责任和义务的船舶经营人、管理人或者光船承租人”。除非船舶管理公司被包括在船舶代理人的概念中(代表船东管理船舶的代理人),那么该定义与《海事劳工公约》几乎完全一致,而仅将船舶代理人排除在外。根据《国际海运条例》第23条,船舶代理人主要从事代理船东从事签发提单及收取运费等业务。[②]

《民法典》第162条也规定,[③]代理人并不能以自己的名义独立地从事船舶运营活动。因此,除非船舶代理人与船舶所有人事先订立协议,约定由船舶代理人负责船舶配员并由其直接与海员订立劳务合同,否则船舶代理人一般无法以自己的名义独立地对船员承担责任。故《海员船上工作和生活条件管理办法》将船舶代理人排除在“船东”定义之外是可以理解的。另外需要注意的是,在某些期租和程租合同中,若部分海员由承租人雇佣,[④]则船

---

① 参见《海商法》第47条、第94条和第129条。

② 《国际海运条例》第23条规定:“外商可以依照有关法律、行政法规以及国家其他有关规定,投资经营国际船舶运输、国际船舶代理、国际船舶管理、国际海运货物装卸、国际海运货物仓储、国际海运集装箱站和堆场业务。”

③ 《民法典》第162条规定:“代理人在代理权限内,以被代理人名义实施的民事法律行为,对被代理人发生效力。”

④ 《海商法》第93条规定:“航次租船合同的内容,主要包括出租人和承租人的名称、船名、船籍、载货重量、容积、货名、装货港和目的港、受载期限、装卸期限、运费、滞期费、速遣费以及其他有关事项。”第130条规定:“定期租船合同的内容,主要包括出租人和承租人的名称、船名、船籍、船级、吨位、容积、船速、燃料消耗、航区、用途、租船期间、交船和还船的时间和地点以及条件、租金及其支付,以及其他有关事项。”

船所有人和承租方有必要事先就确保这部分海员工作生活状况符合公约规定的责任作出约定，以免产生争议。

可能与海员订立劳务合同的主要有船舶所有人、光船承租人和船舶经营人。船舶所有人和光船租赁人的概念较为清晰，但船舶经营人的概念却值得探讨。

在航运实践中，船舶所有人有时并不实际经营船舶，而是以船舶经营合同的方式委托他人经营，因此船舶经营人是海员劳务合同中经常出现的一方当事人。包括《海商法》在内的相关法律法规均未对船舶经营人作出界定。事实上，船舶经营人的概念是随着中国法律制度的发展而逐步得到澄清的。

笔者认为，广义的船舶经营人其实就是以船舶为工具来谋取商业利益的人，因而船舶经营人可以将船舶承租人和无船承运人等都涵盖在内。但《海商法》第 21 条和第 204 条明确提到了“船舶经营人”，并将其与“船舶所有人”和“船舶承租人”或“光船承租人”并列。该法第 21 条规定：“船舶优先权，是指海事请求人依照本法第二十二条的规定，向船舶所有人、光船承租人、船舶经营人提出海事请求，对产生该海事请求的船舶具有优先受偿的权利。”该法第 204 条规定：“船舶所有人、救助人，对本法第二百零七条所列海事赔偿请求，可以依照本章规定限制赔偿责任。前款所称的船舶所有人，包括船舶承租人和船舶经营人。”从这两条规定看，似乎船舶经营人是除船舶所有人、船舶承租人（包括期租人、程租人和光船承租人）外的其他人。但《海商法》并未说明船舶经营人究竟是什么人。1995 年起施行、2014 年修订的国务院《船舶登记条例》第 14 条第 10 项指出，若船舶所有人不实际使用和控制船舶的，则应在船舶登记簿上载明“光船承租人或者船舶经营人的名称、地址及其法定代表人的姓名”，但其亦未对船舶经营人进行解释。

2010 年 9 月 15 日起施行的《最高人民法院关于审理海事赔偿责任限制相关纠纷案件的若干规定》(法释〔2010〕11 号)终于直面这一问题,其第 12 条对《海商法》第 204 条将船舶经营人定义为"登记的船舶经营人,或者接受船舶所有人委托实际使用和控制船舶并应当承担船舶责任的人,但不包括无船承运业务经营者"(该规定于 2020 年 12 月 29 日修正,修正版 2021 年 1 月 1 日起施行,该条款及内容未变更)。可见,《海商法》下的船舶经营人有两种:一种是依照上述《船舶登记条例》第 14 条在船舶登记簿上载明的船舶经营人;另一种是虽未在船舶登记簿上载明为船舶经营人,但受船舶所有人委托实际使用和控制船舶并能对外承担船舶所有人责任的人。[①]

综上,中国内国法下的船舶经营人可以归纳出如下几个基本特征:(1)其受船舶所有人委托实际使用和控制船舶;(2)其法律地位类似于船舶所有人,对外一般承担类似船舶所有人责任;(3)其既非无船承运人,也非光船租船人。另外,一旦某人依照《船舶登记条例》被登记为船舶经营人,即使其不符合上述三个特征,其也应被视为《海商法》下的船舶经营人。

尚未生效的《1986 年联合国船舶登记条件公约》(1986 年 2 月 7 日通过)[②]第 2 条则将船舶经营人定义为"所有人或光船承租人,或经正式转让承担所有人或光船承租人的责任的其他任何

---

① 参见单慧玲:《船舶所有人、船舶经营人及船舶管理人的法律地位之识别》,复旦大学 2007 年硕士学位论文。

② 参见国际海事信息网,https://www.imo.org/en/,访问日期:2023 年 3 月 20 日。

自然人或法人”①。同中国《船舶登记条例》类似，②该公约第6条第1款指出，如果船舶经营人并非船舶所有人，则其必须登记在册以供查阅。③ 依照该规定，如果船舶所有人实际控制、经营船舶，船舶所有人即为船舶经营人；如果船舶所有人不实际经营和控制船舶，则光船承租人或实际承担船舶所有人或光船承租人责任的人为船舶经营人，且此种船舶经营人必须进行登记。

如前文所述，《海事劳工公约》下的“船东”包括船舶所有人和船舶经营人，④而该公约下的“船舶经营人”系指实际经营船舶并可以承担船舶所有人对海员所应承担的责任的人，包括船舶管理人、船舶代理人或光船承租人。⑤ 该公约的规定实际上对《1986年联合国船舶登记条件公约》关于船舶经营人规定进行了细化明确。同时可以发现，《海事劳工公约》将船舶所有人与船舶经营人区分开来，且不将登记在册作为识别船舶经营人的前提条件。

因此，《海事劳工公约》和《1986年联合国船舶登记条件公约》将光船承租人包括在船舶经营人范围之内，而中国内国法则

---

① 该公约于1986年2月7日通过，但迄今为止尚未生效，载联合国网，https://www.un.org/zh/，访问日期：2023年3月20日。

② 《船舶登记条例》第14条第1款第10项规定：“船舶所有人不实际使用和控制船舶的，还应当载明光船承租人或者船舶经营人的名称、地址及其法定代表人的姓名。”

③ 《1986年联合国船舶登记条件公约》第6条第1款规定：“登记国应在其船舶登记簿中记入，特别是，有关船舶及其所有人的资料。如经营人不是所有人，则应按照船舶登记国的法律和规章将有关经营人的资料列入船舶登记簿或经营人官方记录，存放在登记官员处，或使之易于供登记官员查阅。登记国须颁发证书，作为船舶登记的证明。”

④ 参见《海事劳工公约》第2条第1款。

⑤ 参见《海事劳工公约》第2条第1款。

将光船承租人排除在船舶经营人范围之外。另外,与《1986 年联合国船舶登记条件公约》类似,中国内国法对于船舶经营人的识别既采用"登记"标准,又采用"实际经营"标准;而《海事劳工公约》只采用"实际经营"标准。

在浙江省高级人民法院与宁波海事法院联合课题组开展的《关于船员劳务合同纠纷若干疑难问题的调研》中,课题组指出,如果同时存在船舶所有人和船舶经营人,而船员与其中之一签订合同,从保护船员权益角度出发,法院倾向于将船舶所有人和船舶经营人认定为共同雇主,①对两者均科以船东的责任。但在"潘某兴与浙江省三门县海运有限公司、张某武船员劳务合同纠纷案"中,②宁波海事法院认为,若船舶登记经营人与实际经营人并非同一人,应将实际经营人认定为船员劳务合同相对一方。

实践中,船东一般以公司面目出现。依据 2020 年修正的《最高人民法院关于适用〈中华人民共和国公司法〉若干问题的规定(四)》(法释〔2020〕18 号)第 6 条,即便船公司相关"股东会或者股东大会、董事会决议被人民法院判决确认无效或者撤销",该公司依据相关决议与作为善意相对人的海员形成劳务关系的有效性不受影响,即法院此时仍应将该船公司认定为海员劳务合同中的船东。

1.3.1.3 海员劳务合同的含义

本章讨论的是广义上的海员劳务合同,其既包含海员劳动合同,又包含海员雇佣合同。海员劳务合同是用于建立和维系海员

---

① 参见《关于船员劳务合同纠纷若干疑难问题的调研》,载宁波海事法院网,http://www.nbmc.gov.cn/,访问日期:2023 年 3 月 20 日。

② 参见宁波海事法院民事判决书,(2016)浙 72 民初 412 号。

与船东间关系的纽带。《海事劳工公约》的标准 A2.1 第 1 款(a)要求,在悬挂缔约国旗帜的船舶上工作的海员应持有一份“由海员和船东或船东的代表双方签署的海员就业协议,(或者,如果他们不是雇员,契约性或类似协议的证明)为其提供本公约所要求的体面的船上工作和生活条件”。该款还规定:“签署海员就业协议的海员在签字前应有机会对协议进行审查和征询意见,还要为海员提供其他必要的便利确保其在充分理解了其权利和义务后自由达成协议”①;“有关船东和海员应各持有一份经签字的海员就业协议原件”②;“包括船长在内的海员在船上可以容易地获得关于其就业条件的明确信息,并且这些信息,包括一份海员就业协议的副本,还应能够供主管当局的官员,包括船舶所挂靠港口的官员查验。”③笔者认为,《海事劳工公约》该规定所称的“协议”就是指海员劳务合同。

目前,中国内国法中没有有关海员劳务合同的确切定义。《海事诉讼特别程序法》第 6 条第 2 款虽规定“因海船的船员劳务合同纠纷提起的诉讼,由原告住所地、合同签订地、船员登船港或者离船港所在地、被告住所地海事法院管辖”,但其既未解释何为“船员劳务合同”④,也未说明此种合同是否包含劳动合同。但

---

① 《海事劳工公约》的标准 A2.1 第 1 款(b)。

② 《海事劳工公约》的标准 A2.1 第 1 款(c)。

③ 《海事劳工公约》的标准 A2.1 第 1 款(d)。

④ 有观点认为,海员劳务合同是一种违法合同,违反了《劳动法》《船员条例》中有关船东应当依法与海员订立劳动关系的强制性规定,使海员丧失了工伤保险、医疗保险等社会保障权利;且《海事诉讼特别程序法》是程序法,无权设立有名合同。参见王沐昕:《论船员劳务合同的违法性》,载中国法学网,http://iolaw.cssn.cn/zxzp/201509/t20150928_4635578.shtml,访问日期:2023 年 3 月 20 日。在《海事劳工公约》对我国生效后,基于公约优先适用的原则,该文中谈及的问题在很大程度上已经得到了解决。

是，考虑到《海商法》第22条第1款明确将依据劳动法律或劳动合同产生的工资、其他劳动报酬等给付请求纳入受船舶优先权担保的海事请求的范畴，而上述《海事诉讼特别程序法》第6条第2款不可能将《海商法》明文规定的海事请求排除在调整范围之外，故应认为《海事诉讼特别程序法》所称的"船员劳务合同纠纷"应包括劳动合同纠纷。2016年3月1日起施行的《最高人民法院关于海事法院受理案件范围的规定》（法释〔2016〕4号）第24项明确将"船员劳动合同、劳务合同（含船员劳务派遣协议）项下与船员登船、在船服务、离船遣返相关的报酬给付及人身伤亡赔偿纠纷案件"归入"海商合同纠纷案件"类别，将之纳入海事法院的受案范围。该规定中与"船员劳动合同"并列的"船员劳务合同"亦指雇佣合同。因此，只要涉及海员报酬给付，且与当事海员登船、在船、离船这三项活动有关，无论该海员与船东间构成的是劳动合同还是雇佣合同，均属于2020年《最高人民法院关于修改〈民事案件案由规定〉的决定》（法〔2020〕346号）第226项规定的"船员劳务合同纠纷"的范畴，属于海事法院的管辖范围。反之，若系与当事海员登船、在船、离船无关的报酬给付纠纷，以及岸上工作人员与船东间发生的合同纠纷，无论源于劳动合同还是劳务合同，均不属于"船员劳务合同纠纷"，应由地方法院管辖。但要注意的是，依据《最高人民法院关于海事法院受理案件范围的规定》第110条，[①]若当事海员提起的民商事或行政诉讼请求中既包括与上船工作有关的"船员劳务合同纠纷"，又包含与之无关的纠纷，此种诉讼一律由海事法院管辖。例如，倘若海

① 《最高人民法院关于海事法院受理案件范围的规定》第110条规定："当事人提起的民商事诉讼、行政诉讼包含本规定所涉海事纠纷的，由海事法院受理。"

员在休假期间起诉要求解除其与船东间的劳务合同，而诉讼请求中包含了在船工作期间的工资报酬请求，则全案均由海事法院管辖。值得注意的是，2023 年修正生效的《民事诉讼法》增设“侵权行为地”作为管辖依据，同时在第 276 条增加了“涉外民事纠纷与中华人民共和国存在其他适当联系的，可以由人民法院管辖”的兜底规定，一定程度上扩大了中国法院对涉外案件的管辖范围。根据上述新规定，就涉外海员劳务纠纷案件而言，如果不存在前述原告住所地、合同签订地、船员登船港或者离船港所在地、被告住所地等管辖连接点，但存在船舶配员机构、保险机构、工资支付机构位于中国等情形，且中国法院认定上述情形构成“适当联系”的，也可以行使案件管辖权。

上海海事法院公布的《2016 年版海事审判白皮书》认为，“船员劳务合同”可以被界定为“船员与船舶所有人或船舶经营人达成的船员在船上工作或服务，船舶所有人或船舶经营人向船员支付工资报酬的合同”①。此种合同当事人因合同订立、履行、变更和终止而产生的纠纷，即为船员劳务合同纠纷。② 浙江省高级人民法院和宁波海事法院联合课题组开展《关于船员劳务合同纠纷若干疑难问题的调研》课题组在其调研报告中赞同这一定义，并进一步提出船员劳务合同应包括劳动合同和雇佣合同在内。③ 该课题组还认为，立法者和最高人民法院对船员劳务合同的内涵持

---

① 《2016 年版海事审判白皮书》，载上海海事法院网，https://shhsfy.gov.cn/hsfyytwx/hsfyytwx/index.html? d = 1733391105362，访问日期：2023 年 3 月 20 日。

② 参见《2016 年版海事审判白皮书》，载上海海事法院网，https://shhsfy.gov.cn/hsfyytwx/hsfyytwx/index.html? d = 1733391105362，访问日期：2023 年 3 月 20 日。

③ 参见《关于船员劳务合同纠纷若干疑难问题的调研》，载宁波海事法院网，http://www.nbmc.gov.cn/，访问日期：2021 年 2 月 22 日。

开放认识，此种合同的外延应当视具体纠纷而定。[①] 该调研报告经统计指出，宁波海事法院2014年以来受理了数十起涉及未签订书面劳动合同的双倍工资、经济补偿金、加班工资、法定节假日加班工资、缴纳社会保险费、办理社保手续等劳动争议案件。该法院一方面将此种争议界定为“船员劳务合同纠纷”，另一方面则依据《劳动法》和《劳动合同法》确认双方间存在劳动关系。[②]

笔者认为，在广义上，海员劳务合同应指海员向船东提供约定的在船劳务，而船东向海员给付约定的报酬，并依据相关国际公约和国内法承担其他相应义务的协议，包括海员劳动合同和海员雇佣合同。狭义的海员劳务合同则等同于海员雇佣合同。值得注意的是，2020年，最高人民法院颁布《关于审理涉船员纠纷案件若干问题的规定》（以下简称《船员司法解释》），该解释第1条规定：“船员与船舶所有人之间的劳动争议不涉及船员登船、在船工作、离船遣返，当事人直接向海事法院提起诉讼的，海事法院告知当事人依照《中华人民共和国劳动争议调解仲裁法》的规定处理。”其第2条则规定：“船员与船舶所有人之间的劳务合同纠纷，当事人向原告住所地、合同签订地、船员登船港或者离船港所在地、被告住所地海事法院提起诉讼的，海事法院应予受理。”结合该两条规定可知，《船员司法解释》所称“劳务合同”是狭义的劳务合同，即本文所称“雇佣合同”。

1.3.2　海员劳务合同的种类及相关当事人间的法律关系

在中国内国法下，海员劳务合同主要有三种：第一种是海员

① 参见《关于船员劳务合同纠纷若干疑难问题的调研》，载宁波海事法院网，http://www.nbmc.gov.cn/，访问日期：2021年2月22日。

② 参见《关于船员劳务合同纠纷若干疑难问题的调研》，载宁波海事法院网，http://www.nbmc.gov.cn/，访问日期：2021年2月22日。

与船东订立的劳动合同；第二种是海员与船东订立的雇佣合同；第三种是海员与劳务派遣机构订立的劳动合同。

1.3.2.1　海员与船东订立的劳动合同

《劳动法》第16条将劳动合同定义为“劳动者与用人单位确立劳动关系、明确双方权利和义务的协议”。此处用人单位当然包含船东。海员用人单位与其职工间订立的劳动合同必须符合《劳动法》、《劳动合同法》和国务院《船员条例》，以及《海事劳工公约》等中国加入的国际劳动公约的规定。如相关国际条约与中国内国法在相同的适用范围内有冲突，依据《海商法》第268条，[①]相关国际条约应优先适用。本书第三章和第四章将对海员劳动合同的具体条款和海员的相关权利进行详细的分析，此处暂不展开讨论。

1.3.2.2　海员与船东订立的雇佣合同

笔者将未与任何单位签订劳动合同的海员称为自由海员。当此种海员与船东订立雇佣合同并在船东的船上工作时，双方就形成了雇佣关系。此种合同的订立、解除及其具体内容不受《劳动法》和《劳动合同法》中强制性法律规定的约束，但仍受到《民法典》、《船员条例》以及《海事劳工公约》等国际国内法规的制约。上述规定如有冲突，原则上也是国际条约优先适用。

1.3.2.3　海员与劳务派遣机构订立的劳动合同

我国是海员外派大国。据统计，2020年，我国海员外派到世

---

① 《海商法》第268条规定：“中华人民共和国缔结或者参加的国际条约同本法有不同规定的，适用国际条约的规定；但是，中华人民共和国声明保留的条款除外。中华人民共和国法律和中华人民共和国缔结或者参加的国际条约没有规定的，可以适用国际惯例。”

界其他国家就业的共12.2万多人次。[①] 海员派遣是指海员与派遣机构签订合同,并由派遣机构派遣至船东的船上工作。[②]《劳动合同法》第58条第2款规定:“劳务派遣单位应当与被派遣劳动者订立二年以上的固定期限劳动合同,按月支付劳动报酬;被派遣劳动者在无工作期间,劳务派遣单位应当按照所在地人民政府规定的最低工资标准,向其按月支付报酬。”实践中,海员服务机构往往将海员派遣到境外船东的船舶上工作。在“金远航运有限公司与南京远洋运输股份有限公司、舟山市龙山船厂有限公司、王某金、张某旺、陈某香、王某辉海上人身损害赔偿纠纷”案中,[③]最高人民法院明确指出,在海员被派至境外船东所有的船舶上工作的情况下,境外船东、外派机构与海员三者间并不构成劳务派遣关系,不能适用《劳动合同法》有关劳务派遣的相关规定。[④] 其中,若外派机构与海员订立了劳动合同,双方间的争议应依照《劳动法》《劳动合同法》等劳动法律处理,[⑤]而海员与境外船东间的关系则应依据《民法典》等一般法律处理。[⑥]

2017年9月22日发布的《国务院关于取消一批行政许可事项的决定》(国发〔2017〕46号)文件明确指出,取消海船船员服务业务审批,将海员劳务派遣业务审批纳入人力资源和社会保障

---

① 参见《2021年中国航海日活动筹备工作新闻发布会》,载交通运输部网,https://www.mot.gov.cn/,访问日期:2023年3月20日。

② 参见《劳动合同法》第58条和第59条。

③ 参见司玉琢、王彦君、关正义主编:《中国海事案例裁判要旨通纂(船舶船员卷)》,北京大学出版社2017年版,第135页。

④ 参见《劳动合同法》第57条至第67条。

⑤ 参见司玉琢、王彦君、关正义主编:《中国海事案例裁判要旨通纂(船舶船员卷)》,北京大学出版社2017年版,第136页。

⑥ 参见司玉琢、王彦君、关正义主编:《中国海事案例裁判要旨通纂(船舶船员卷)》,北京大学出版社2017年版,第136页。

部“劳务派遣许可”之中。[①] 国务院《船员条例》第 35 条强调:“从事向中国籍船舶派遣船员业务的机构,应当按照《中华人民共和国劳动合同法》的规定取得劳务派遣许可。”该条例第 36 条指出,从事船员劳务派遣的单位,应将有关劳务派遣业务的信息报劳动保障行政部门备案。因此,目前在我国,船员劳务派遣的主要监管机构已由海事主管机关转变为劳动行政部门。

---

① 《劳务派遣行政许可实施办法》第 6 条规定:“经营劳务派遣业务,应当向所在地有许可管辖权的人力资源社会保障行政部门(以下称许可机关)依法申请行政许可。未经许可,任何单位和个人不得经营劳务派遣业务。”

第二章 《海事劳工公约》及相关国际公约与中国

国际劳工组织于2006年通过了《海事劳工公约》。该公约已于2013年8月20日正式生效。[①] 截至2018年8月17日,已有86个国家批准加入《海事劳工公约》。[②] 中国已于2015年8月批准加入《海事劳工公约》,并于2015年11月12日向国际劳工组织递交了批准书,该公约于2016年11月12日对中国正式生效(中国香港、澳门地区除外)。[③] 2018年12月20日,国际劳工组织将该公约延伸适用

---

① 参见国际劳工组织网,https://www.ilo.org/,访问日期:2023年3月20日。

② 参见国际劳工组织网,https://www.ilo.org/,访问日期:2023年3月20日。

③ 参见国际劳工组织网,https://www.ilo.org/,访问日期:2023年3月20日。

于香港特别行政区；但截至2024年10月，该公约尚未对澳门特别行政区生效。①

在本章中，笔者将对《海事劳工公约》的立法历程、体例、实施机制、修正程序进行介绍，对该公约与部分有关海员的国际公约的关系进行阐述，并就该公约对中国法律制度的影响进行分析。

2.1 《海事劳工公约》的立法历程、体例、实施机制和修正程序

国际劳工组织修订整合了该组织通过的36份公约和1份议定书，并在参考和采纳了该组织通过的29份建议书的基础上制定了《海事劳工公约》。② 故《海事劳工公约》与国际劳工组织制定的其他有关海员的公约和建议书之间的关系相当密切，但又有其独特之处。另外，《海事劳工公约》由国际劳工组织和国际海事组织联合起草，故该公约融入了大量涉及国际海事组织的元素，其与国际海事组织制定的《国际海上人命安全公约》和《STCW公约》也存在紧密联系。③

笔者以下首先将对《海事劳工公约》的立法背景作一概述，

---

① 参见国际劳工组织网，https://www.ilo.org/，访问日期：2024年10月31日。

② 《海事劳工公约》未修正的公约为1946年《海员退休金公约》、1958年《海员身份证件公约》以及对1958年《海员身份证件公约》进行修正的2003年《海员身份证件公约》，载国际劳工组织网，https://www.ilo.org/，访问日期：2023年3月20日。

③ 参见国际海事信息网，https://www.imo.org/en/，访问日期：2023年3月20日。

并对《海事劳工公约》在体例、实施机制及修正程序等方面的特点进行具体分析。

2.1.1 《海事劳工公约》的立法历程

国际公约的制定往往是对国际社会在某一领域所关心的现实问题的回应。就国际海事公约而言,这一点表现得尤为明显。例如,《国际防止船舶造成污染公约》附则Ⅰ的2001年修正案①和2003年修正案②的出台就是分别对于1999年造成法国400公里海岸严重污染的“埃里克号”(ERIKA)油轮断裂事件③和2002年发生在西班牙的“威望号”(PRESTIGE)油轮断裂沉船事件④的回应。《海事劳工公约》的出台则体现了国际社会对海员的人身权益保护问题的关注度不断提高。笔者以下将对《海事劳工公约》的出台背景和国际劳工组织制定《海事劳工公约》的具体情况作一回顾和概述。

2.1.1.1 公约的出台背景

国际社会之所以整合与修改之前已有的涉海员公约,制定一部统一公约以保护海员的合法权利,背后有多重原因。首先,海员职业属于异常艰苦和高风险职业。⑤ 随着航运技术的发展,海

① See RESOLUTION MEPC. 95(46) adopted on 27 April 2001, International Maritime Organization, https://www.imo.org/en/, Last Visited: March 20th, 2023.

② See RESOLUTION MEPC. 111(50) adopted on 4 December 2003, International Maritime Organization, https://www.imo.org/en/, Last Visited: March 20th, 2023.

③ See MV Erika, www.wikipedia.org, Last Visited: March 20th, 2023.

④ See Prestige(oil tanker), www.wikipedia.org, Last Visited: March 20th, 2023.

⑤ 依据Intercargo提供的数据,从2009年到2018年,全球范围内在散货船上工作的海员死亡人数为188人,年均死亡人数为19人。See *Bulk carrier casualties claim 188 seafarers' lives in 10 years*, Nautilus International (May 20. 2019), https://www.nautilusint.org/en/news-insight/news/bulk-carrier-casualties-claim-188-seafarers-lives-in-10-years/, Last Visited: March 20th, 2023.

员在海上的生活水平大幅提高,工作强度有所降低,航运风险相较于过去也已大大降低,但海员的工作和生活仍受变幻莫测的海上风险的影响。[①] 相比一般的陆上劳动者,海员应当得到特别的保护。其次,当海员身处船上时,其工作与休息通常没有严格的界限,因此海员的劳动保障问题具有特殊性,许多陆上的劳动保障制度可能难以完全适用于海员。[②] 最后,由于船舶具有跨国流动性,船旗国可能无法经常性地对本国船舶上劳动保障措施的执行情况进行有效的监督。因而国际社会有必要通过专门立法对海员劳动权益保障问题作出特别规定,并通过国际社会的互相协作来确保海员劳动权益保障制度得到有效执行。在《海事劳工公约》出台前,国际劳工组织的海事会议共通过了40份有关海员的国际公约和议定书,但成员方数量参差不齐,[③]未能形成为全球广泛接受的统一国际劳工权利标准和有效的执行机制。因此,对上述国际法律文件进行整合修改,在全球范围内形成统一标准,对海员保护具有重要意义。[④]

如本书绪论部分所述,海员职业具有高度的国际性,这具体表现在两个方面。一方面,船东通常会从全球范围内招募海员。例如,在目前全球的150万名左右的海员中,全球排名前十的高

---

① 关于海员在海上工作和生活所面临的具体风险,参见 D. Fitzpatrick & M. Anderson, *Seafarer's Rights*, Oxford University Press, 2005, p. 8–14。

② 如前文所述,《劳动法》第36条规定,劳动者的工时制度为"每日工作时间不超过八小时、平均每周工作时间不超过四十四小时"。此规定就难以完全适用于海员。

③ 在这40份公约和议定书中,《1921年(海上)未成年人体检公约》成员方数量最多,共有82个;而《1946年(海上)工资、工时和配员公约》目前没有成员方。参见国际劳工组织网,https://www.ilo.org/,访问日期:2023年3月20日。

④ 参见国际劳工组织网,https://www.ilo.org/,访问日期:2024年8月10日。

级海员供给国所供应的高级海员占全球高级海员的52%,①全球排名前十的普通海员供给国所供应的普通海员占全球普通海员的50%。② 这意味着海员居住国、海员国籍国、船东国籍国、船旗国以及海员劳务派遣机构的注册国等很可能并不一致,海员劳务合同签订、履行和违约责任等一系列问题往往成为跨国法律问题。另一方面,海员的工作内容也具有国际性特点。特别是就供职于国际航行船舶上的海员而言,其工作和生活地点随着船舶的航行往往跨越多国。这就导致了多种管辖(地域管辖、国籍国管辖和船旗国管辖)并行,这就为船东利用其优势地位(包括经济、信息、资源等优势)选择对自己有利的管辖法院创造了条件。海员职业的国际性特点所引发的这些问题单靠一国国内法无法得到有效的解决,需要通过国际公约予以协调。

笔者认为,上述原因结合起来,推动了针对海员权利保护的专门性国际公约的出台。这些国际公约主要分为相辅相成的两类。第一类公约的主要目的在于设立入行及培训标准,保证并提升海员的业务水平,从而促进航行安全。这些公约主要包括国际海事组织主持制定的《STCW 公约》及其系列修正案和《国际海上人命安全公约》及其系列修正案。第二类公约则旨在保证海员安全,并使海员受到公平待遇。这些公约主要是国际劳工组织制定的以《海事劳工公约》为代表的一系列对海员提供特殊保护的国际公约。

笔者以下将对国际劳工组织制定《海事劳工公约》的概况进

① 《联合国贸易和发展会议2015年海运评论》[United Nations Conference on Trade and Development(UNCTAD) Review of Maritime Transport 2015],载联合国网,https://www.un.org/,访问日期:2021年5月28日。

② 参见《联合国贸易和发展会议2015年海运评论》,载联合国贸发会网,https://unctad.org/,访问日期:2024年8月9日。

行介绍。

2.1.1.2 《海事劳工公约》的制定概况

国际劳工组织成立于1919年,其现为联合国的一个专门机构,截至2025年2月,该组织有187个成员国。① 其旨在强化劳工权利保护,改善劳工工作与生活状况,促进就业,并为劳工提供资讯与培训机会。② 国际劳工组织为政府、雇主和工人代表这三方提供了一个谈判平台,使这三方得以平等地商讨劳工问题。③ 国际劳工组织在其创立之初便决定在国际劳工会议中开设特别海事会议(Special Maritime Sessions),以解决有关海员的问题。④

国际运输工人联合会(International Transport Workers' Federation,ITF)和国际航运联盟(International Shipping Federation,ISF)于2001年通过了一个联合决议,呼吁国际劳工组织将现有的有关海员权利保护的公约和议定书整合为一个统一文本。

2004年,来自70个国家政府代表组成了《海事劳工公约》起草委员会,开始从事《海事劳工公约》的起草工作。2006年,国际劳工组织通过了《海事劳工公约》。该公约旨在实现全球范围内对海员权利的保护,并为从事航运业的船东和相关国家提供一个公平的竞争环境。⑤

《海事劳工公约》第8条第3款规定的生效条件是:至少有30个国际劳工组织成员国加入该公约,且这些参加国所属商船合计总吨位占世界商船总吨位33%以上。该公约将于满足上述

---

① 参见国际劳工组织网,https://www.ilo.org/,访问日期:2025年2月8日。
② 参见国际劳工组织网,https://www.ilo.org/,访问日期:2023年3月20日。
③ 参见国际劳工组织网,https://www.ilo.org/,访问日期:2023年3月20日。
④ 参见国际劳工组织网,https://www.ilo.org/,访问日期:2023年3月20日。
⑤ 参见《海事劳工公约》,载国际劳工组织网,https://www.ilo.org/,访问日期:2023年3月20日。

条件的批准文件交存国际劳工组织之日起12个月后生效。如前文所述,《海事劳工公约》已于2013年8月20日正式生效。

笔者以下通过表2-1列出国际劳工组织历来制定的与海员有关的公约和建议书,以方便读者查阅。

表2-1 国际劳工组织制定的与海员有关的公约的一览表

国际劳工组织编号	公约中文名称	公约英文名称	公约生效时间(除非另加说明)(年-月-日)	公约目前效力
C007	《1920年(海上)最低年龄公约》	Minimum Age (Sea) Convention,1920	1921-09-27	撤回
C008	《1920年(海难)失业赔偿公约》	Unemployment Indemnity (Shipwreck) Convention, 1920	1923-03-16	废弃
C009	《1920年海员安置公约》	Placing of Seamen Convention,1920	1920-07-10(公约通过时间)	废弃
C016	《1921年(海上)未成年人体检公约》	Medical Examination of Young Persons (Sea) Convention,1921	1922-11-20	废弃
C022	《1926年海员协议条款公约》	Seamen's Articles of Agreement Convention, 1926	1926-04-04	有效
C023	《1926年海员遣返公约》	Repatriation of Seamen Convention,1926	1928-04-16	有效
C053	《1936年高级船员适任证书公约》	Officers' Competency Certificates Convention, 1936	1939-03-29	废弃
C054	《1936年(海上)带薪假期公约》	Holidays with Pay (Sea) Convention,1936	1936-10-24(公约通过时间)	撤回

续表

国际劳工组织编号	公约中文名称	公约英文名称	公约生效时间（除非另加说明，年－月－日）	公约目前效力
C055	《1936年船东（对病、伤海员）责任公约》	Shipowners' Liability (Sick and Injured Seamen) Convention, 1936	1939－10－29	有效
C056	《1936年（海上）疾病保险公约》	Sickness Insurance (Sea) Convention, 1936	1949－12－9	有效
C057	《1936年（海上）工时和配员公约》	Hours of Work and Manning (Sea) Convention, 1936	1936－10－24	撤回
C058	《1936年（海上）最低年龄公约（修订）》	Minimum Age (Sea) Convention (Revised), 1936	1939－04－11	有效
C068	《1946年（船上船员）食品和膳食公约》	Food and Catering (Ships' Crews) Convention, 1946	1957－05－24	有效
C069	《1946年船上厨师发证公约》	Certification of Ships' Cooks Convention, 1946	1953－04－22	有效
C070	《1946年（海员）社会保障公约》	Social Security (Seafarers) Convention, 1946	1946－06－28（公约通过时间）	撤回
C071	《1946年海员退休金公约》	Seafarers' Pensions Convention, 1946	1962－10－10	有效
C072	《1946年（海员）带薪休假公约》	Paid Vacations (Seafarers) Convention, 1946	1946－06－28（公约通过时间）	撤回
C073	《1946年（海员）体检公约》	Medical Examination (Seafarers) Convention, 1946	1955－08－17	废弃

续表

国际劳工组织编号	公约中文名称	公约英文名称	公约生效时间（除非另加说明，年-月-日）	公约目前效力
C074	《1946 年一等水手证书公约》	Certification of Able Seamen Convention, 1946	1951-07-14	废弃
C075	《1946 年船员起居舱室公约》	Accommodation of Crews Convention, 1946	1946-06-29（公约通过时间）	撤回
C076	《1946 年（海上）工资、工时和配员公约》	Wages, Hours of Work and Manning (Sea) Convention, 1946	1946-06-29（公约通过时间）	撤回
C091	《1949 年（海员）带薪休假公约（修订）》	Paid Vacations (Seafarers) Convention (Revised), 1949	1967-09-14	废弃
C092	《1949 年船员起居舱室公约（修订）》	Accommodation of Crews Convention (Revised), 1949	1953-01-29	有效
C093	《1949 年（海上）工资、工时和配员公约（修订）》	Wages, Hours of Work and Manning (Sea) Convention (Revised), 1949	1949-06-18（公约通过时间）	撤回
C108	《1958 年海员身份证件公约》	Seafarers' Identity Documents Convention, 1958	1961-02-19	有效
C109	《1958 年（海上）工资、工时和配员公约（修订）》	Wages, Hours of Work and Manning (Sea) Convention (Revised), 1958	1991-08-27	撤回
C133	《1970 年船员起居舱室（补充规定）公约》	Accommodation of Crews (Supplementary Provisions) Convention, 1970	1991-08-27	有效

续表

国际劳工组织编号	公约中文名称	公约英文名称	公约生效时间（除非另加说明，年－月－日）	公约目前效力
C134	《1970年防止事故（海员）公约》	Prevention of Accidents (Seafarers) Convention, 1970	1973－02－17	有效
C145	《1976年（海员）连续就业公约》	Continuity of Employment (Seafarers) Convention, 1976	1979－05－03	废弃
C146	《1976年海员带薪年休假公约》	Seafarers' Annual Leave with Pay Convention, 1976	1979－06－13	有效
C147	《1976年商船（最低标准）公约》	Merchant Shipping (Minimum Standards) Convention, 1976	1981－11－28	有效
C163	《1987年海员福利公约》	Seafarers' Welfare Convention, 1987	1990－10－03	废弃
C164	《1987年（海员）健康保护和医疗公约》	Health Protection and Medical Care (Seafarers) Convention, 1987	1991－01－11	有效
C165	《1987年（海员）社会保障公约（修订）》	Social Security (Seafarers) Convention (Revised), 1987	1992－07－02	撤回
C166	《1987年海员遣返公约（修订）》	Repatriation of Seafarers Convention (Revised), 1987	1991－07－03	有效
C178	《1996年（海员）劳动监察公约》	Labour Inspection (Seafarers) Convention, 1996	2000－04－22	撤回

续表

国际劳工组织编号	公约中文名称	公约英文名称	公约生效时间(除非另加说明,年-月-日)	公约目前效力
C179	《1996年海员招募和安置公约》	Recruitment and Placement of Seafarers Convention, 1996	2000-04-22	撤回
C180	《1996年海员工时和船舶配员公约》	Seafarers' Hours of Work and the Manning of Ships Convention, 1996	2002-08-08	撤回
C185	《2003年船员身份证件公约》	Seafarers' Identity Documents Convention (Revised), 2003	2005-02-09	有效
MLC	《海事劳工公约》	Maritime Labour Convention, 2006	2013-08-20	有效
P147	《1976年商船(最低标准)公约的1996年议定书》	Protocol of 1996 to the Merchant Shipping (Minimum Standards) Convention, 1976	2003-01-10	撤回

资料来源:国际劳工组织数据库,https://www.ilo.org/global/standards/lang--en/index.htm,访问日期:2025年5月12日。

在上述公约中,目前实际有效的公约有18个,包括《1926年海员协议条款公约》《1926年海员遣返公约》《1936年船东(对病、伤海员)责任公约》《1936年(海上)疾病保险公约》《1936年(海上)最低年龄公约(修订)》《1946年(船上船员)食品和膳食公约》《1946年船上厨师发证公约》《1946年海员退休金公约》《1949年船员起居舱室公约(修订)》《1958年海员身份证件公约》《1970年船员起居舱室(补充规定)公约》《1970年防止事故(海员)公约》《1976年海员带薪年休假公约》《1976年商船(最低标准)公约》《1987年(海员)健康保护和医疗公约》《1987年海员遣返公约(修订)》《2003年船员身份证件公约》《海事劳工公约》。上述《1958年海员身份证件公约》虽然仍有效,但因其已被后来的《2003年船员身份证件公约》修改,所以一国不能同时参加这两个公约。上述仍有效的公约与《海事劳工公约》第10条明确提到的相关修订的37个公约相比,已减少了19个,即这19个公约已在《海事劳工公约》制定之后陆续被废除或者撤回了。

表2-1中其他废弃(abrogated)的公约是指该公约已被新修订的公约所取代,该公约缔约国或者声明退出该公约,或者通过加入新修订的公约而自动退出该公约。另外,撤回的公约是指此公约通过但从未生效。

除了国际公约以外,国际劳工组织还制定了很多建议书(Recommendation)。[①] 建议书并无法律约束力,其仅是为成员国国内法律和政策的制定提供指导。[②] 许多建议书是对相关公约的补充,但也有建议书与现存公约并无联系,其具有独立的地位。[③] 笔者通过表2-2列出国际劳工组织制定的与海员有关的建议书。国际劳工组织网站上查到的信息表明上述建议书如下表所示均已撤回(Withdrawn)[④]

---

① 参见国际劳工组织网,https://www.ilo.org/,访问日期:2023年5月12日。
② 参见国际劳工组织网,https://www.ilo.org/,访问日期:2023年5月12日。
③ 参见国际劳工组织网,https://www.ilo.org/,访问日期:2023年5月12日。
④ 参见国际劳工组织网,https://www.ilo.org/,访问日期:2023年5月12日。

表2-2　国际劳工组织制定的与海员有关的建议书一览表

国际劳工组织编号	建议书中文名称	建议书英文名称	通过时间（年-月-日）	建议书目前效力
R009	《1920年国家海员法建议书》	National Seamen's Codes Recommendation,1920	1920-07-09	
R010	《1920年(海员)失业保险建议书》	Unemployment Insurance (Seamen) Recommendation,1920	1920-07-09	
R027	《1926年遣返(船长和见习船员)建议书》	Repatriation (Ship Masters and Apprentices) Recommendation, 1926	1926-06-23	
R028	《1926年(海员)劳工体检建议书》	Labour Inspection (Seamen) Recommendation,1926	1926-06-22	
R048	《1936年海员港口福利建议书》	Seamen's Welfare in Ports Recommendation,1936	1936-10-24	
R049	《1936年工时和配员(海上)建议书》	Hours of Work and Manning (Sea) Recommendation,1936	1936-10-24	撤回
R075	《1946年海员社会保障(协议)建议书》	Seafarers' Social Security (Agreements) Recommendation, 1946	1946-06-28	
R076	《1946年海员(受赡养人医疗保护)建议书》	Seafarers (Medical Care for Dependants) Recommendation, 1946	1946-06-28	
R077	《1946年(海员)职业培训建议书》	Vocational Training (Seafarers) Recommendation,1946	1946-06-29	
R078	《1946年(船员)寝具、餐具及其他建议书》	Bedding,Mess Utensils and Miscellaneous Provisions (Ships' Crews) Recommendation,1946	1946-06-29	

续表

国际劳工组织编号	建议书中文名称	建议书英文名称	通过时间（年－月－日）	建议书目前效力
R105	《1958 年海员医药箱建议书》	Ships' Medicine Chests Recommendation,1958	1958－05－13	撤回
R106	《1958 年海上医疗指导建议书》	Medical Advice at Sea Recommendation,1958	1958－05－13	
R107	《1958 年海员就业（外国船）建议书》	Seafarers' Engagement（Foreign Vessels）Recommendation,1958	1958－05－13	
R108	《1958 年（海员）社会状况和保护建议书》	Social Conditions and Safety（Seafarers）Recommendation, 1958	1958－05－14	
R109	《1958 年工资、工时和配员建议书》	Wages,Hours of Work and Manning（Sea）Recommendation,1958	1958－05－14	
R137	《1970 年（海员）职业培训建议书》	Vocational Training（Seafarers）Recommendation,1970	1970－10－28	
R138	《1970 年海员福利建议书》	Seafarers' Welfare Recommendation,1970	1970－10－29	
R139	《1970 年海员就业（技术发展）建议书》	Employment of Seafarers（Technical Developments）Recommendation,1970	1970－10－29	
R140	《1970 年船员住宿（空调）建议书》	Crew Accommodation（Air Conditioning）Recommendation, 1970	1970－10－30	

续表

国际劳工组织编号	建议书中文名称	建议书英文名称	通过时间（年－月－日）	建议书目前效力
R141	《1970 年船员住宿(噪音控制)建议书》	Crew Accommodation（Noise Control）Recommendation,1970	1970－10－30	撤回
R142	《1970 年(海员)防止事故建议书》	Prevention of Accidents（Seafarers）Recommendation,1970	1970－10－30	
R153	《1976 年年轻海员保护建议书》	Protection of Young Seafarers Recommendation,1976	1976－10－28	
R154	《1976 年(海员)继续就业建议书》	Continuity of Employment（Seafarers）Recommendation,1976	1976－10－28	
R155	《1976 年商船(发展标准)建议书》	Merchant Shipping（Improvement of Standards）Recommendation,1976	1976－10－29	
R173	《1987 年海员福利建议书》	Seafarers' Welfare Recommendation,1987	1987－10－08	
R174	《1987 年海员遣返建议书》	Repatriation of Seafarers Recommendation,1987	1987－10－09	
R185	《1996 年(海员)体检建议书》	Labour Inspection（Seafarers）Recommendation,1996	1996－10－22	
R186	《1996 年招募和安置海员建议书》	Recruitment and Placement of Seafarers Recommendation,1996	1996－10－22	
R187	《1996 年海员工资、工时和配员建议书》	Seafarers' Wages,Hours of Work and the Manning of Ships Recommendation,1996	1996－10－22	

资料来源:国际劳工组织数据库,https://www.ilo.org/global/standards/lang--en/index.htm,访问日期:2023 年 5 月 12 日。

2.1.2 《海事劳工公约》的体例

《海事劳工公约》由序言和正文两部分组成,序言仅在解释公约时发挥作用,而正文是公约的主体部分。正文部分由"条款"(Article)、"规则"(Regulation)和"守则"(Code)三部分构成。[①] 其中"条款"规定了公约的核心原则、海员的基本权利和《海事劳工公约》成员国的基本义务。[②] "规则"对海员的工作和生活条件以及成员国的义务作出了一般规定。[③] "守则"规定的则是"规则"的具体实施细节,其由具有强制性的"标准 A"(Standard A)和不具有强制性的"导则 B"(Guideline B)组成。[④]

"条款"规定了公约的一般事项,其主要包括定义和适用范围、[⑤]基本权利和原则、[⑥]海员的就业和社会权利、[⑦]该公约各方(如船旗国、港口国等)的实施和执行事项[⑧]以及该公约的程序性事项,这些程序性事项包括该公约的生效条件、[⑨]退出该公约的程序[⑩]和该公约修正程序。[⑪]

"规则"和"守则"被划分为五个"标题"(title),每一"标题"均

---

① 参见《〈海事劳工公约〉的规则和守则的解释和注释》,载国际劳工组织网,https://www.ilo.org/,访问日期:2023 年 3 月 20 日。

② 参见《〈海事劳工公约〉的规则和守则的解释和注释》,载国际劳工组织网,https://www.ilo.org/,访问日期:2023 年 3 月 20 日。

③ 参见《〈海事劳工公约〉的规则和守则的解释和注释》,载国际劳工组织网,https://www.ilo.org/,访问日期:2023 年 3 月 20 日。

④ 参见《〈海事劳工公约〉的规则和守则的解释和注释》,载国际劳工组织网,https://www.ilo.org/,访问日期:2023 年 3 月 20 日。

⑤ 参见《海事劳工公约》第 2 条。

⑥ 参见《海事劳工公约》第 3 条。

⑦ 参见《海事劳工公约》第 4 条。

⑧ 参见《海事劳工公约》第 5 条。

⑨ 参见《海事劳工公约》第 8 条。

⑩ 参见《海事劳工公约》第 9 条。

⑪ 参见《海事劳工公约》第 14 条和第 15 条。

由“规则”“标准A”“导则B”三部分构成,包含了数个互相关联的主题。比如,标题1“海员上船工作的最低要求”就由“最低年龄”“体检证书”“培训和资格”“招募和安置”这四个互相关联的主题构成;而“最低年龄”这一主题具体则由“规则1.1”“标准A1.1”“导则B1.1”构成。

笔者以下将简要介绍《海事劳工公约》的5个标题,并对“标准”和“导则”的效力问题进行讨论。

2.1.2.1 《海事劳工公约》的五个标题

《海事劳工公约》的“规则”和“守则”被划分为5个“标题”(title)。标题1是“海员上船工作的最低要求”;标题2是“就业条件”;标题3是“起居舱室、娱乐设施、食品和膳食服务”;标题4是“健康保护、医疗、福利和社会保障保护”;标题5是“遵守与执行”。这五个标题实际上可以分为两类。前4个标题属于一类,其贯穿了海员的整个就业过程。每个标题都代表了一个有关海员权利保护的具体领域。第5个标题“遵守与执行”与前4个标题有所不同,可被单独归为一类内容。这一标题规定的并非海员的实体权利,而是各成员国的履约责任。该标题明确规定了船旗国、海员提供国和港口国的履约责任,从而确保成员国能够高度统一地履行公约,这是该公约的重大创新之处和亮点所在。①

2.1.2.2 “标准”和“导则”的效力问题

如上文所述,《海事劳工公约》的“条款”、“规则”和“守则”中的“标准A”具有强制性,缔约国应切实遵守,除非公约另有明文规定,不能按标准A部分规定的方式履行权利和原则可以通过实质

① 参见国际劳工组织网,https://www.ilo.org/,访问日期:2023年3月20日。

上等效于标准 A 部分规定的法律和条例或其他措施予以实施[①](但是标题五下的“遵守与执行”部分不允许通过“实质上等效”的方式实施[②])。该公约第 6 条第 4 款指出,所谓“实质上等效”是指缔约国虽不再直接适用标准 A,但其通过国内立法、制定集体协议等措施“完全达到(full achievement)标准 A 部分有关规定的总体目标”,且“落实了(gives effect to)标准 A 部分的有关规定”。《海事劳工公约》的标准 A5. 1. 3 强调,如果缔约国采用“实质上等效”的方式执行该公约的相关条款,该国就必须在其签发的“海事劳工符合声明”中注明其采用了何种等效措施来落实公约的规定。

该公约的导则 B 部分为非强制性的规则,即“缔约国只需对导则 B 部分给出的具体方式予以充分考虑(due consideration)即可。”[③]同时,《海事劳工公约》中关于海员权利和成员国义务的大部分具体规定都出现在导则 B 中,而标准 A 中大都是总括性和原则性的规定。[④]

笔者认为,《海事劳工公约》之所以将“守则”划分为具有强制效力的“标准 A”和具有非强制效力的“导则 B”两类,原因之一很可能是为了确保该公约得以顺利通过并生效,因为过高或过于统一化的国际标准可能会大幅抬高海运成本,从而降低某些国家在航运业领域的国际竞争力。另一个原因可能在于,《海事劳工公约》中的一些内容如工资标准、海员招募机构和海员的社会保障等在短期内可能确实难以形成一个全球统一的标准,而即使形成了这个全球统一的标准,鉴于当今世界各国经济发展水平的巨大差

---

① 参见《海事劳工公约》第 6 条。
② 参见《海事劳工公约》标题五第 2 款。
③ 《海事劳工公约》第 6 条第 1 款和第 2 款。
④ 参见国际劳工组织网,https://www.ilo.org/,访问日期:2023 年 3 月 20 日。

距,这种统一标准很可能也仅能体现名义上的公平,很可能缺乏实际可操作性。由于导则B不具有强制效力,缔约国可以根据各自的实际情况进行相对灵活的国内立法,这极大地增强了公约的可操作性。

当然,《海事劳工公约》将作为公约主要内容的"守则"划分为具有强制效力的"标准"和非强制效力的"导则"这一做法可能会导致一些问题的产生。

首先,关于公约解释的问题。例如,《海事劳工公约》的规则4.2"船东的责任"第1款规定:"各成员国应根据守则确保悬挂其旗帜的船舶上存在向在船上就业的海员提供从船东那里获得实质性援助和支持的权利的措施。"此款有可能赋予使作为"守则"构成部分的导则B4.2产生一定的强制执行力,因为"守则"包括强制性"标准"和不具强制性的"导则"。然而,正如上文所述,《海事劳工公约》第6条第1款明确规定导则B部分是不具强制性的。这就引发了若"规则"与"条款"出现冲突,何者应优先适用的问题。由于该公约本身并没有对"规则"与"条款"的优先效力问题进行明确说明,这就使该公约的不同成员国在具体执行《海事劳工公约》时可能采用不同的解释,进而可能采取不同的执行措施。

其次,大量建议性的导则可能导致成员国采用不同的监督执行标准。一旦缺乏统一的监督执行标准,有效的监督就很可能难以顺利进行。因而有看法认为,①要对公约的执行进行有效的监督,港口国、船旗国和船级社就有必要对强制性的"标准"和建议性的"导则"的具体内涵进行讨论,协调彼此的观点,以便取

① See *Super-treaty to Throw Up New Hurdles*, TradeWinds, https://www.tradewindsnews, Last Visited: March 20th, 2023.

得共识。

另外,《海事劳工公约》第6条第2款仅要求缔约国在适用导则B时给予其“充分考虑”即可,但该公约本身并未对此提供量化的衡量标准。国际劳工组织出版的《〈海事劳工公约〉常见问题回答》A1.2[①]对此问题作出了进一步说明,强调“成员国在‘充分考虑’导则的规定后,可以根据本国具体国情采用不同的方式执行《海事劳工公约》的标准。换言之,该公约的成员国可选择与《海事劳工公约》的导则规定不一致的实施标准。但该成员国有可能(may)被要求通过报告表格[②]的形式向国际劳工组织汇报其选择不遵循导则的理由”。此种“汇报”要求使成员国难以随心所欲地摆脱“导则”对其的制约。问题在于,国际劳工组织并没有建立对成员国所提出的此种理由的正当性进行后续审查的机制,因此仍然存在该公约的“导则”部分沦为一纸空文的可能性。

笔者认为,“导则”是起草者为了使《海事劳工公约》顺利通过并生效所作出的妥协。“导则”的非强制性所产生的一系列问题属于《海事劳工公约》原生性的固有缺陷之一,这一缺陷似乎只能通过该公约的修正案来逐渐弥补,即逐渐将具有较大灵活性的“导则”转变为具有强制效力的“规则”或“标准”。关于《海事劳工公约》的修正机制,笔者将在后文予以详述。

2.1.3 《海事劳工公约》的实施机制

国际劳工组织通过了众多关于海员的公约,而《海事劳工公约》旨在对这些公约中关于海员权利保护的实体规则进行总结,并

---

① 参见《〈海事劳工公约〉常见问题回答》,载国际劳工组织网,https://www.ilo.org/,访问日期:2023年3月20日。

② 该报告表格的模板可见国际劳工组织网,https://www.ilo.org/,访问日期:2023年3月20日。

切实保障海员权利。[1] 故笔者认为《海事劳工公约》的最重要的创新之处实际上并非在于其关于海员权利保护的实体规则，而是在于如何有效地执行这些规则。

《海事劳工公约》的实施机制由两部分组成。其中第一部分规定体现在“条款”的第5条“实施和执行责任”、第6条“规则以及守则之A部分和B部分”和第7条“与船东和海员组织协商”中；第二部分规定体现在标题五“遵守与执行”部分中。因此，《海事劳工公约》实际上从公约执行的主体（第5条）、公约执行的内容（第6条）、等效措施（第7条）以及相关各方的执行义务（标题五）这四个方面对该公约的遵守和实施进行了规定。

在以下内容中，笔者将重点从执行与监督的主体和实施方法这两方面对公约的实施机制进行分析。

2.1.3.1　《海事劳工公约》的履约主体

《海事劳工公约》将履约义务分配给三类主体：船旗国、港口国和海员供应国。

2.1.3.1.1　船旗国

船旗国是《海事劳工公约》的执行和监督主体之一。《海事劳工公约》的三方专门委员会于2008年9月通过了《2006年海事劳工公约船旗国检查指导规则》（以下简称《船旗国检查指导规则》）。《船旗国检查指导规则》对船旗国检查相关的概念、船旗国的具体检查义务、船旗国可采取的检查措施以及船旗国对不合规的情况的应对措施进行了规定。[2]《船旗国检查指导规则》并没有强

---

① 参见《海事劳工公约》序言第6段和第8段。

② 在2025年4月举行的《海事劳工公约》下的第五次三方会议上，所审议的《海事劳工公约》修改版包含了对船旗国责任的修改，见标准A5.1第6款(1)、(2)，载国际劳工组织网，https://www.ilo.org/，访问日期：2025年5月12日。

制执行力,其仅供缔约国在实施《海事劳工公约》时参考。① 笔者将在《船旗国检查指导规则》的基础上,从船旗国的概念和船旗国的具体义务两个方面对船旗国的执行和监督义务进行分析。

船旗国是指船舶有权悬挂该国国旗的国家。② 船舶在某一国家进行登记后,船旗国就会授予该船舶本国国籍,从而使船旗国与在该国登记的船舶之间产生了一种法律上的联系,船舶得以获得船旗国的管辖与保护,但同时须受到船旗国的监督。③

船舶登记制度主要包括封闭登记制度、④开放登记制度⑤和半开放登记制度⑥三种。其中,采用封闭登记制度的国家通常要求船舶所有人与本国之间存在实质联系,如本国海员必须在海员总数中占多数,船公司必须设在本国境内,或者本国资本必须占船公司资本的一半以上等。⑦ 而封闭登记制度便于船旗国对船舶进行严格的控制和管理。

---

① 参见国际劳工组织网,https://www.ilo.org/,访问日期:2023 年 3 月 20 日。

② 参见《联合国海洋法公约》第 91 条。

③ 《联合国海洋法公约》第 92 条规定:"船舶航行应仅悬挂一国的旗帜……除所有权确实转移或变更登记的情形外,船舶在航程中或在停泊港内不得更换其旗帜。悬挂两国或两国以上旗帜航行并视方便而换用旗帜的船舶,对任何其他国家不得主张其中的任一国籍,并可视同无国籍的船舶。"该公约第 94 条第 1 款规定:"每个国家应对悬挂该国旗帜的船舶有效地行使行政、技术及社会事项上的管辖和控制。"

④ 中国的船舶登记制度即属于封闭登记,参见国务院《船舶登记条例》第 2 条。

⑤ 开放登记制度又称方便旗登记制度,参见 D. Fitzpatrick & M. Anderson, *Seafarer's Rights*, Oxford University Press, 2005, p. 24 – 31。

⑥ See D. Fitzpatrick & M. Anderson, *Seafarer's Rights*, Oxford University Press, 2005, p. 24 – 31.

⑦ 例如《船舶登记条例》第 2 条第 1 款规定:"下列船舶应当依照本条例规定进行登记:(一)在中华人民共和国境内有住所或者主要营业所的中国公民的船舶。(二)依据中华人民共和国法律设立的主要营业所在中华人民共和国境内的企业法人的船舶。但是,在该法人的注册资本中有外商出资的,中方投资人的出资额不得低于 50%。(三)中华人民共和国政府公务船舶和事业法人的船舶。(四)中华人民共和国港务监督机构认为应当登记的其他船舶。"

采用开放登记制的国家不要求船舶所有人与本国间具有实质联系,船舶所有人通常只需要缴纳一定费用即可在该国登记,使其所有的船舶取得该国国籍,因而实行开放登记制度的国家的国旗通常也被称为"方便旗"。[①] 采用开放登记制度的国家与悬挂本国船旗的船舶间的联系非常松散,船旗国通常也没有足够的财力和行政体制对船舶进行有效的监督管理。[②]

半开放登记制度是介于封闭登记与开放登记之间的一种折中制度。实行半开放登记制度的国家对船舶登记的条件虽然作出了一定的规定,要求船舶与本国间具有一定的联系,但此种联系通常比较宽松。[③] 半开放登记制度既可以避免在登记条件方面限制过严,又可以防止方便旗船所产生的诸多问题。[④] 在此种制度下,船旗国可对本国船舶实施一定程度的管理和控制。[⑤]

表面上看,采用开放登记制的国家(又称方便旗国家)似乎难以有效地遵守和执行《海事劳工公约》。方便旗国家往往既没有能力也没有主观愿望对悬挂其船旗的船舶进行有效管辖。[⑥] 对本

---

① See R. Coles & E. Watt, *Ship Registration*: *Law and Practice*, informa, 2013, p. 23.

② See R. Coles & E. Watt, *Ship Registration*: *Law and Practice*, informa, 2013, p. 24.

③ See R. Coles & E. Watt, *Ship Registration*: *Law and Practice*, informa, 2013, p. 35.

④ See R. Coles & E. Watt, *Ship Registration*: *Law and Practice*, informa, 2013, p. 35.

⑤ See R. Coles & E. Watt, *Ship Registration*: *Law and Practice*, informa, 2013, p. 35.

⑥ See R. Coles & E. Watt, *Ship Registration*: *Law and Practice*, informa, 2013, p. 23.

国船舶实行过多的控制和管辖,可能使方便旗国丧失其相对竞争优势,难以吸引外国船舶前来本国登记。[①] 但实际上,一些方便旗国家对《海事劳工公约》持相当积极的态度。例如,最先向国际劳工组织提交批准证书的国家是巴哈马群岛、利比亚和马绍尔群岛,其均为方便旗国家;[②]巴拿马也于2009年2月加入了《海事劳工公约》[③]。上述国家都高调保证将遵守和实施《海事劳工公约》。[④] 笔者认为,上述方便旗国家之所以对该公约持如此积极主动的态度,可能是因为感受到了国际社会对方便旗国家所施加的较大压力,[⑤]有意表现出一种合作姿态。[⑥]

方便旗国家是否有能力真正有效遵守与执行《海事劳工公约》取决于其是否能有效履行该公约下船旗国的具体义务。在以下部分,笔者将对船旗国在《海事劳工公约》下的具体义务进行分析。

《海事劳工公约》强调,船旗国在授权、检查、发证、执行和监督以及海上事故调查等方面需要履行相关义务,但该公约允许船旗国授权相关的公共机构和其他组织(如船级社)对船舶进行检

① See R. Coles & E. Watt, *Ship Registration: Law and Practice*, informa, 2013, p. 23.

② See *IMO Chief Tells Flags to Get Moving on Seafarer Convention*, TradeWinds, https://www.tradewindsnews, Last Visited: March 20th, 2023.

③ 参见国际劳工组织网,https://www.ilo.org/,访问日期:2023年3月20日。

④ 参见国际劳工组织网,https://www.ilo.org/,访问日期:2023年3月20日。

⑤ 如国际运输工人联盟的"无方便旗运动"(Non FOCs Campaign)。参见国际运输工人联盟网,https://www.itfseafarers.org/zh/about-us,访问日期:2021年2月12日。

⑥ 近年来方便旗国家已经加强了与相关国际组织的合作。例如,国际运输工人联盟与方便旗船东共同举办了"国际协商论坛"(International Bargaining Forum),该论坛旨在提高海员的工资和就业条件。参见国际运输工人联盟网,https://www.itfseafarers.org/zh/about-us,访问日期:2023年3月20日。

查和发证。[①]《海事劳工公约》的标准A5.1.2指出,船旗国须保证其所授权的"履约公共机构和其他组织"满足两个条件。

第一个条件是,船旗国应保证其授权的履约公共机构和其他组织,具备与本公约相关的专业知识和有关船舶营运的适当知识,包括海员上船工作的最低要求、就业条件、居住舱室、娱乐设施、食品和膳食服务、防止事故、健康保护、医疗、福利和社会保障方面的知识;有维持和更新其专业人员的能力,并能达到足以充分覆盖一定地理范围的人员数量的要求;具备关于公约的要求和适用的国家法律、条例及相关国际文件方面的必要知识;具有与被授予的级别和类型相当的规模、结构、经验和能力。[②]

第二个条件是,被授权的履约公共机构和其他组织的检查员应具有一定独立性。《海事劳工公约》仅对此进行了原则性的规定。该公约的标准A5.1.4第6款规定,检查员应"确保其独立于政府更迭和不当外部影响的地位和服务条件"。该公约的标准A5.1.4第11款强调,禁止检查员与被要求的检查活动存在任何直接或间接的利益,并且检查员必须受到适当的纪律和制裁的约束。该公约的导则B5.1.4第8款还建议,船旗国可以赋予检查员具体的检查权力,以保证其检查的独立性。笔者认为,检查员的独立性应当表现在两个方面:第一,检查员应当在经济上具有相当的独立性,即检查员的工资应当由船旗国的国家财政承担;第二,对于检查过程中所发现的违反《海事劳工公约》相关规定的问题,检查员应当具有独立的处理权力。

《海事劳工公约》的标准A5.1.2第3款还指出,船旗国应当

---

① 参见《海事劳工公约》的规则5.1.1第1~3款。

② 参见《海事劳工公约》的标准A5.1.2第1款。

建立一套确保此类组织工作恰当性的机制,该标准还要求船旗国建立一个与此类组织进行通信和对此类组织进行监督的程序。该公约的导则 B5.1.2 第3款进一步建议船旗国与被其授权的组织签署一份书面协议,船旗国也可以对被其授权的组织的检查人员建立一套相关的资质审核体制。另外,该公约的导则 B5.1.2 还建议船旗国通过国内立法规定被其授权的组织对其所提供的服务进行记录。①

船旗国还要履行颁发《海事劳工证书》和《海事劳工符合声明》的义务。②《海事劳工证书》和《海事劳工符合声明》表明船旗国对其管辖的船舶已经进行过正规检查,被检查船舶上的海员工作和生活条件符合该公约的要求。③《海事劳工证书》和《海事劳工符合声明》是作为监督主体的港口国对船舶进行监督检查的主要内容。④《海事劳工公约》的规则 5.1.3 规定,《海事劳工证书》和《海事劳工符合声明》所适用的船舶包括"从事国际航行的 500 总吨及以上"⑤船舶和"悬挂一成员国的旗帜并从另一成员国港口或在另一成员国港口之间航行的 500 总吨及以上船舶"⑥。可见,对于不满 500 总吨的国际航行和非国际航行船舶,获得《海事劳工证书》和《海事劳工符合声明》并非强制性要求。当然这并不意味着此种未被授予海事劳工证书的船舶无须遵守《海事劳工公约》,

---

① 《海事劳工公约》的导则 B5.1.2 第5款指出:"各成员国应要求认可组织保持其所做服务的记录,从而使他们能够表明在服务所涉及的项目中达到所要求的标准。"

② 参见《海事劳工公约》的标准 A5.1.3。

③ 参见《海事劳工公约》的标准 A5.1.3 第1款。

④ 参见《海事劳工公约》的标准 A5.1.3。

⑤ 《海事劳工公约》的规则 5.1.3 规定,"国际航行"指的是"从一国到该国以外的一个港口的航行"。

⑥ 《海事劳工公约》的规则 5.1.3。

因为“这些船舶在不超过三年的时间内需要接受检查，检查的标准与颁发海事劳工证书的检查标准一致”[①]。

《海事劳工证书》主要用来证明“该船舶上的海员工作和生活条件，包括本规则（规则 5.1.3）第 4 款所述的海事劳工符合声明中所包括的持续符合措施，已经过检查并满足国家法律或条例或其他实施本公约之措施的要求”[②]。该公约的标准 A5.1.3 第 1 款指出，《海事劳工证书》有效期不超过 5 年，船旗国在发证前应当检查海员的最低年龄、海员的体检证书、海员资格、海员就业协议、使用任何有许可证的或经发证或管理的私营招募和安置服务机构、工作和休息时间、船舶配员水平、起居舱室、船上娱乐设施、食品和膳食服务、健康和安全及防止事故、船上医疗、船上投诉程序以及海员的工资支付情况。[③]《海事劳工符合声明》主要用来陈述“在海员的工作生活条件方面实施本公约的国家要求，并列明船东为确保符合对有关船舶的要求所采取的措施”[④]。该公约的标准 A5.1.3 第 10 款还强调，“海事劳工符合声明应附在海事劳工证书之后”[⑤]，且该声明应该由两部分构成：第Ⅰ部分由主管当局编制，其主要用于表明该船舶上的海员生活工作条件符合国内法的要求；[⑥]第Ⅱ部分由船东编制，其主要用于证明其为确保船舶在两次检查之间持续符合国内法要求而采取的措施。[⑦]《海事劳工公约》在附件

---

① 《船旗国检查指导规则》第 23 段，载国际劳工组织网，https://www.ilo.org/，访问日期：2023 年 3 月 20 日。

② 《海事劳工公约》的规则 5.1.3 第 3 款。

③ 参见《海事劳工公约》附录 A5－Ⅰ。

④ 见《海事劳工公约》的规则 5.1.3 第 4 款。

⑤ 见《海事劳工公约》的标准 A5.1.3 第 10 款。

⑥ 参见《海事劳工公约》的标准 A5.1.3 第 10 款(a)。

⑦ 参见《海事劳工公约》的标准 A5.1.3 第 10 款(b)。

A5 – I 部分提供了《海事劳工证书》和《海事劳工符合声明》的范本，该附件要求成员国颁发的《海事劳工证书》和《海事劳工符合声明》应当与《海事劳工公约》附件所提供的范本相符。《海事劳工公约》的标准 A5.1.3 对《海事劳工证书》的期限、[①]中期检查、[②]英文译本（仅适用于国际航行船舶）、[③]《海事劳工符合声明》的内容[④]和《海事劳工证书》、《海事劳工符合声明》的失效条件也做了相关规定。[⑤]

船旗国还有义务对船舶上的海员工作和生活条件进行定期检查和监督。《海事劳工公约》的标准 A5.1.3 第 2 款指出，在《海事劳工证书》的有效期内，主管当局或其授权的组织必须至少进行一次中期检查，从而确保船舶持续符合该公约的要求。该公约的标准 A5.1.4 第 4 款进一步强调，在任何情况下每两次检查间的时间间隔都不得超过 3 年。另外，根据该公约的标准 A5.1.4 的规定，船旗国应当建立一个有效的对船舶上的海员工作和生活条件进行定期检查的系统，这个系统应当满足以下几项要求。第一项要求是，船旗国应配备充足数量的检查员。[⑥] 船旗国应当作出充分的安排以确保检查员接受培训，明确检查员的职权范围及其独立地位，[⑦]并确保检查员不受政府更替和不当外部因素的影响。[⑧] 检查员的职权范围包括：“（a）登上悬挂成员国旗帜的船舶；（b）为确定标准正在得到严格遵守，开展其可能认为必要的任何检查、测试或

---

① 参见《海事劳工公约》的标准 A5.1.3 第 1 款。
② 参见《海事劳工公约》的标准 A5.1.3 第 2 款。
③ 参见《海事劳工公约》的标准 A5.1.3 第 11 款。
④ 参见《海事劳工公约》的标准 A5.1.3 第 10 款。
⑤ 参见《海事劳工公约》的标准 A5.1.3 第 14 款。
⑥ 参见《海事劳工公约》的标准 A5.1.4 第 2 款。
⑦ 参见《海事劳工公约》的标准 A5.1.4 第 3 款。
⑧ 参见《海事劳工公约》的标准 A5.1.4 第 3 款。

质询;以及(c)要求对任何缺陷予以纠正,并且,如果他们有理由相信某些缺陷构成了对本公约要求(包括对海员权利的要求)的严重违反,或对海员的安全、健康或保安构成重大威胁,禁止船舶在采取必要措施前离港。”[①]第二项要求是,船旗国应保证船舶所有人对检查员作出的处理决定享有提起行政诉讼或复议的权利。[②]第三项要求是,检查的间隔期不超过3年。[③] 第四项要求是,检查员应当出具检查报告,船旗国应保有检查记录。[④] 第五项要求是,船旗国在收到举报后应当采取适当的调查程序。[⑤] 第六项要求是,船旗国在检查或采取措施时应尽一切合理努力“避免船舶被无理滞留或延误”[⑥]。第七项要求是,船旗国应当对由于检查员的错误行为对船舶所有人造成的损失予以赔偿,但投诉者应当提供相关证据。[⑦] 第八项要求是,船旗国应当规定并有效执行针对违反该公约和妨碍检查员履行职责行为的处罚和纠正措施。[⑧]

此外,船旗国的义务还包括确保本国船舶建立船上投诉程序以及对海上事故进行调查。《海事劳工公约》的规则5.1.5规定:“船旗国应当要求本国船舶在船上建立公平、有效和迅速处理海员控诉的投诉程序。”该公约的标准A5.1.5第2款规定:海员在船上原则上应当逐级投诉,但仍有权直接向船长投诉。并确保海员在必要时可以向适当的外部当局投诉。

---

① 《海事劳工公约》的标准A5.1.4第7款。
② 参见《海事劳工公约》的标准A5.1.4第8款。
③ 参见《海事劳工公约》的标准A5.1.4第4款。
④ 参见《海事劳工公约》的标准A5.1.4第13款。
⑤ 参见《海事劳工公约》的标准A5.1.4第5款。
⑥ 参见《海事劳工公约》的标准A5.1.4第15款。
⑦ 参见《海事劳工公约》的标准A5.1.4第16款。
⑧ 参见《海事劳工公约》的标准A5.1.4第17款。

就船旗国对海上事故进行调查的义务而言,《海事劳工公约》的规则5.1.6第1款规定,“各成员国应对涉及到悬挂其旗帜船舶的导致人员伤亡的任何严重海上事故开展官方调查。这种调查的最后报告通常应予公布”。但该公约的规则5.1.6并无对该规则进行细化的具体标准或导则。笔者认为,这可能是由于《海事劳工公约》旨在规范海员劳动关系,完善海员工作生活条件,以保护海员的人身权益。[①] 调查海事事故的目的主要是探明事故的发生原因,(并)制定相应的补救和应对措施,从而维护海员和乘客的生命安全,以实现对海洋环境的保护,而这便是《国际海上人命安全公约》的宗旨所在。[②] 为实现这一目的,国际海事组织已经于2008年5月16日通过了《海上事故或海上事件安全调查国际标准和建议做法规则》(Code of the International Standards and Recommended Practices for a Safety Investigation into a Marine Casualty or Marine Incident)。该规则已经于2010年1月1日正式生效。[③] 而根据《国际海上人命安全公约》附则第Ⅺ-1章第6条“海上事故或海上事件调查的附加要求”的规定,《海上事故或海上事件安全调查国际标准和建议做法规则》“对《国际海上人命安全公约》构成补充”。海事主管当局在进行海上事故或海上事件调查时,应当完全遵守《海上事故或海上事件安全调查国际标准和建议做法规则》第Ⅰ部分和第Ⅱ部分的条款,这表明该规则的第Ⅰ部分和第Ⅱ部分已经成为《国际海上人命安全公约》的一部分,其对《国

---

① 参见《海事劳工公约》序言部分。

② 参见《国际海上人命安全公约》序言部分。

③ 参见国际海事信息网,https://www.imo.org/en/,访问日期:2023年3月20日。

际海上人命安全公约》的成员国具有强制约束力。[①] 总之，各公约宗旨各不相同，既然《国际海上人命安全公约》已经对海上事故的调查规范作出了明确规定，《海事劳工公约》也就不必作出重复规定。

如果船旗国未能履行上述义务，其声誉将受到不利影响，也将使悬挂其国旗的船舶更容易受到港口国检查。[②]

2.1.3.1.2　港口国

《海事劳工公约》中的港口国监督制度主要建立在以《1976年商船(最低标准)公约》、《STCW公约》和《国际海上人命安全公约》为主的国际海事组织制定的相关公约和"港口监督备忘录"(Port State Control Memorandum of Understanding, PSC MOU)的基础之上。[③] 国际航行船舶可以很长一段时间不挂靠船旗国港口，因此单靠船旗国的自我监督难以有效地保障海员权利的实现。港口国与船舶存在较少的利益联系，其具有相对独立的监督地位，加之国际航行船舶不可避免地需要挂靠他国港口，因此港口国监控是较为理想的对海员权利保护予以监督的方式。另外，各港口国可以建立有效的交流合作网络，从而对船舶进行全面、持续和有效的监督。

国际海事组织将港口国监控定义为："一国港口对挂靠该国港口的外籍船舶进行的关于船舶、船上设备、船舶配员以及船舶操作

---

① 参见国际海事信息网，https://www.imo.org/en/，访问日期：2023年3月20日。

② Liang Chen, *Legal and Practical Consequences of Not Complying with ISM Code*, Maritime Policy & Management, Vol. 27:3, p. 226(2000).

③ 参见《〈海事劳工公约〉常见问题回答》，载国际劳工组织网，https://www.ilo.org/，访问日期：2023年3月20日。

是否符合国际法律文件要求的检查。"[①]由于船旗国无法对悬挂本国国旗的国际航行船舶进行经常性、规律性的检查,而方便旗国家甚至难以保证对悬挂本国国旗的船舶进行基本的检查,因此港口国监控起初是作为船旗国监督的补充而出现的。[②] 随着建立在区域合作基础上的港口国监控制度的广泛实行,其效果超出了原先的预期。[③] 这是因为当国际航行船舶需要挂靠某区域的多个港口时,该区域的港口国通过实行区域合作使船舶难以逃避检查。因此,港口国监控对于海事公约的有效施行起到了日益重要的作用。

国际海事组织鼓励港口国在签署区域港口监控合作协议的基础上开展区域港口监控的合作,[④]这主要表现为相关各区域的"港口监督备忘录"。[⑤] 目前已经成立的区域港口监控合作机制覆盖了广泛的区域。其中,巴黎备忘录覆盖了欧洲和北大西洋地区;[⑥]东京备忘录覆盖了亚洲和太平洋地区;[⑦]维尼亚德尔马备忘录覆盖了拉美地区;[⑧]加勒比备忘录覆盖了加勒比海地区;[⑨]阿布贾备

---

① 参见国际海事信息网,https://www.imo.org/en/,访问日期:2023 年 3 月 20 日。

② 参见国际海事信息网,https://www.imo.org/en/,访问日期:2023 年 3 月 20 日。

③ 参见国际海事信息网,https://www.imo.org/en/,访问日期:2023 年 3 月 20 日。

④ 参见国际海事信息网,https://www.imo.org/en/,访问日期:2023 年 3 月 20 日。

⑤ 参见国际海事信息网,https://www.imo.org/en/,访问日期:2023 年 3 月 20 日。

⑥ 参见巴黎备忘录网,http://parismou.org/,访问日期:2015 年 12 月 23 日。

⑦ 参见东京备忘录网,https://www.tokyo-mou.org/,访问日期:2015 年 12 月 23 日。

⑧ 参见维尼亚德尔马备忘录网,https://www.vinadelmarmou.org/访问日期:2015 年 12 月 23 日。

⑨ 参见加勒比备忘录网,https://www.caribbeanmou.org/访问日期:2015 年 12 月 23 日。

忘录覆盖了西非和中非地区；[①]黑海备忘录覆盖了黑海区域；[②]地中海备忘录覆盖了地中海地区；[③]印度洋备忘录覆盖了印度洋地区。[④] 在这些区域港口监控备忘录组织中，巴黎备忘录组织目前有27个成员国，是影响力最大的港口国监督组织之一。[⑤] 巴黎备忘录根据港口国检查以及扣留船舶的情况首创了针对船旗国的“白、灰和黑名单”制度。一国被列入该备忘录的“白名单”意味着该国对登记注册在本国的船舶实行了有效的监管；[⑥]而如果一国被列入“黑名单”，则意味着该国对登记注册在本国的船舶监管不到位；[⑦]如果一国对于该国船队的监管表现介于“白名单”国家和“黑名单”国家之间，就可能被列入“灰名单”。[⑧] 倘若一国被列入“灰名单”，这既可能预示着该国经过进一步努力即有望进入“白名单”，也可能表明该国如果进一步放松对本国船舶的监管则就将落入“黑名单”之列。[⑨] 在巴黎备忘录2017年7月所公布的2016年度报告中，中国再度被列入“白名单”。[⑩] 区域港口监控机制使区域内港口执行一致的监管标准，能有效避免同一区域内港口之

---

① 参见阿布贾备忘录网，http://abujamou.org/，访问日期：2015年12月23日。

② 参见黑海备忘录网，http://BSmou.org/，访问日期：2015年12月23日。

③ 参见地中海备忘录网，http://mediterraneanmou.org/，访问日期：2015年12月23日。

④ 参见印度洋备忘录网，http://Indian ocean mou.org/，访问日期：2015年12月23日。

⑤ 参见巴黎备忘录网，http://parismou.org/，访问日期：2021年2月20日。

⑥ 参见巴黎备忘录网，http://parismou.org/，访问日期：2021年2月20日。

⑦ 参见巴黎备忘录网，http://parismou.org/，访问日期：2021年2月20日。

⑧ 参见巴黎备忘录网，http://parismou.org/，访问日期：2021年2月20日。

⑨ 参见巴黎备忘录网，http://parismou.org/，访问日期：2021年2月20日。

⑩ 参见《巴黎备忘录年鉴2016》，载巴黎备忘录网，http://parismou.org/，访问日期：2023年3月20日。

间的不公平竞争。[①] 当然,随着区域港口监控机制不断增多,也会产生因港口检查人员对同一规则理解不同而适用不同监督尺度的问题。[②]

港口国监控下的“白名单”制度不同于《STCW 公约》下的“白名单”制度。港口国监控下的“白名单”制度是实施港口国监督机制的有效工具。以巴黎备忘录为例,该组织每年公布该备忘录下的“白名单”,其主要依据为各国船舶过去 3 年为巴黎备忘录成员国所滞留船舶与受检查船舶的比率。[③] 在巴黎备忘录的监控机制下,船舶检查的内容主要包括船舶和海员的相关证书和文件、船舶整体状况和环境卫生、防火、防污、无线电设备、货物操作、海员的工作生活条件和救生设施等。[④]《STCW 公约》下的“白名单”由国际海事组织的海上安全委员会认定和公布,并持续更新,即所谓“国际海事组织白名单”。[⑤]《STCW 公约》缔约国应当在规定日期前将其国内相关立法以及有关海员教育课程、培训、考试、适任能力和发证等方面的初始资料和后续报告提交国际海事组织秘书长审查,再由秘书长向海上安全委员会就此提交一份报告。[⑥] 在海

---

① See Liang Chen , *Legal and Practical Consequences of Not Complying with ISM Code*, Maritime Policy & Management, Vol. 27:3, p. 227(2000).

② See Liang Chen , *Legal and Practical Consequences of Not Complying with ISM Code*, Maritime Policy & Management, Vol. 27:3, p. 227(2000).

③ 参见《巴黎备忘录年鉴 2016》,载巴黎备忘录网,http://parismou. org/,访问日期:2023 年 3 月 20 日。

④ 参见《巴黎备忘录年鉴 2016》,载巴黎备忘录网,http://parismou. org/,访问日期:2023 年 3 月 20 日。

⑤ 参见国际海事信息网,https://www. imo. org/en/,访问日期:2023 年 3 月 20 日。

⑥ 参见国际海事信息网,https://www. imo. org/en/,访问日期:2023 年 3 月 20 日。

上安全委员会依据程序确认缔约国所提交的资料证明“本公约规定已得以充分和完全实施后”,该国才能被列入国际海事组织的海上安全委员会所发布的“白名单”。[①] 海上安全委员会还要对白名单上的国家进行复查,只有“充分和完全”实施了《STCW公约》相关规定的缔约国才能被保留在“白名单”之列。[②] 另外,经《〈1978年海员培训、发证和值班标准国际公约〉的马尼拉修正案》修改的《STCW公约》附则第Ⅰ/8条规定,缔约国还须保证,“每隔最多不超过5年,对知识、理解、技能和适任能力的获得和评估活动以及对发证体系的管理进行一次独立的评价”,并将独立评价报告在指定日期之前提交国际海事组织秘书长审核。中国早已向国际海事组织提交了全部初始资料和后续资料,[③]又于2009年5月27日向国际海事组织提交了关于《STCW公约》实施的独立评价报告,并均获得了海上安全委员会的认定,因此属于国际海事组织“白名单”国家之列。[④] 尽管未被列入国际海事组织“白名单”的国家所签发的海员适任证书以及所作的签注并不会因此无效,但悬挂非“白名单”国家船旗的船舶很可能会受到更高频率的港口国检查。由于“白名单”国家有权对非“白名单”国家所签发的海员证书及所作的签注不予承认,所以“白名单”国家的海员更受船东青睐。[⑤]

---

① 参见经《〈1978年海员培训、发证和值班标准国际公约〉马尼拉修正案》修改的《STCW公约》第4条和其附则第Ⅰ/7条“资料交流”。

② 参见经《〈1978年海员培训、发证和值班标准国际公约〉马尼拉修正案》修改的《STCW公约》第4条和其附则第Ⅰ/7条“资料交流”。

③ 参见国际海事信息网,https://www.imo.org/en/,访问日期:2023年3月20日。

④ 参见国际海事信息网,https://www.imo.org/en/,访问日期:2023年3月20日。

⑤ 参见国际海事信息网,https://www.imo.org/en/,访问日期:2023年3月20日。

综上,港口国监控下的"白名单"和国际海事组织"白名单"的主要区别在于以下三点:第一,港口国监控下的"白名单"表明船旗国对本国船舶实施了有效监管,悬挂该国船旗的船舶的设施设备和人员状况已达到各种国际公约要求的标准,而国际海事组织"白名单"体现的仅是本国船员具备符合《STCW 公约》要求的适任能力,而并不涉及船舶的设施、设备状况;第二,港口国监控下的"白名单"的制定依据是各国船舶的实际表现,而国际海事组织"白名单"的制定依据则是各缔约国所提交的文件;第三,港口国监控下的"白名单"仅在各港口监控备忘录组织所覆盖区域内有效,而国际海事组织"白名单"的效力及于《STCW 公约》的全体成员方。从实际情况看,登上港口国监控下的"白名单"的难度要高于登上国际海事组织"白名单"。目前巴黎备忘录的"白名单"成员仅为 43 个,[①]而截至 2024 年 8 月 13 日,在《STCW 公约》的 167 个成员中,登上国际海事组织"白名单"的国家和地区已达 130 个。[②] 少数向国际海事组织提交了全部资料和独立评价报告并均获得海上安全委员会认可的国际海事组织"白名单"的国家甚至还被列入了巴黎备忘录的"黑名单",如多米尼加共和国就是如此。[③]

《海事劳工证书》和《海事劳工符合声明》是符合《海事劳工公约》要求的表面证据。为避免船舶在挂靠港的滞留或延误,港

① 参见巴黎备忘录网,http://parismou.org/,访问日期:2023 年 3 月 20 日。

② 参见国际海事信息网,https://www.imo.org/en/,访问日期:2024 年 8 月 13 日。

③ 参见国际海事信息网,https://www.imo.org/en/,访问日期:2023 年 5 月 12 日。

口国就《海事劳工公约》所进行的港口国监控一般仅限于此内容。[①] 但仅检查相关证书可能难以保证船舶的实际情况与证件相符。船舶也有可能伪造虚假证书。《海事劳工公约》对此规定称,港口国若发现虚假证书;或证书未包含《海事劳工公约》所要求的信息;或有明确理由相信船舶上的工作和生活条件不符合公约的标准;或有合理理由相信船舶出于逃避符合公约的目的变更船旗;或收到指控船上工作和生活条件不符合《海事劳工公约》的投诉时,有权对船舶进行更为详细的检查。[②] 检查的具体事项列在《海事劳工公约》附录 A5 - Ⅲ中。要重申的是,《海事劳工证书》和《海事劳工符合证明》只对已满 500 总吨的船舶签发,[③]因而不满 500 总吨的船舶可以免受港口国对于证书和声明的检查。

如果港口国经检查发现船舶确实不符合《海事劳工公约》的要求,其主要可以采取三项措施。第一,港口国可以授权检查官员提请"该船的船长注意这些缺陷并提出纠正这些缺陷的截止日期要求"[④]。第二,若这些缺陷属于重大缺陷或涉及投诉,港口国应提请"开展检查所在成员国的适当海员和船东组织注意这些缺陷"[⑤],并"通知船旗国的代表"或"向下一挂靠港口的主管当局提供有关信息"。[⑥] 第三,港口国若发现船上条件"明显危害海员的

---

① 《海事劳工公约》的规则 5.2.1 第 2 款强调:"成员国应接受规则 5.1.3 所要求的海事劳工证书和海事劳工符合声明为符合本公约要求(包括海员权利)的表面证据。"

② 参见《海事劳工公约》的标准 A5.2.1 第 1 款。

③ 参见《海事劳工公约》的规则 5.1.3 第 1 款。

④ 《海事劳工公约》的标准 A5.2.1 第 4 款。

⑤ 《海事劳工公约》的标准 A5.2.1 第 4 款。

⑥ 《海事劳工公约》的标准 A5.2.1 第 4 款。

安全、健康或保安”,或构成对《海事劳工公约》的“严重或屡次违反”[①],则授权检查官员可以扣留船舶,直到“船舶作出纠正或者直到授权官员接受了纠正不符合情况的行动计划并认为该计划将会得到迅速实施方可允许该船舶开航”[②]。

综上,《海事劳工公约》主要通过港口国与船旗国的合作,以及各港口国间的合作来实现对船舶的有效监督。港口国一旦发现挂靠其港口的船舶违反《海事劳工公约》的规定,就有权对该船采取相应的强制措施。这一机制对船舶构成了巨大的威慑,有助于促使船东积极改善海员的生活和工作条件。

2016 年 11 月 12 日,广东海事局派出以港口国检察官和履约专家组成的团队对停泊在广州港粤海化工码头的巴拿马籍“金虎”轮进行了检查,并依据《海事劳工公约》签发了国内第一份港口国监督检查报告,指出了涉及公约的三项缺陷,包括未及时支付工资、船员就业协议条款不明确以及船上医疗急救药品过期,要求该轮限期改正。[③] 2017 年 8 月 29 日,上海海事局在对利比里亚籍散货船“DZQD”轮进行港口国监督检查时,发现该轮存在违反《海事劳工公约》的情况,包括船上就业协议未签字确认、海员基本生活条件保障不足、收取遣返费用、相关投诉程序副本未提供给海员等。[④] 据此,上海海事局对该船实施了滞留,这是上海港在《海事劳工公约》生效后首次因外籍船舶违反公约而实施滞留。[⑤]

---

① 《海事劳工公约》的标准 A5. 2. 1 第 6 款。

② 《海事劳工公约》的标准 A5. 2. 1 第 6 款。

③ 参见广东海事局网,https://gd. msa. gov. cn/,访问日期:2023 年 3 月 20 日。

④ 参见中新网,https://www. chinanews. com/,访问日期:2023 年 3 月 20 日。

⑤ 参见中新网,https://www. chinanews. com/,访问日期:2023 年 3 月 20 日。

2.1.3.1.3 海员供应国

海员供应国的履约义务主要体现在海员的招募、安置和社会保障方面。[①] 首先要说明的是，船旗国要对保证海员的工作和生活条件符合《海事劳工公约》的要求承担首要责任。在海员上船工作前，由于船旗国尚未确定，故海员供应国需要负责海员的培训、招募、安置和社会保障工作。即使海员已经上船工作，其社会保障通常也由供应国负责。[②] 根据《海事劳工公约》，海员供应国应建立有效的检查和监控机制，并承担相应责任。[③] 换言之，在《海事劳工公约》的海员保护体制下，船旗国和港口国对海员在船上工作和生活期间的相关权利的社会保障承担首要责任，而海员供应国要对海员就业前或不在船上工作期间有关的培训、招募、安置以及社会保障承担第一位的责任。[④] 具体而言，海员供应国要承担以下几项责任。

首先，《海事劳工公约》的标准 A1.4 要求各缔约国确保其国内开办的海员招募和安置服务机构能够保护和促进海员的就业权利。该公约的规则 1.4 第 1 款强调，海员应当“能够利用不向海员收费的高效、充分和可靠的系统寻找船上就业的机会”。该公约的标准 A1.4 第 5 款进一步指出，如果成员国内开办了私营的海员招募和安置服务机构，成员国应当采用立法或其他措施，“要求海员招募或安置或者为海员提供就业的费用或其他收费不得直接或间接、全部或部分地由该海员承担”。可见，《海事劳工公约》鼓励海

① 参见《海事劳工公约》的规则 5.3 第 1 款。
② 参见《海事劳工公约》的规则 4.5 第 3 款和标准 A4.5 第 3 款。
③ 参见《海事劳工公约》的规则 5.3 第 3 款。
④ 参见《海事劳工公约》的规则 5.3 第 1 款。

员供应国开办“免费的公共海员招募和安置服务机构”[①],并对私营海员招募和安置服务机构的开办予以限制。[②] 这意味着,即使该公约成员国允许开办具有营利性质的私营海员招募和安置服务机构,此种私营机构也只能向招募海员的船东收取费用,且这笔费用不得以任何形式转嫁到海员身上。《海事劳工公约》已对中国生效,除办证费用之外,外派机构以任何形式向海员收取任何比例的费用,都将构成对中国法的违反。[③]

其次,《海事劳工公约》并未对海员供应国的培训义务作出具体的规定。笔者认为其原因在于,目前海员的培训以及适任证书的颁发主要是由《STCW 公约》予以调整和规范。笔者将在下文分析《海事劳工公约》与《STCW 公约》的关系,故此处暂不展开。

最后,《海事劳工公约》在标题四“健康保护、医疗、福利和社会保障保护”中对海员的社会保障作出了相对比较灵活的规定。例如,该公约的标准 A4.5 第 1 款规定,成员国可以逐步为海员提供全面的社会保障,这种全面的社会保障主要包含 9 种具体的保障,即“医疗、疾病津贴、失业津贴、老年津贴、工伤津贴、家庭津贴、生育津贴、病残津贴和遗属津贴”。该公约的标准 A4.5 第 2 款同时规定,各成员国在批准《海事劳工公约》时应当至少为海员提供这 9 种具体保障中的 3 种。目前,各成员国经济发展极不平衡,海员的社会保障问题只能由各成员国依据自身的具体社会经济发展状况来解决。对全世界海员的社会保障作出统一的规定不仅不切

---

① 《海事劳工公约》的标准 A1.4 第 4 款。

② 参见《海事劳工公约》的标准 A1.4 第 3 款。

③ 参见郑新颖、王端端:《外派海员基本权益与外派行业生存利益的博弈与平衡——以外派海员“社会福利费”为线索》,载《中国海商法研究》2017 年第 3 期,第 72 页。

实际,也难以执行。笔者认为这可能是《海事劳工公约》不对海员的社会保障问题作强制性的统一规定的主要原因。

2.1.3.2 《海事劳工公约》在成员国国内的适用

如前文所述,国际条约在成员国国内的适用通常有两种方法:第一种方法是直接适用,即一国缔结或加入的国际条约无须通过国内法转化就可以自动成为国内法的一部分,从而直接在一国国内产生法律效力;第二种方法是间接适用,即一国缔结或加入的国际条约必须通过国内立法才能在该国国内产生法律效力。《海事劳工公约》第 5 条第 1 款规定:"各成员国应对其管辖下的船舶和海员实施和执行其为履行本公约所作出之承诺而通过的法律或条例或其他措施。"根据《海事劳工公约》第 2 条的规定,该公约适用于所有在船舶(军事船舶、渔船、用传统方法制造的船舶除外)上工作的海员,除非其工作的船舶专门在内河、遮蔽水域、港口区域内航行。交通运输部和人力资源和社会保障部联合 2016 年颁布的《关于履行〈2006 年海事劳工公约〉的公告》第 1 条明确指出,该公约适用于"中国籍国际航行船舶和国内沿海航行船舶及其在这些船舶上工作的船员,但军事船舶、公务船舶、渔业船舶、体育运动船艇,以及仅在港区、内河和遮蔽水域航行、作业的船舶除外"。2023 年修订的《船员条例》第 23 条第 1 款也明确规定:"船员用人单位应当依照有关劳动合同的法律、法规和中华人民共和国缔结或者加入的有关船员劳动与社会保障国际条约的规定,与船员订立劳动合同。"可见,《海事劳工公约》不仅适用于具有涉外性的国际航行船舶,也适用于国内沿海航行船舶(不论其是否具有涉外性)。

如前文所述,《海事劳工公约》的许多规定比较笼统和灵活,其明确授权成员国通过国内立法对其进行细化。[①] 当然，这种用于执行该公约原则性规定的具体立法必须“尊重规则中规定的权利和原则，并按守则A部分的相关内容所规定的方式实施每条规则”[②]。前述标准A2.1在授权“成员国应通过法律和条例，具体规定受其法律约束的所有海员就业协议需要包括的事项[③]的同时，又对“海员就业协议”的必备条款作出了强制性规定。[④]

《海事劳工公约》第6条第3款规定：“除非本公约另有明文规定，不能按守则A部分规定的方式履行权利和原则的成员国，可以通过实质上等效于(substantially equivalent)A部分规定的法律和条例的规定或其他措施来实施A部分。”该公约第6条第4款为所谓“实质上等效于”设立了两个标准：一是“有助于充分达到守则A部分有关规定的总体目标和目的”；[⑤]二是“落实了守则A部分的有关规定”。[⑥] 该公约的第6条第4款规定由成员国“自行确认”其所采取的实施措施是否能“实质上等效于”守则A部分的规定。如果该公约成员国采取了不同于守则A部分的“实质等效”的实施措施，就须将该措施记载于《海事劳工符合声明》的第Ⅰ部分。[⑦]《海事劳工公约》第13条还规定，国际劳工局设立的由政府、船东和海员三方代表组成的委员会负责对该公约的实施情况进行审议。《海事劳工公约》的规则5.1.1第2款规定，各缔约国“应当建立一个有效的对海事劳工条件进行检查和发证的系统

① 参见该公约的标准A2.1第1款。
② 《海事劳工公约》第6条。
③ 《海事劳工公约》的标准A2.1第4款。
④ 参见《海事劳工公约》的标准A2.1第4款。
⑤ 《海事劳工公约》第6条第4款(a)。
⑥ 《海事劳工公约》第6条第4款(b)。
⑦ 参见《海事劳工公约》的标准A5.1.3第10款。

确保对公约的有效实施”。该公约的规则5.1.1第5款进一步指出,各缔约国“应将关于此系统的信息,包括用来评估该系统有效性的方法的信息向国际劳工局报告”。

综上,《海事劳工公约》授权成员国以国内立法的方式在本国具体实施该公约的规定,并通过国际劳工局及其设立的三方委员会开展外部监督。笔者将在下文对三方委员会的含义和运作方式另行解释,此处暂不展开。

2.1.4 《海事劳工公约》的修正程序

为确保公约顺利通过并生效,《海事劳工公约》并未为成员国政府和成员国船东的海员权利保障义务设定过高的标准,这主要体现在《海事劳工公约》中大量存在不具有强制执行力的建议性的导则。但是,《海事劳工公约》建立了一套能够随着世界经济和航运技术的发展而不断有效更新该公约内容的机制,这在一定程度上保证了《海事劳工公约》的持久生命力。下文将从《海事劳工公约》修正案的通过程序、生效条件及其效力三个方面对该公约的更新系统进行考察。

《海事劳工公约》规定了两种修正程序。第一种修正程序被规定在公约第14条,其适用于对整个公约的修正。该公约第14条第1款指出:“对本公约任何规定的修正案均可由国际劳工组织大会在《国际劳工组织章程》第十九条和本组织通过公约的议事规则的框架下予以通过。”《国际劳工组织章程》是组建国际劳工组织的基础公约,该章程由“组织”“程序”“一般规定”“杂项规定”四部分组成。[①] 该章程第19条是关于国际劳工组织公约和建议书的制定程序。可见,第一种修正案的通过程序采用的就是国

① 参见国际劳工组织网,https://www.ilo.org/,访问日期:2023年3月20日。

际劳工组织通过公约的程序。在此种修正程序下,该公约的修正案被视为国际劳工组织所制定的一部新公约,其通过程序适用国际劳工组织通过公约的程序。

第二种是该公约第 15 条所规定的对守则的修正程序,即"守则既可以按第十四条规定的程序修订,或者,除非另有明文规定,也可以根据本条规定的程序修订"。换言之,该公约的"守则"部分既可依据通过公约的一般程序(第一种修正程序)修订,也可依据该公约第 15 条关于"守则"的特殊程序修订。

根据上述分析可知,要对"条款"和"规则"进行修正,只能采用该公约第 14 条所规定的修正程序;而如果要对"守则"进行修正,则既可以采用该公约第 14 条下的修正程序,也可以采用该公约第 15 条下的修正程序。如前所述,"条款"和"规则"规定的是海员的核心权利、成员国的基本义务和该公约的基本原则,而该公约第 14 条规定的修订程序实质上就是一部新公约的通过程序。因此一旦依据上述第 14 条所规定的程序(第一种修正程序)对"条款"和"规则"进行修正,就等同于订立一部全新的公约。"守则"部分是对"条款"和"规则"的具体细化,其明确了公约的具体实施标准。[①] 有学者指出,[②]第 15 条所规定的修正程序实际上是"公约确定的一种简化程序,这是为了满足迅速更新公约的技术部分而不必修订整个公约的需要而设定的程序",通过修正"守则"可以确保海员权利的保护标准在现有《海事劳工公约》框架内持

---

① 参见《〈海事劳工公约〉的规则和守则的解释和注释》,载国际劳工组织网,https://www.ilo.org/,访问日期:2023 年 3 月 20 日。

② 参见王秀芬、高云嵩:《〈2006 年海事劳工公约〉及其对海事社会的影响》,载《中国海商法年刊》2006 年第 00 期,第 7 页。

续提高。[1] 笔者将在下文对《海事劳工公约》第14条和第15条所规定的修正程序进行比较研究。

2.1.4.1 三方机制概述

《海事劳工公约》第15条第2款规定:“本组织的任何成员国政府或被指定参加第十三条所述委员会[2]的船东代表组或海员代表组可向国际劳工局长提出对守则的修正案。由一国政府提出的修正案必须得到至少5个已批准本公约的成员国政府的共同提议或支持,或者得到本款所述船东代表组或海员代表组的共同提议或支持。”可见,该公约第15条下的修正程序是由“三方专门委员会”启动的。在阐述《海事劳工公约》的具体修正程序前,有必要对国际劳工组织的三方机制进行介绍。

国际劳工组织的三方机制又称为“三方协商机制”。三方机制是指政府代表与通过一定程序选出的雇主和工人代表之间,就国际劳工组织的议程项目、公约批准、报告提交等议题进行有效协商的一项制度。[3] 三方机制是国际劳工组织的基本制度之一,[4]该机制的运作原理如下:首先,作为第三方的政府为雇佣者和被雇佣者提供平等对话的平台;[5]其次,政府凭借其权力,将雇佣者与被雇佣者间协商谈判的结果以法律、法规、集体协议等形式予以固定

---

① 参见王秀芬、高云嵩:《〈2006年海事劳工公约〉及其对海事社会的影响》,载《中国海商法年刊》2006年第00期,第7页。

② 即“三方专门委员会”。

③ See J. Shen & J. Benson, *Tripartite Consultation in China: A First Step Towards Collective Bargaining*?, International Labour Review, Vol. 147 :2 -3, p. 231 -248(2008).

④ See J. Shen & J. Benson, *Tripartite Consultation in China: A First Step Towards Collective Bargaining*?, International Labour Review, Vol. 147 :2 -3, p. 231 -248(2008).

⑤ See J. Shen & J. Benson, *Tripartite Consultation in China: A First Step Towards Collective Bargaining*?, International Labour Review, Vol. 147 :2 -3, p. 231 -248(2008).

并赋予强制效力。[①] 三方机制的作用在于通过提供平等对话的平台,促进三方间的沟通和信息交流。有效的沟通和信息交流不仅能够促进雇佣者和被雇佣者相互了解与合作,还能为政府制定就业政策、提高就业率提供帮助。[②] 在沟通和信息交流的基础上,三方机制有助于促进协商与谈判,进而推动约束三方的谈判结果的产生。[③] 实际上,三方机制建立了一种以平衡三方谈判权利为基础的共同决策机制。[④]

"三方专门委员会"是国际劳工组织的三方机制在《海事劳工公约》中的具体体现。《海事劳工公约》仅简要规定了三方委员会的组成、投票权和三方专门委员会的职责。[⑤] 为细化相关规定,国际劳工组织理事会通过了由国际劳工局起草,并经预备三方委员会[⑥]讨论修改的《为实施 2006 年海事劳工公约第十三条成立特殊专门委员会的常规》[⑦](以下简称《三方专门委员会常规》)。

---

① See J. Shen & J. Benson, *Tripartite Consultation in China: A First Step Towards Collective Bargaining?*, International Labour Review, Vol. 147 :2 –3, p. 231 –248(2008).

② See J. Shen & J. Benson, *Tripartite Consultation in China: A First Step Towards Collective Bargaining?*, International Labour Review, Vol. 147 :2 –3, p. 231 –248(2008).

③ See J. Shen & J. Benson, *Tripartite Consultation in China: A First Step Towards Collective Bargaining?*, International Labour Review, Vol. 147 :2 –3, p. 231 –248(2008).

④ See J. Shen & J. Benson, *Tripartite Consultation in China: A First Step Towards Collective Bargaining?*, International Labour Review, Vol. 147 :2 –3, p. 231 –248(2008).

⑤ 参见《海事劳工公约》第 13 条。

⑥ 预备三方委员会由 59 个国际劳工组织成员国代表,国际海运联盟和由国际运输工人联合会提名的 45 名船东代表和 41 名海员代表组成,参见国际海事信息网,https://www.imo.org/en/,访问日期:2023 年 3 月 20 日。

⑦ 该规则的英文名为"Standing Orders of the Special Tripartite Committee Established to Give Effect to Article XIII of the Maritime Labour Convention, 2006",参见国际劳工组织网,https://www.ilo.org/,访问日期:2023 年 3 月 20 日。

《三方专门委员会常规》旨在具体落实《海事劳工公约》第13条,[①]其不仅规定了三方专门委员会的具体功能、例会、代表组成、例会文件、提案和修正案,还针对《海事劳工公约》第7条项下的海员和船东组织对协商机制进行了细化。

《海事劳工公约》第13条规定,三方专门委员会由缔约国代表、船东代表和海员代表组成,每名代表均拥有投票权。[②] 为实现三方代表间的权力平衡,三方专门委员对代表人数作出了规定。《三方专门委员会常规》要求"船东和海员代表的数量应当与批准加入《海事劳工公约》国家的数量相同"[③]。换言之,假设公约缔约国有N个,则船东代表和海员代表数量相同,均分别为N个。另外,根据《海事劳工公约》第13条第2款的规定,每个缔约国政府有2名代表[④],因此缔约国政府代表总数应为2N个。可见,在三方委员会中,三方代表所占的比例分别是:政府比例为1/2,船东比例为1/4,海员比例为1/4。

《三方专门委员会常规》还规定,三方委员会主席应当由委员会中的政府代表推荐并经国际劳工局理事会任命产生,任期不超过3年,可以连任。[⑤] 主席应保持中立,没有投票权。此外,政府代表、海员代表和船东代表还应各自在本组中推荐1名副

① 参见《三方专门委员会常规》第1条。

② 根据《海事劳工公约》第13条,尚未批准《海事劳工公约》的国际劳工组织成员国代表可以参加三方专门委员会,但没有表决权。理事会也可以邀请其他组织或机构以观察员的身份出席委员会。

③《三方专门委员会常规》第4条第3款。

④《海事劳工公约》第13条第2款规定:"就根据本公约处理的事项而言,委员会应由已批准本公约的各成员国政府指派的两名代表和理事会经与联合海事委员会协商后指定的船东和海员代表组成。"

⑤ 参见《三方专门委员会常规》第6条第2款。

主席，副主席由三方委员会任命，任期不超过 3 年，也可以连任。①

根据《海事劳工公约》的规定，三方专门委员会的具体职责包括三项：(1)审议《海事劳工公约》的实施情况；②(2)在一缔约国内不存在船东或海员的代表组织的情况下，与该缔约国就对《海事劳工公约》的偏离、免除或其他灵活适用事宜展开协商；③(3)向海事劳工局总干事提出守则修正案，并审议和通过守则修正案。④可见三方专门委员会对《海事劳工公约》实施情况的监督以及《海事劳工公约》实体内容的逐步更新发挥着重要作用。例如，在2014 年 6 月 11 日举行的第 103 届国际劳工会议上，三方专门委员会举行首次会议，会议依据《海事劳工公约》第 15 条规定的程序通过了该公约的首个修正案。该修正案新增了标准 A2.5.2，要求该公约成员国建立财政担保体系，以便海员在遭遗弃时能迅速有效地获得财政帮助以回到其居住国。⑤ 该修正案同时对标准 A4.2 进行了修正，该修正案要求该公约成员国建立财政担保体系，以便在因工伤导致海员死亡或伤残的情况下，受害海员或其近亲属可以获得充分、及时的赔偿。⑥

2.1.4.2　第 14 条修正程序和第 15 条修正程序的比较

《海事劳工公约》第 14 条修正程序和第 15 条修正程序均由通过程序和生效程序这两个环节构成。

---

① 参见《三方专门委员会常规》第 6 条第 3 款。
② 参见《海事劳工公约》第 13 条第 1 款。
③ 参见《海事劳工公约》第 7 条。
④ 参见《海事劳工公约》第 15 条。
⑤ 参见国际劳工组织网，https://www.ilo.org/，访问日期：2023 年 3 月 20 日。
⑥ 参见国际劳工组织网，https://www.ilo.org/，访问日期：2023 年 3 月 20 日。

就通过程序而言，第 14 条下的修正程序规定，修正案应由国际劳工组织大会通过，通过票数应达到现场代表投票数的 2/3 以上。[①] 第 15 条下的修正程序则规定了三方专门委员会的通过程序。该通过程序在缔约国出席比例和支持票数量方面都有较高的要求。第 15 条第 4 款规定了提案通过的三个条件：一是半数以上缔约国参加会议；[②]二是三方委员会成员支持票数在 2/3 以上；[③]三是三方代表各有至少半数投了支持票。[④]

就生效程序而言，相比《海事劳工公约》第 14 条下的修正程序，该公约第 15 条下的修正程序在促进修正案的生效以及扩大修正案适用方面做出了更多精心安排，使得按照该公约第 15 条下的修正程序通过的修正案更容易生效。这主要基于两方面的原因。第一个原因是，与该公约第 14 条下的修正程序相比，该公约第 15 条下的修正程序为修正案的生效设立的门槛更低。这是因为第 14 条以作出同意表示的国家数量及其所拥有的商船吨位作为衡量修正案生效与否的标准，[⑤]而第 15 条则以作出不同意表示的国家数量及其所拥有的商船吨位作为确定修正案是否生效的标准。[⑥] 换言之，即使有缔约国对修正案表示反对，只有此种反对国的数量及其所拥有的船舶吨位达到相应标准，才能阻止修正案生

---

① 参见《国际劳工组织章程》第 16 条第 2 款“投票要求”。

② 参见《海事劳工公约》第 15 条第 4 款(a)。

③ 参见《海事劳工公约》第 15 条第 4 款(b)。

④ 参见《海事劳工公约》第 15 条第 4 款(c)。

⑤ 《海事劳工公约》第 14 条第 4 款规定：“修正案应在合计占世界船舶吨位至少 33% 的至少 30 个成员国对修正案或经修正公约(视实际情况)的批准书已经登记后视为已被接受。”

⑥ 《海事劳工公约》第 15 条第 7 款规定：“除非局长在规定的期限内收到超过 40% 的已批准本公约成员国的正式不同意见，并且他们代表着不少于已批准公约成员国船舶总吨位的 40%，大会通过的修正案应视为已被接受。”

效。第二个原因是,该公约第15条下的修正程序似乎更有利于修正案的推广适用,因为第15条下的修正程序要求在修正案生效后,新加入国只能加入经修正的《海事劳工公约》,[①]而第14条下的修正程序则允许新加入的国家排除修正案的适用。[②]

《海事劳工公约》第14条第5款指出:“在章程第十九条框架下通过的修正案应只对那些批准书已交国际劳工局局长登记的本组织成员国具有约束力。”该条第8款进一步强调,对于那些批准了该公约但未批准修正案的国家而言,对其生效的是未经修正的公约。而第15条则规定,修正案对那些并未就其表达不同意见的缔约国生效,但对已表达了不同意见的缔约国不生效。但第15条的第13款同时强调,批准修正案的缔约国没有义务在签发的海事劳工证书方面将公约的益处扩展到未接受修正案的缔约国。

需要注意的是,应将《海事劳工公约》第14条、第15条有关优惠待遇的规定与该公约第5条有关优惠待遇的规定区分开来。该公约第5条第7款旨在强调,已批准公约的国家承担不给予未批准公约国家更优惠待遇的义务。[③] 第14条和第15条则旨在强调,修正案的批准国有权决定是否给予未批准修正案国公约下的优惠待遇。换言之,第14条和第15条是在相关国家均为公约缔约国的前提下,就批准《海事劳工公约》修正案的缔约国与未批准该公约修正案的缔约国之间的权利义务关系所作出的安排。

---

① 《海事劳工公约》第15条第12款规定:“一修正案生效后,只能批准经修正的公约。”

② 《海事劳工公约》第14条第8款规定:“对于其批准本公约的批准书在有关修正案通过之前登记但并没有批准修正案的成员国,未作相关修正的公约应继续对其有效。”

③ 该条规定指出:“各成员国应以确保悬挂未批准本公约之任何国家旗帜的船舶得不到比悬挂已批准本公约之任何国家旗帜的船舶更优惠待遇的方式履行本公约赋予的责任。”

2.2 《海事劳工公约》与国际海事组织制定的与海员相关的国际公约间的关系

《海事劳工公约》最大的特点是在实体规定和执行机制方面借鉴了国际海事组织通过的其他有关海员的公约。在国际海事组织通过的一系列公约中,与《海事劳工公约》联系最密切的两部公约是《STCW 公约》和《国际海上人命安全公约》。在本节中,笔者将《海事劳工公约》分别与《STCW 公约》和《国际海上人命安全公约》进行比较,以求对《海事劳工公约》在整个国际海事公约体系中的地位进行更深入的探究。

2.2.1 《海事劳工公约》与《1978 年海员培训、发证和值班标准国际公约》(《STCW 公约》)的比较——以相关基本概念和履约要求为视角

笔者将先简要介绍《STCW 公约》的概况,然后以相关基本概念和履约要求为视角,对该公约与《海事劳工公约》两者进行比较。

2.2.1.1 《STCW 公约》概况

《STCW 公约》于 1978 年 7 月 7 日由国际海事组织通过,并于 1984 年 4 月生效,其是(对)海员培训、发证和值班领域(作出规定)的第一个国际公约。[①] 截至 2024 年 6 月,《STCW 公约》的缔约国有

① 参见国际海事信息网,https://www.imo.org/en/,访问日期:2023 年 3 月 20 日。

167个,占全世界商船总吨位的98.91%。[1] 从1991年至2024年,国际海事组织共通过了19份《STCW公约》的修正案。[2] 在这19份修正案中,最重要的是《STCW公约》的1995年和2010年修正案,因为其对《STCW公约》进行了诸多实质性修正。[3]

《STCW公约》的1995年修正案于1997年2月1日生效,其对《STCW公约》进行了全面修改,并通过了该公约的附则《海员培训、发证和值班标准规则》。

2010年通过的《〈1978年海员培训、发证和值班标准国际公约〉的马尼拉修正案》则是对《STCW公约》的第二次全面重大修订。该修正案的主要目的是提高海员的素质,包括对船舶的驾驶能力和对海上恶劣环境及海盗等各种风险的应变能力。[4] 另外,随着信息科技的发展,国际航运业对海员的发证有了更高的要求,发证管理信息化也被提上了议事日程。《〈1978年海员培训、发证和值班标准国际公约〉的马尼拉修正案》顺应了海员管理电子化的趋势,有助于引导航运业向信息化方向发展。例如,该修正案

---

① 参见国际海事信息网,https://www.imo.org/en/,访问日期:2024年6月30日。

② 这19份修正案包括1991年修正案MSC.21(59)、1994年修正案MSC.33(63)、1995年修正案(Conf. Res. 1)、1997年修正案MSC.66(68)和MSC.67(68)、1998年修正案MSC.78(70)、2004年修正案MSC.156(78)和MSC.180(79)、2006年修正案MSC.203(81)和MSC.209(81)、2010年马尼拉修正案、2014年修正案MSC.373(93)和MSC.374(93)、2015年修正案MSC.396(95)和MSC.397(95)、2016年修正案MSC.416(97)和MSC.417(97)、2023年修正案MSC.540(107)和MSC.541(107),国际海事信息网,https://www.imo.org/en/,访问日期:2025年5月31日。

③ 参见国际海事信息网,https://www.imo.org/en/,访问日期:2021年5月28日。

④ 参见国际海事信息网,https://www.imo.org/en/,访问日期:2021年5月28日。

第Ⅰ/2条"证书与签注"第16款就规定:"本条规则第15款要求提供的资料状况信息须从2017年1月1日起,用英文以电子手段提供。"该修正案附则第Ⅰ章"关于总则的标准"第A-Ⅰ/2节"证书和签注"第9条也规定证书信息应当"按照规则第Ⅰ/2条以书面或电子方式记录并可供使用"。目前,我国已全面实现海员证书申请、考试、培训、发证流程的电子化,所有业务均通过网络申请。[①] 2023年的修正案对证书(纸质和电子)的制作的最低信息、格式和内容要求进行了进一步的规定,这个修正案的规定已于2025年1月1日对中国生效。[②]

《〈1978年海员培训、发证和值班标准国际公约〉的马尼拉修正案》细化和更新了海员值班、培训和发证的标准和规则,这主要体现在以下五方面。其一,该修正案对海船船员的休息时间制定了量化标准,[③]使《STCW公约》与《海事劳工公约》实现了更紧密的衔接。其二,《〈1978年海员培训、发证和值班标准国际公约〉的马尼拉修正案》着眼于通过杜绝疲劳作业和瑕疵作业来减少和消除人为原因造成的事故。例如,该修正案新增加了"理解并采取必要的措施控制疲劳"适任能力项,[④]还将原公约中仅具有建议性质

---

① 参见中国海事局海事一网通办平台,https://zwfw.msa.gov.cn/,访问日期:2024年8月2日。

② 参见《交通运输部关于国际海事组织〈国际海运固体散装货物规则〉〈1978年海员培训、发证和值班标准国际公约〉〈海员培训、发证和值班规则〉〈2004年国际船舶压载水和沉积物控制与管理公约〉等四项修正案生效的公告》(2024年第60号),载交通运输部网,https://www.mot.gov.cn/,访问日期:2025年5月31日。

③ 参见中华人民共和国海事局编:《STCW公约马尼拉修正案履约指南》,大连海事大学出版社2010年版,第6页。

④ 参见《〈1978年海员培训、发证和值班标准国际公约〉的马尼拉修正案》附则表A-Ⅵ/1-4。

的"防止酗酒及吸毒的指南"移入了第 A-Ⅷ/1 节"适于值班"中，使之成为强制性规定。其三，《〈1978 年海员培训、发证和值班标准国际公约〉的马尼拉修正案》对特殊用途船上的海员提出了具体的培训和适任要求[①]，新规定了"船舶保安员培训""与保安有关的熟悉培训""保安意识培训""承担指定保安职责的海员的培训"等 4 种保安培训，并相应地新增了《船舶保安员熟练证书》《保安意识证书》《负有指定保安职责的海员证书》等 3 类保安证书[②]。该修正案还要求在船上使用电子航海天文历和天文航海软件，[③]新增了电子员的培训与适任要求[④]，并对电子海图[⑤]和其他电子设备掌握程度提出了新要求。[⑥] 其四，《〈1978 年海员培训、发证和值班标准国际公约〉的马尼拉修正案》对海员的海上作业能力提

---

① 参见《〈1978 年海员培训、发证和值班标准国际公约〉的马尼拉修正案》附则第Ⅴ章"关于特定类型船舶海员的特殊培训要求"第Ⅴ/1-1 条"对油船和化学品船船长、高级海员和普通海员的培训和资格的强制性最低要求"；以及第Ⅴ/1-2 条"对液化气体船船长、高级海员和普通海员的培训和资格的强制性最低要求"。

② 参见《〈1978 年海员培训、发证和值班标准国际公约〉的马尼拉修正案》附则第Ⅵ章"关于应急、职业安全、保安、医护和救生职能的标准"第 A-Ⅵ/5 节"签发船舶保安员熟练证书的强制性最低要求"和第 A-Ⅵ/6 节"对所有海员与保安有关的培训和指导的强制性最低要求"。

③ 如《〈1978 年海员培训、发证和值班标准国际公约〉的马尼拉修正案》附则第 B-Ⅱ/1 节"对 500 总吨或以上船舶负责航行值班的高级船员发证的指导"第 20 条规定："天文航海培训可以包含电子航海天文历和天文航海计算软件。"

④ 参见《〈1978 年海员培训、发证和值班标准国际公约〉的马尼拉修正案》附则第 A-Ⅲ/6 节"对电子员发证的强制性最低要求"。

⑤ 如《〈1978 年海员培训、发证和值班标准国际公约〉的马尼拉修正案》附则第 A-Ⅷ/2 节"值班安排和应遵循的原则"第 4-1 部分"航行值班中应遵循的原则"第 18 条规定："在决定可能包括合格的普通海员在内的驾驶台值班组成时，须特别考虑下列因素……4. 助航仪器，如电子海图显示与信息系统（ECDIS）、雷达或电子定位仪以及任何其他影响船舶安全航行的设备的使用和工作状态……"

⑥ 参见《STCW 公约》马尼拉修正案解读组：《STCW 公约马尼拉修正案解读》，载《航海教育研究》2011 年第 1 期，第 23 页。

出了更高的要求，提出了驾驶台信息处理能力的强制性要求[①]，制定了系统的船上人员保安知识和技能培训标准[②]，也细化了特殊船船员培训的标准[③]。其五，该修正案要求海员具备有效沟通的能力[④]和团队精神[⑤]，并要求海员增强海洋环境保护理念。[⑥]

随着科技发展以及相关国际国内法规要求不断提高，海员适任能力的外延也在不断扩张。例如，2017年7月1日起实施的交

---

① 此次修订在表A－Ⅱ/1操作级"航行"职能和表A－Ⅱ/2管理级"航行"职能中分别增加了"使用ECDIS保持安全的航行值班"新的适任能力项，强调船舶驾驶员应具有使用ECDIS导航的适任能力，包括ECDIS的功能和局限性知识；熟练地操作ECDUS；解释和分析ECDIS显示的信息等。

② 按照新规则的要求，所有船上人员都应按照规则第Ⅵ/6条和第A－Ⅵ/6节的要求，接受基本保安意识的训练；所有受雇或在船上工作并负有保安职责的人员还应接受符合规则第Ⅵ/6条要求的与船舶保安计划有关的专业保安知识培训；在船工作期间，船公司还应对所有受雇或船上人员进行熟悉保安技能的培训。

③ 新增规则Ⅴ/1－1规定了对油船和化学品船船长、高级海员和普通海员培训和资格的强制性最低要求。新规则设置了两层培训要求：第一层是油船或化学品船货物操作基本培训；第二层是油船货物操作高级培训要求、化学品船货物操作高级培训要求。新增规则Ⅴ/1－2规定了对液化气体船船长、高级海员和普通海员培训和资格的强制性最低要求。新规则设置了两层培训要求：第一层是有关液化气体船的货物操作基本要求；第二层是有关液化气体船货物操作高级培训要求。

④ 在表A－Ⅱ/1操作级的"保持安全的航行值班"适任能力项下新增加了"能够按照船舶报告系统基本要求和船舶交通服务（VTS）程序进行有效报告"的培训要求。在表A－Ⅱ/2管理级的"制定航次计划并引导航行"适任能力项下新增加了"确保船长和驾驶员有效使用VTS的要求"。在表A－Ⅵ/1－4中新增加了"有效的船上沟通"适任能力项，纳入了有关理解群体中有效沟通、船岸有效沟通原则的要求；要求船员具有"理解船上个体间和团队间的有效沟通的原则和障碍，建立和保持有效沟通的能力"。

⑤ 如《〈1978年海员培训、发证和值班标准国际公约〉的马尼拉修正案》第A－Ⅷ/2节"值班安排和应遵循的原则"第3部分"值班的一般原则"第8条规定："值班须基于下列驾驶台和机舱资源管理原则……3.须确定值班人员对其个人角色、责任和团队角色的理解……"

⑥ 如《〈1978年海员培训、发证和值班标准国际公约〉的马尼拉修正案》第A－Ⅷ/2节第4部分"海上值班"第12条规定："船长、高级海员和普通海员须了解操作性或事故性的海洋环境污染的严重后果，并须采取一切可能的预防措施防止这类污染，特别是有关国际规则和港口规章范围内的措施。"

通运输部规章《船舶安全监督规则》第41条表明,海员应具有识别和防止船源水域污染和船源空气污染①的能力。又如,在未来无人船普及过程中,对抗黑客的远程入侵干扰也很可能被纳入海员适任能力的范畴②。

值得注意的是,海员不仅会因其违反STCW公约的行为受到行政处罚,还可能在构成犯罪时受到相应的刑事处罚。2017年6月18日,宁波海事法院就马耳他籍“卡塔利娜”轮二副艾伦·门多萨·塔布雷交通肇事一案作出判决,③认定被告人违反了STCW公约中有关值班规则的规定,未能保持正规瞭望,也未使用安全航速行驶。④ 险情发生后,被告人既未及早采取有效的避让行动,也未能采取有效的雾航措施,以致撞沉“鲁荣渔58398”号渔船,造成14名船员死亡、5名船员失踪,因此负事故的主要责任。⑤ 据此,宁波海事法院以交通肇事罪对被告人进行定罪量刑。⑥ 该案也是中国海事法院出具的第一份海事刑事案件判决书。⑦

① 参见预定于2025年10月最后审议通过的“防污染(MARPOL)公约附则Ⅵ修订草案防止船舶造成空气污染规则”的“第5章国际海事组织(IMO)净零框架规则”,其规则4资金的拨付1.2.2规定,关于船舶减排废气的规定,净零基金的资助的目的之一是“实现海员和其他海上从业人员的公正转型”,载国际海事组织网,https://www.imo.org/,访问时间:2025年5月20日。

② See *Seafarers and Digital Disruption*, International Chamber of Shipping, https://www.ics-shipping.org/wp-content/uploads/2020/08/ics-study-on-seafarers-and-digital-disruption-min.pdf, Last Visited: August 20th, 2024.

③ 参见宁波海事法院刑事判决书,(2017)浙72刑初1号。

④ 参见宁波海事法院刑事判决书,(2017)浙72刑初1号。

⑤ 参见宁波海事法院刑事判决书,(2017)浙72刑初1号。

⑥ 参见宁波海事法院刑事判决书,(2017)浙72刑初1号。

⑦ 参见宁波海事法院网,http://www.nbmc.gov.cn/,访问日期:2023年3月20日。

2.2.1.2 《海事劳工公约》和《STCW 公约》的联系

《海事劳工公约》和《STCW 公约》在海员的培训、发证与值班三方面均有密切联系。

《海事劳工公约》明确提及《STCW 公约》的部分就有五处,即序言[①]、标准 A1.2(体检证书)第 3 款[②]和第 7 款[③]、规则 1.3(培训和资格)第3 款[④]、规则4.1(船上和岸上医疗)下的标准 A4.1[⑤],以及导则 B4.1.1 第1 款第(a)项[⑥]和第(b)项[⑦]。笔者认为,这两部公约之所以关系密切,主要原因有两点。一是《海事劳工公约》与《STCW 公约》均由国际海事组织参与起草。[⑧] 通过前文对《海事劳工公约》的分析可以看出,该公约的许多立法技术和特征——包

① 原文为:“还意识到经修订的《1974 年国际海上人命安全公约》和经修订的《1972 年国际海上避碰规则公约》中关于船舶安全、人身保安和船舶质量管理的国际标准,以及经修订的《1978 年海员培训、发证和值班标准国际公约》中的海员培训和适任要求。”

② 原文为:“本标准并不损害经修正的《1978 年海员培训、发证和值班标准国际公约》(‘1978 年 STCW 公约’)。就规则 1.2 而言,主管当局应接受根据 STCW 公约的要求签发的体检证书。对于 STCW 公约未包括的海员,满足那些要求的实质性内容的体检证书应同样予以接受。”

③ 原文为:“除非由于有关海员将履行的特殊职责或根据 STCW 公约的规定要求更短的期间:(a)体检证书的最长有效期为两年,除非海员低于 18 岁,在这种情况下体检证书的最长有效期应为一年;(b)色觉视力证书的最长有效期应为六年。”

④ 原文为:“按国际海事组织通过的强制性文件进行的培训和发证应被视为满足本规则第 1 和 2 款的要求。”

⑤ 原文为:“不是专职医生但负责船上医疗的人员应该满意地完成了符合经修正的《1978 年海员培训、发证和值班标准国际公约》(《STCW 公约》)要求的培训;被指定提供医疗急救的海员应满意地完成了符合《STCW 公约》要求的医疗急救培训。”

⑥ 原文为:“通常能够在 8 小时内获得合格的医疗和医疗设施的船舶应至少有一名指定海员接受过《STCW 公约》所要求的经认可的医疗急救培训。”

⑦ 原文为:“所有其他船舶应至少有一名指定的海员接受过《STCW 公约》所要求的经认可的培训。”

⑧ 《STCW 公约》是国际海事组织制定的最为重要的公约之一,而《海事劳工公约》是由国际劳工组织与国际海事组织联合共同起草的。参见国际劳工组织网,https://www.ilo.org/,访问日期:2023 年 3 月 20 日。

括修正案程序、公约的实施方式、发证机制、船旗国的主导性监督职责以及港口国监督机制等内容——都与国际海事组织制定的国际公约极为相似。二是《海事劳工公约》和《STCW 公约》均有确保航行安全的用意。①

笔者将在下文以相关基本概念和履约要求为视角,对这两部公约进行比较。

2.2.1.2.1 两部公约对一些基本概念的定义相似

《海事劳工公约》使用的一些概念与《STCW 公约》相似,这有利于这两部公约的紧密衔接。笔者将以"海员"和"船舶"这两个基本概念为例,对这两部公约中的相关规定进行比较。

《STCW 公约》并未对海员作明确界定,其仅在第 3 条"适用范围"中规定:"本公约适用于在有权悬挂缔约国国旗的海船上工作的海员",包括船长、高级海员和普通海员。《海事劳工公约》下的海员是指在该公约所适用的船舶上以任何职务受雇或从业或工作的任何人员。② 可见,《STCW 公约》和《海事劳工公约》下的"海员"范围都较广,其均包含了受雇为海船服务的人员。当然,两者仍存在一定细微差别。这是因为,船舶的主要用途在于进行客货运输,但有些特殊船舶还兼有休闲观光功能。如邮轮不仅是运输工具,还有娱乐设施性质。邮轮上的服务人员并不参与船舶航行值班,其显然应被排除在《STCW 公约》的适用范围之外,③因为该公约仅适用于负责航行值班的海员。但根据《海事劳工公约》第 2 条,该公约下的海员既包括了值班海员,也包括并不负责航行

---

① 参见两部公约的序言部分。

② 参见《海事劳工公约》第 2 条 1 款(f)。

③ 参见《STCW 公约》第 2 条。

值班但仍在船上工作的人员,包括厨师、膳食辅助人员、服务员等。前述国际劳工组织《〈海事劳工公约〉常见问题问答》对此明确指出:"《海事劳工公约》对海员的该项定义不仅仅包括从事船舶航行或操作的人员,也包括邮轮服务人员等。"可见,《海事劳工公约》所适用的人员范围要略大于《STCW 公约》所适用的人员范围。

《STCW 公约》第 2 条将海船定义为"除了在内陆水域中或者遮蔽水域或港章所适用的区域以内或与此两者紧邻的水域中航行的船舶以外的船舶"。其第 3 条将"军舰、海军辅助舰船或者为国家拥有或营运而只从事于政府的非商业性服务的其他船舶"、"渔船"、"非营业的游艇"和"构造简单的木船"这四类船舶排除出该公约的适用范围。《海事劳工公约》下的海船是指除专门在内河或在遮蔽水域之内或其紧邻水域或适用港口规定的区域航行的船舶以外的船舶[①]。其第 2 条第 4 款指出,渔船或类似捕捞的船舶、用传统方法制造的船舶、三角帆船、舢板以及军舰和军事辅助船不在该公约适用范围之内。可见,这两部公约的适用对象大致相同。需要重申的是,虽然上述两部公约均不适用于渔船,但国际海事组织为渔船船员的培训、发证和值班事宜专门制定了《1995 年国际渔船船员培训、发证和值班标准公约》,国际劳工组织则针对渔船船员的权益保障事宜专门制定了《渔业劳工公约》。前者尚未达到生效条件,[②]而后者已于 2017 年 11 月 16 日

---

① 参见《海事劳工公约》第 2 条(ⅰ)。

② 该公约第 12 条规定:"本公约应在至少有 15 个国家签署而对批准、接受或核准无保留,或按第十一条已交存所需的关于批准、接受、核准或加入的文件之日后经过 12 个月生效。"

生效。[①] 中国已于1996年9月30日签署《1995年国际渔船船员培训、发证和值班标准公约》,[②]但尚未加入《渔业劳工公约》。[③] 由于篇幅所限,本书对这两部公约不予涉及。

值得一提的是,《海船船员适任考试和发证规则》(交通运输部令2022年第15号)第23条规定,曾经在海洋渔业船舶、军事船舶任职的人员,具备相应条件的,可以按照交通运输部海事局的规定申请相应的适任证书。为推进海洋渔业减船转产,打通渔业船员与海船船员之间的"旋转门",《中华人民共和国海事局关于海洋渔业职务船员申请海船船员培训考试和发证有关事项的通知》(海船员函〔2022〕404号)规定,海洋渔业船员参加海船船员合格证和岗位适任培训后,可以申请海船船员适任证书,但拟申请证书的等级和职务不得高于其在海洋渔业船舶相应的证书等级和职务,其中可以申请的职务最高为沿海航区500总吨及以上二副或者750千瓦及以上二管轮、沿海航区未满500总吨大副或者未满750千瓦大管轮。

2.2.1.2.2 两部公约在履约要求方面能实现一定程度的衔接

《STCW公约》针对海员管理和海员素质提升规定的一些标准为《海事劳工公约》所采纳,这些标准成为《海事劳工公约》相关规定的基础依据。最为明显的是,《海事劳工公约》在海员适任资格方面明确引用了《STCW公约》的规定。例如,《海事劳工公约》的规则1.3规定:"1.除非海员经过培训或经证明适任或者具备履

---

① 参见国际劳工组织网,https://www.ilo.org/,访问日期:2023年3月20日。

② 参见国际海事信息网,https://www.imo.org/en/,访问日期:2023年3月20日。

③ 参见国际劳工组织网,https://www.ilo.org/,访问日期:2023年3月20日。

行其职责的资格,否则不得在船上工作。2. 除非海员成功地完成了船上个人安全培训,否则不得允许其在船上工作。3. 按国际海事组织通过的强制性文件进行的培训和发证应被视为满足本规则第 1 和 2 款的要求。”此处“国际海事组织通过的强制性文件”主要指《STCW 公约》。[①] 换言之,对于同为这两部公约成员国的国家,按照《STCW 公约》的规定签发、承认和签注的海员适任证书应视为符合《海事劳工公约》对海员适任资格的要求。又如,《海事劳工公约》的规则 1. 2 强调,该公约缔约国的主管当局应接受“根据《1978 年海员培训、发证和值班标准国际公约》的要求签发的体检证书”。

再如,《海事劳工公约》的标准 A4. 1. 4(c)规定:“不是专职医生但负责船上医疗的人员应该满意地完成了符合经修正的《1978 年海员培训、发证和值班标准国际公约》要求的培训;被指定提供医疗急救的海员应满意地完成了符合《1978 年海员培训、发证和值班标准国际公约》要求的医疗急救培训。”该公约的导则 4. 1. 1 第 1 款(a)建议:“通常能够在 8 小时内获得合格的医疗和医疗设施的船舶应至少有一名指定海员接受过《1978 年海员培训、发证和值班标准国际公约》所要求的经认可的医疗急救培训,使其能够在船上可能发生事故或出现疾病时立即采取有效行动和采用通过无线电或卫星通信获得的医疗建议。”该导则 4. 1. 1 第 1 款(b)还建议:“所有其他船舶应至少有一名指定的海员接受过《1978 年海员培训、发证和值班标准国际公约》所要求的经认可的培训,包括实际训练以及诸如静脉治疗这类抢救技能的培训,这些培训使有

① 参见国际劳工组织网,https://www.ilo.org/,访问日期:2023 年 3 月 20 日。

关人员能有效参与船舶海上医疗援助协调活动,并能在病号或伤员可能继续留在船上期间,向他们提供符合标准的医疗。”

综上可见,只要《海事劳工公约》的成员国实施的培训和发证行为满足了《STCW 公约》的强制性要求,该缔约国通常就应被视为履行了《海事劳工公约》项下的相关义务。

《海事劳工公约》对海员保护、船舶安全提出的许多强制性要求也为《STCW 公约》所借鉴,被吸收为《STCW 公约》中关于海员值班、发证和培训规则的一部分。《〈1978 年海员培训、发证和值班标准国际公约〉的马尼拉修正案》与《海事劳工公约》中有关海员作息时间的规定完全相同。《〈1978 年海员培训、发证和值班标准国际公约〉的马尼拉修正案》于 2010 年通过,[①]而《海事劳工公约》则于 2006 年通过。[②] 故笔者认为,就海员的作息时间而言,《〈1978 年海员培训、发证和值班标准国际公约〉的马尼拉修正案》很可能借鉴了《海事劳工公约》的规定。关于海员作息时间问题,本书将在第四章予以详述。

2.2.1.3 《STCW 公约》和《海事劳工公约》的区别

虽然《STCW 公约》和《海事劳工公约》存在前述关联之处,但其毕竟是两部相互独立的国际公约,缔约目的并不完全相同。如前所述,《STCW 公约》的主要功能在于为海员的培训、发证和值班事项设定国际标准,[③]而《海事劳工公约》则侧重于对海员人身

① 参见国际海事信息网,https://www.imo.org/en/,访问日期:2023 年 3 月 20 日。

② 参见国际海事信息网,https://www.imo.org/en/,访问日期:2023 年 3 月 20 日。

③ 参见《STCW 公约》引言部分。

权益的保护。[①] 另外，两部公约对缔约国履约要求的严格程度也有所不同。《STCW 公约》第 1 条第 2 款要求各缔约国承担义务颁布一切必要的法律、法令、命令和规则，并采取一切必要的其他措施，使本公约充分和完全生效（full and complete effect）[②]。如前文所述，就缔约国的履约义务而言，《海事劳工公约》仅要求“实质性等效”（substantially equivalent），即“除非公约另有明文规定，否则不能按守则 A 部分规定的方式履行权利和原则的成员国，可以通过实质上等效于 A 部分规定的法律和条例的规定或其他措施来实施 A 部分”[③]。可见，《STCW 公约》的履约要求高于《海事劳工公约》。

例如，《海事劳工公约》和《STCW 公约》均允许缔约国对值班海员的休息时间作出例外安排。《海事劳工公约》并未对这些例外情况作出进一步限制，[④]而《STCW 公约》虽允许缔约国对休息时间作出例外安排，[⑤]但强调这种例外安排不能违背“在任何情况下均不得少于任何 7 天内 70 小时休息时间”的强制性规定；[⑥]并且“每周休息时间的例外安排不许持续两周以上。船上两个例外时间段的间隔不得短于例外安排时间段的两倍”，[⑦]且“在任何 7 天

---

① 参见《海事劳工公约》引言部分。

② 参见《STCW 公约》第 1 条第 2 款。

③ 《海事劳工公约》第 6 条第 3 款。

④ 参见《海事劳工公约》的标准 A2.3 第 13 款。

⑤ 参见《STCW 公约》的附则《海员培训、发证和值班规则》第 A－Ⅷ/1 节“适于值班”第 9 条。

⑥ 参见《STCW 公约》的附则《海员培训、发证和值班规则》第 A－Ⅷ/1 节“适于值班”第 9 条第 1 款。

⑦ 《STCW 公约》的附则《海员培训、发证和值班规则》第 A－Ⅷ/1 节“适于值班”第 9 条第 2 款。

时间里，例外安排不得超过两个 24 小时的时间段”①。可见，《STCW 公约》对海员作息时间提出的要求也要高于《海事劳工公约》。

究其原因，笔者认为《STCW 公约》规定的是直接从事航行值班的海员的培训、发证和值班事项，这些与海员有关的事项直接影响海上生命和财产的安全以及对海洋环境的保护，故该公约有必要对缔约国的履约义务提出高标准的要求，这样才能确保公约能达到预期效果，而《海事劳工公约》规定的是海员的权利保护事项。如前文所述，在国际层面对海员权利保护的相关事项作出统一规定本身就面临各种阻碍，单凭一部公约难以一蹴而就。《海事劳工公约》如果不对缔约国的履约义务作出具有较大灵活性的安排，该公约就很可能无法顺利通过并生效。一旦该公约无法通过并生效，那么其规定再高的保护标准都是没有意义的。因此，笔者认为，《海事劳工公约》允许缔约国自主决定采用何种方法来履行该公约下的义务是务实且明智的。

2.2.2 《海事劳工公约》与《国际海上人命安全公约》的比较——以实体标准、修正程序和监控制度为视角

《国际海上人命安全公约》着眼于保障海上人命安全②，而《海事劳工公约》则侧重于对海员人权的保护③。在船上工作的主要人员就是海员（对货物运输船舶来说尤其如此），因而对海上人命安全的保护主要意味着对海员人身权利的保护。不言而喻，在海员所有的人身权利中，生命安全是海员最基本也是最重要的一

① 《STCW 公约》的附则《海员培训、发证和值班规则》第 A－Ⅷ/1 节“适于值班”第 9 条第 3 款。

② 参见《国际海上人命安全公约》第 1 条。

③ 参见《海事劳工公约》第 1 条。

项人权。换言之，保护海上人命安全，是对海员权利最大的保护。同时，由于80%的海上事故与人为因素有关，[①]故保护海员的人身权利也与航行安全密切相关。在下文，笔者先对《国际海上人命安全公约》的概况进行介绍，然后重点对《国际海上人命安全公约》与《海事劳工公约》下的公约修正程序和监控制度进行比较。

2.2.2.1 《国际海上人命安全公约》概况

国际海事组织认为《国际海上人命安全公约》是关于商船安全的最重要的国际公约。[②] 该公约最初由国际海事组织于1914年“泰坦尼克号”事件发生后制定[③]，其后分别于1929年、1948年、1960年和1974年进行了多次版本更新，现行有效的是于1980年生效的1974年版《国际海上人命安全公约》。[④] 截至2024年8月2日，《国际海上人命安全公约》共有168个缔约国，占世界商船总吨位的98.91%[⑤]。与《STCW公约》和《海事劳工公约》一样，每版《国际海上人命安全公约》都会通过修正案的形式来保持对自身的持续更新。从1981年该公约的第一份修正案开始，截至2024

---

① 参见国际海事信息网，https://www.imo.org/en/，访问日期：2023年3月20日。

② 参见国际海事信息网，https://www.imo.org/en/，访问日期：2023年3月20日。

③ 参见陈宝忠、傅爱庆：《国际海上人命安全公约的重要发展与监控机制》，载《上海海事大学学报》2004年第4期，第9页。

④ 参见国际海事信息网，https://www.imo.org/en/，访问日期：2023年3月20日。

⑤ 参见国际海事信息网，https://www.imo.org/en/，访问日期：2024年8月2日。

年8月2日,国际海事组织共通过了209份修正案。[1] 故现行有效的《国际海上人命安全公约》是由1974年版的《国际海上人命安全公约》和一个庞大的修正案体系共同组成的。《国际海上人命安全公约》共有15章,除第1章总则外,该公约从船舶构造、救生设备、无线电报和无线电话、航行安全、不同货物的装运要求(包括谷物装运和危险货物装运)、核能船舶的特殊规定、船舶安全营运管理、高速船安全措施、加强海上安全的特别措施、散货船安全附加措施、符合性验证和极地航行规则等方面对船舶安全进行了详细的规定。[2]《国际海上人命安全公约》的主要目的在于为船舶构造安全、设备安全和安全操作设定国际性的最低标准,并要求缔约国确保悬挂该国国旗的船舶达到这一要求,从而确保船舶航行安全。[3]

2.2.2.2 《海事劳工公约》与《国际海上人命安全公约》在实体标准上的联系和区别

《海事劳工公约》与《国际海上人命安全公约》的联系主要体现在有关海员居住舱室构造要求的规定方面。《海事劳工公约》的标准A3.1第1款指出,船旗国应确保海员居住舱室的安全,该规定未明确居住舱室的具体安全标准,但《国际海上人命安全公约》中有关海员居住舱室结构、材料、设备的强制性规定[4]显然可

---

① 因篇幅所限,修正案具体名称此处略去,参见"国际海事组织公约、多边法律文件及修正案列表",载国际海事信息网,https://www.imo.org/en/,访问日期:2024年7月20日。

② 关于《国际海上人命安全公约》及其修正案的具体内容,参见国际海事信息网,https://www.imo.org/en/,访问日期:2021年5月28日。

③ 参见国际海事信息网,https://www.imo.org/en/,访问日期:2023年3月20日。

④ 参见《国际海上人命安全公约》附则第Ⅱ-1章第41条关于电源照明的规定和第Ⅱ-2章第9条关于房门耐火性的规定。

以作为衡量居住舱室是否具备《海事劳工公约》的标准 A1.3 第 1 款规定的安全性客观标准。

《海事劳工公约》就起居舱室和娱乐设施所作的规定侧重于提升海员的生活质量,[①]许多标准与海员的人身安全没有直接关系。例如,《海事劳工公约》的标准 A3.1 要求海员起居舱室的净高达到 203 厘米,[②]对床铺面积和卧室面积等作出了强制规定,[③]还为餐厅、医务室、卫生设施、洗衣设施等设施制定了详细的规格标准。[④] 这些内容都是《国际海上人命安全公约》未曾涉及的。

《国际海上人命安全公约》就船舶安全配员所作规定与《海事劳工公约》就海员作息时间所作强制性规定也会发生互动影响。《国际海上人命安全公约》附则第Ⅴ章第 14 条指出,为保证航行安全,各缔约国应确保本国船舶配有"足够数量"的海员。"足够数量"一词含义非常丰富。这不仅取决于有关配员的强制性规定,还与船舶尺寸、型号、结构、设备、运输的货物、停靠港口的频率和长度、航行区域以及海员作息时间等因素有关。[⑤] 特别需要注意的是,作息时间和配员情况这两个因素互相交织,均会影响航行安全。[⑥] 达到法定最低安全配员要求并不等同于"数量充足",因为达到法定最低安全配员人数并不意味着海员的休息时间亦自动达

① 参见《海事劳工公约》的规则 3.1。

② 参见《海事劳工公约》的标准 A3.1 第 6 款。

③ 参见《海事劳工公约》的标准 A3.1 第 9 款。

④ 参见《海事劳工公约》的标准 A3.1 第 10 款、第 11 款和第 12 款。

⑤ *See Manning and Fatigue*, The Nautical Institute, https://www.nautinst.org/, Last Visited: August 31th, 2024.

⑥ *See Manning and Fatigue*, The Nautical Institute, https://www.nautinst.org/, Last Visited: August 31th, 2024.

到前述《海事劳工公约》的标准 A2.3 中设定的最低标准。

2.2.2.3 《海事劳工公约》与《国际海上人命安全公约》在修正程序和监控制度上的联系和区别

笔者以下对《海事劳工公约》与《国际海上人命安全公约》在修正程序和监控制度上的联系和区别进行分析。

2.2.2.3.1 《海事劳工公约》与《国际海上人命安全公约》在修正程序上的联系和区别

《国际海上人命安全公约》第 8 条对该公约的修正程序作出了明确规定。分析该条可以发现,与《海事劳工公约》类似,《国际海上人命安全公约》也规定了两套修正程序,分别是“组织内审议后的修正”[①]和“会议修正”[②]。“组织内审议后的修正”是指由国际海事组织的海上安全委员会审议并通过公约修正案的修正程序,[③]“会议修正”是指由《国际海上人命安全公约》的缔约国政府会议审议并通过公约修正案的修正程序。[④] 如本章第二节所述,《海事劳工公约》下的两套修正程序分别适用于不同的情形。若要对“条款”和“规则”进行修正,只能采用第 14 条所规定的修正程序。若要对“守则”进行修正,则既可以采用第 14 条下的修正程序,也可以采用第 15 条下的修正程序。但在《国际海上人命安全公约》下,不论修正的是公约的哪部分内容,均可以在“组织内审议后的修正”和“会议修正”这两套修正程序中任选一程序进行。[⑤] 换言之,《国际海上人命安全公约》下的两套修正程序可以同等地

① 参见《国际海上人命安全公约》第 8 条(b)。
② 参见《国际海上人命安全公约》第 8 条(c)。
③ 参见《国际海上人命安全公约》第 8 条(b)。
④ 参见《国际海上人命安全公约》第 8 条(c)。
⑤ 参见《国际海上人命安全公约》第 8 条(a)。

适用于该公约任何部分的修正。

依据《国际海上人命安全公约》第 8 条,如果采用"组织内审议后的修正",修正案应交由定期召开的海上安全委员会审议,并且修正案的通过需要满足双重条件:其一,至少有 1/3 的缔约国政府出席海上安全委员会,[①]其二,出席会议并投票的缔约国政府至少有 2/3 投票赞成该修正案。[②] "会议修正"程序相对于"组织内审议后的修正"程序更为简便迅捷。因为依据"会议修正"程序,修正案获得与会缔约国 2/3 以上票数支持即视为通过。[③] 至于与会缔约国占所有缔约国的比例,"会议修正"程序并未作出任何限定。因而从修正案通过程序来看,《国际海上人命安全公约》下的两套修正程序相对《海事劳工公约》第 14 条和第 15 条修正程序更为简略。因为无论是《海事劳工公约》第 14 条修正程序还是第 15 条修正程序都需要 2/3 以上的参加国际劳工组织大会的缔约国赞成,而《国际海上人命安全公约》下的两套修正程序均只要求一次投票表决,经海上安全委员会投票通过的修正案无须再经缔约国政府会议表决。[④]

就缔约国政府对已通过的修正案的接受这一问题而言,《国际海上人命安全公约》第 8 条将该公约分为两部分,其一,公约正文和附则第 1 章,[⑤]其二,附则除第 1 章外的其他部分。[⑥] 倘若某修正案是对该公约正文和该公约附则第 1 章所作的修正,该修正案

① 参见《国际海上人命安全公约》第 8 条(b)(ⅳ)。
② 参见《国际海上人命安全公约》第 8 条(b)(ⅳ)。
③ 参见《国际海上人命安全公约》第 8 条(c)(ⅱ)。
④ 参见《国际海上人命安全公约》第 8 条(b)(ⅳ)和(c)(ⅲ)。
⑤ 参见《国际海上人命安全公约》第 8 条(b)(ⅵ)(1)。
⑥ 参见《国际海上人命安全公约》第 8 条(b)(ⅵ)(2)。

的接受取决于批准修正案的缔约国政府比例是否达到全体缔约国总数的2/3。[①] 倘若某修正案是对该公约附则除第1章外的其他部分所作的修正，该修正案的接受则取决于反对修正案的缔约国的比例是否达到了全体缔约国的1/3，[②]或反对国拥有商船吨位的总数是否达到全球商船吨位总数的50%。[③] 相比而言，《海事劳工公约》第14条将拥有一定比例吨位数商船的一定数量缔约国的批准设定为修正案被接受的标准；而依照该公约第15条，在反对国的数量及其所拥有的商船吨位总数均达到一定标准的情况下，公约的修正案将被认定为未被接受。从这一点来看，两部公约有相似之处。因为对《国际海上人命安全公约》附则除第1章外的其他部分修正案的接受程序和《海事劳工公约》第15条下的接受程序均为默示接受，即除非反对票达到一定数量，否则修正案应被视为已得到接受；而《国际海上人命安全公约》正文和附则第1章修正的接受程序和《海事劳工公约》第14条下的接受程序均为明示接受，即除非赞成票达到一定数量，否则该修正案应被视为未获接受。

就修正案的生效条件而言，《国际海上人命安全公约》第8条指出，该公约条款以及附则的第1章的修正案自"视为被接受之日起6个月后"对那些业已接受修正案的缔约国生效；[④]而除该公约附则第1章以外的附则其余部分的修正案"自被认为接受之日起6个月后"对所有缔约国生效，但对该修正案表示过反对意见并且

---

① 参见《国际海上人命安全公约》第8条(b)(ⅵ)(1)。
② 参见《国际海上人命安全公约》第8条(b)(ⅵ)(2)。
③ 参见《国际海上人命安全公约》第8条(b)(ⅵ)(2)。
④ 参见《国际海上人命安全公约》第8条(b)(ⅶ)(1)。

未曾撤销这种反对意见的缔约国政府除外。[①] 尽管未接受修正案的缔约国在两个公约下都不受修正案的约束，但其仍然会受到修正案的影响。因为在《海事劳工公约》下，接受修正案的缔约国有权拒绝将修正案下的相关利益给予未接受该修正案的公约缔约国；[②]在《国际海上人命安全公约》下，接受修正案的缔约国则被禁止将修正案下的相关利益给予该修正案的反对国。[③] 故两者的区别主要在于，在《海事劳工公约》下，不将修正案相关利益给予未接受国是修正案接受国的权利；而在《国际海上人命安全公约》下，不将修正案相关利益给予未接受国是修正案接受国的义务。

2.2.2.3.2　《海事劳工公约》与《国际海上人命安全公约》在监控制度上的联系和区别

《国际海上人命安全公约》附则第1章第6条规定："为执行及为准于免除本规则的规定而对船舶进行的检查和检验，应由船舶登记国政府官员进行，但各国政府可将这种检查或检验工作委托该国所指定的验船师或该国所认可的组织办理。无论采取何种方式办理，有关政府都应充分保证此项检查和检验的全面和有效。"该公约附则第19条指出："持有根据本章第十二条或第十三条所发证书的每艘船舶，在其他缔约国港口时，应受该国政府正式授权的官员监督，这种监督的目的，仅在于查明船上是否备有有效的证书。除有明显的理由使人相信该船或其设备的情况实质上与证书所载情况不符外，此项证书应被承认。如果发生上述与证书不符的情况，执行监督的官员应采取措施，以保证

① 参见《国际海上人命安全公约》第8条(b)(ⅶ)(2)。

② 参见《海事劳工公约》第15条第13款(a)。

③ 参见《国际海上人命安全公约》第8条(d)。

该船在符合出海时对旅客或船员都无危险的条件前不开航。如因这种监督而引起任何干涉,执行监督的官员应将认为必须进行干涉的一切情况,立即以书面通知船舶登记国领事,并将实情报告海协组织。”

由此可见,《国际海上人命安全公约》下的监控机制与《海事劳工公约》标题五规定的监控机制非常相似,即首先由船旗国按照《国际海上人命安全公约》中规定的标准实施监控,并在监督检查后颁发相应的履约证书。作为缔约国的港口国则有责任对到港的悬挂缔约国国旗的外籍船舶进行检查和监控。

《海事劳工公约》和《国际海上人命安全公约》均允许缔约国根据实际情况适当灵活地适用公约。因为如前文所述,就履约义务而言,《海事劳工公约》仅要求缔约国做到“实质性等效”即可。① 《国际海上人命安全公约》尽管原则上要求缔约国严格按照该公约的标准执行,②但其附则第1章第5条仍授权缔约国主管机关允许船舶采用与该公约规定不相一致的“装置、材料、设备或器具,或其型式,或本规则要求应设置的任何专门设施”,只要此种装置、材料、设备、器具、型式与公约的要求“具有同等效能”即可。笔者认为,《国际海上人命安全公约》所称的“具有同等效能”与《海事劳工公约》所称的“实质性等效”之含义基本一致。两者的区别主要在于:在《海事劳工公约》下,缔约国的履约行为与公约的规定是否“实质性等效”是由各缔约国“自行确认”的③;而在《国际海上人

---

① 参见《海事劳工公约》第6条。

② 《国际海上人命安全公约》第1条第2款规定:“各缔约国政府承担义务颁布一切必要的法律、法令、命令和规则并采取一切必要的其他措施,使本公约充分和完全生效,以便从人命安全的观点出发,保证船舶适合其预定的用途。”

③ 参见《海事劳工公约》第6条。

命安全公约》下,船舶采用的设施是否与该公约的规定“具有同等效能”要受到港口国的监督。[①]

2.3 《海事劳工公约》对中国法律制度的影响

中国对海员法律制度进行调整的专门立法主要是《海商法》和《船员条例》。这两部法律主要规范海员的法律地位、职责、资格和任免,而大量与海员权利义务有关的具体规定则散见于相关法律、行政法规、部门规章和其他规范性文件之中,缺乏系统性。

《海事劳工公约》已于2016年11月12日对中国内地生效。本节主要就该公约对中国法律制度的宏观影响进行分析。在后文章节中,笔者将就《海事劳工公约》对中国法律法规的具体影响进行分析。

2.3.1 中国现有的海员权利保护法律体系

在对《海事劳工公约》对中国法律制度的影响作出评估之前,首先有必要对中国现有的海员权利保障法律体系作一介绍。

2.3.1.1 国际公约层面

中国已经加入《STCW公约》和《国际海上人命安全公约》。[②]中国还是最早的《STCW公约》“白名单”国家之一。[③] 虽然《STCW公约》和《国际海上人命安全公约》并未直接对海员权利

① 参见《国际海上人命安全公约》附则第19条。

② 参见国际海事信息网,https://www.imo.org/en/,访问日期:2023年3月20日。

③ 参见国际海事信息网,https://www.imo.org/en/,访问日期:2023年3月20日。

保障问题作出规定,但《海事劳工公约》与《STCW 公约》、《国际海上人命安全公约》存在许多关联之处。如前文所述,《国际海上人命安全公约》和《STCW 公约》中有关船舶结构设备和海员适任标准、航行值班的许多强制性标准有助于正确履行《海事劳工公约》。[①]

在目前国际劳工组织制定的 189 部公约和 5 部议定书中,[②]在批准加入《海事劳工公约》前,中国已参加了《在海上工作的儿童及未成年人的强制体格检查公约》、《海员协议条款公约》和《海员遣返公约》这三部公约。[③]《海事劳工公约》对这三部公约进行了修订,[④]因此,自该公约于 2016 年 11 月 12 日对中国生效之日起,对中国而言,《海事劳工公约》就取代了这三部公约。

2.3.1.2 内国法层面

如前所述,中国内国法下的海员法律体系主要分为两部分:一部分是适用于一般劳动者的法律、法规,如《劳动法》《劳动合同法》《就业促进法》《社会保险法》《工伤保险条例》等;另一部分则是由《海商法》,国务院《船员条例》,交通运输部《海员外派管理规定》、《船员培训管理规则》、《海船船员适任考试和发证规则》、《海船船员值班规则》、《船舶最低安全配员规则》、《海员船上工作和生活条件管理办法》,中国海事局《STCW 公约马尼拉修正案过渡规定实施办法》、《海员外派机构资质管理实施意见(试行)》等构

① 《海事劳工公约》的序言部分明确说明,该公约考虑到了"经修订的《1974 年国际海上人命安全公约》和经修订的《1972 年国际海上避碰规则公约》中关于船舶安全、人身保安和船舶质量管理的国际标准,以及经修订的《1978 年海员培训、发证和值班标准国际公约》中的海员培训和适任要求"。

② 参见国际海事信息网,https://www.imo.org/en/,访问日期:2021 年 2 月 18 日。

③ 参见国际劳工组织网,https://www.ilo.org/,访问日期:2021 年 2 月 18 日。

④ 参见《海事劳工公约》第 10 条。

成的专门适用于海员的法律、法规、规章及其他规范性文件。

《船员条例》是中国关于海员权利保护最主要的法规，但其将《海事劳工公约》中的许多关于海员社会保障的条款进行了压缩和删减，并未完全将《海事劳工公约》的主要内容转化为中国内国法。另外，由于《船员条例》仅为行政法规，在保障海员权益和提高海员劳动条件方面存在不足，需要与其他法律法规和部门规章配套实施才能全面有效保护海员权利。[①] 在下文，笔者将通过表2－3对《海事劳工公约》与《船员条例》进行简要比较，以求进一步明确中国的海员权利保护现状。

表2－3 《船员条例》和《海事劳工公约》简要对比

比较项目	《船员条例》和《海事劳工公约》的相应规定
健康体检	两者均要求海员的健康状况应当被证明适合在船上工作，并取得正规医院或者医师出具的健康体检证明。(《船员条例》第5条和《海事劳工公约》规则1.2)
培训和资格	两者均规定海员须经过培训或经证明适任或具备履行其职责的资格，否则不得上船工作。(《船员条例》第5条和《海事劳工公约》规则1.3)
最低年龄	《船员条例》规定申请海员适任证书的年龄区段为年满18周岁(在船实习、见习人员年满16周岁)但不超过60周岁，该规定符合《海事劳工公约》要求。(《船员条例》第5条和《海事劳工公约》规则1.1)
船员的招募与安置	《船员条例》对设立船员服务机构的条件不作限制，既允许公共机构也允许经营性机构，符合《海事劳工公约》的要求，但该条例没有对设立非营利性的公共船员服务机构作出强制性规定。(《船员条例》第36条和《海事劳工公约》规则1.4)

① 参见王国华、孙誉清：《〈2006年海事劳工公约〉国内适用问题研究》，载《中国海商法研究》2013年第3期，第24～32页。

续表

比较项目	《船员条例》和《海事劳工公约》的相应规定
就业协议	《船员条例》对就业协议作出原则和笼统性的规定，该规定符合《海事劳工公约》的要求。(《船员条例》第 23 条和《海事劳工公约》规则 2.1)
船员工资	《船员条例》对船员工资的规定符合《海事劳工公约》的规定。(《船员条例》第 25 条和《海事劳工公约》规则 2.2)
遣返	《船员条例》符合《海事劳工公约》对遣返条件所作的规定，并增加了特别“未经船员同意，船舶驶往战区、疫区”这一海员可请求遣返的情形。该条例对于遣返地点所作的规定与《海事劳工公约》也是一致的。此外，《船员条例》还对遣返地点作出了特别规定。《船员条例》中关于遣返费用的负担以及通过国际合作帮助船员遣返的规定均符合《海事劳工公约》的要求。(《船员条例》第 29 条、第 30 条和《海事劳工公约》规则 2.5)
配员	《船员条例》规定，船长必须“保障船舶的最低安全配员，保证船舶的正常值班”，并要求海员服务机构加强海员配员管理并定期向海事管理机构报告。这一规定与《海事劳工公约》的规则 2.7 和标准 A2.7 的要求一致。(《船员条例》第 18 条和《海事劳工公约》规则 2.7)
健康保护、医疗、福利和社会保障保护	《船员条例》要求用人单位为海员建立健康档案，并为海员办理工伤保险、医疗保险、养老保险、失业保险和其他社会保险，这符合《海事劳工公约》的相关规定。(《船员条例》第 21 条和《海事劳工公约》规则 4.5)
船员的概念	依据《船员条例》，船员是指依照该条例的规定取得船员适任证书的人员，包括船长、高级船员、普通船员。《海事劳工公约》将海员界定为，在该公约所适用的船舶上以任何职务受雇或从业或工作的人员，包括邮轮服务人员。《船员条例》的定义比《海事劳工公约》狭窄。(《船员条例》第 4 条和《海事劳工公约》第 2 条)

综上可见，《海事劳工公约》的内容并未在《船员条例》中得到全面完整的体现。交通运输部 2018 年颁布实施的修订版规范性

文件《海员船上工作和生活条件管理办法》(交海发〔2018〕170号)对船上的起居舱室和娱乐设施、膳食服务、作息时间、医疗健康保障、工资报酬、遣返、海员劳务合同的内容、未成年海员的权益保障等问题作出了详细的规定。[①] 该管理办法是中国目前为止唯一一部以保护海员合法权益为主要宗旨的法规,其有助于为中国正确实施《海事劳工公约》奠定良好的内国法基础。遗憾的是,《海员船上工作和生活条件管理办法》也并没有完全将《海事劳工公约》转化为国内法。例如,《海事劳工公约》的规则 4.4 中有关海员获得岸上医疗设施和福利设施的权利的规定并未在该管理办法中得到体现。又如,《海事劳工公约》的标准 A5.1 对海员投诉程序——包括船上投诉程序和岸上投诉程序——作出了详尽的规定。《海员船上工作和生活条件管理办法》尽管吸收了《海事劳工公约》中涉及船上投诉程序的相关规定的精神,[②]但对岸上投诉程序却未涉及。故中国尚未完全依照《海事劳工公约》的要求建立有效的海员维权制度。更重要的是,该规定属于行政规范性文件,法律位阶较低。笔者认为,该管理办法中的相关重要规定应被纳入《船员条例》之中。

2017 年 1 月 1 日,交通运输部、人力资源和社会保障部联合颁布了行政规范性文件《海事劳工条件检查办法》(交海发〔2016〕202 号),对除"军事船舶、公务船舶、渔业船舶、体育运动船艇,以及仅在港区、内河和遮蔽水域航行、作业的船舶"外的中国籍国际航行船舶以及国内沿海航行船舶的检查问题作出了规定。[③] 该办

① 参见《海员船上工作和生活条件管理办法》第 2 章至第 9 章。
② 参见《海员船上工作和生活条件管理办法》第 57 条。
③ 参见《海事劳工条件检查办法》第 2 条。

法提出，交通运输部与人力资源和社会保障部为全国海事劳工条件的主管部门，[①]并对两者的职责分工进行了划分。[②] 其中，各地海事管理机构负责有关船舶及船员管理情况的检查工作，包括“船员健康证明、船员资格、船舶配员、起居舱室、船上娱乐设施、食品和膳食服务、健康和安全及防止事故、船上投诉程序等”[③]；而人力资源和社会保障部门则负责涉及《劳动法》《劳动合同法》等劳动保障法律法规规章执行情况的检查，包括“最低年龄、劳动合同、工资支付、工作和休息时间、休假、社会保险等”[④]。该办法明确了船东作为履约主体的责任，[⑤]并将海事劳工条件检查分为定期检查、附加检查和临时检查三类。其中，定期检查每3年开展一次，是对船舶是否满足海事劳工条件标准的全面检查。[⑥] 附加检查适用于三种情形，包括：(1)船员起居舱室作了实质性改动；(2)船员投诉，且提供证据表明该船舶海事劳工条件存在问题；(3)检查机构认为应当检查。[⑦] 临时检查适用的情形则包括：(1)新船交付；(2)船籍变更；(3)船东新承担了一艘船的经营责任。[⑧] 该文件指出，“海事劳工证书或临时海事劳工证书是船舶符合海事劳工条件标准的证明文件”[⑨]。500总吨及以上国际航行船舶应持有海事劳工证书

① 参见《海事劳工条件检查办法》第3条。
② 参见《海事劳工条件检查办法》第3条第1款。
③ 《海事劳工条件检查办法》第3条第2款。
④ 《海事劳工条件检查办法》第3条第3款。
⑤ 参见《海事劳工条件检查办法》第4条。
⑥ 参见《海事劳工条件检查办法》第8条。
⑦ 参见《海事劳工条件检查办法》第9条。
⑧ 参见《海事劳工条件检查办法》第10条。
⑨ 参见《海事劳工条件检查办法》第16条第1款。

或临时海事劳工证书,[①]海事劳工证书有效期不超过5年;[②]临时海事劳工证书的有效期不超过6个月,且不能展期。[③] 另外,该文件还对海事劳工证书的颁发条件[④]以及撤销条件作出了规定。[⑤]

海事劳工条件直接关系到船舶航行安全和海员人身健康,未持有海事劳工证书的已满500总吨的国际航行船舶不得从事运营,[⑥]因而审核并颁发海事劳工证书的行为具有行政许可的性质。[⑦] 对于海事主管机关不予颁发海事劳工证书或撤销证书的情形,船东有权提起行政诉讼。[⑧] 2018年2月8日起施行的《最高人民法院关于适用〈中华人民共和国行政诉讼法〉的解释》(法释〔2018〕1号)第32条指出,"与当事人有合法劳动人事关系的职工,可以当事人工作人员的名义作为诉讼代理人",且社会保险缴费凭证、工资领取凭证或"其他能够证明其为当事人工作人员身份的证据"中的任意一项即可证明"劳动人事关系"的存在。据此,在海员向船东提起的劳务合同纠纷诉讼中,船长、高级海员等理论上也可受指派作为船东诉讼代理人出庭参与诉讼。

另外,值得注意的是,2021年实施的《海上交通安全法》为落实《2006年海事劳工公约》和《海员培训、发证和值班规则公约》等国际公约的要求,提出海员工作环境、职业健康、休息时间等应当符合相关国际国内法规的规定,并要求船舶就可能产生的海员遣

---

① 参见《海事劳工条件检查办法》第33条。
② 参见《海事劳工条件检查办法》第16条第2款。
③ 参见《海事劳工条件检查办法》第16条第3款。
④ 参见《海事劳工条件检查办法》第20条。
⑤ 参见《海事劳工条件检查办法》第28条、第29条和第30条。
⑥ 参见《海事劳工条件检查办法》第33条。
⑦ 参见《行政许可法》第12条。
⑧ 参见《行政诉讼法》第12条。

返费用投保或者取得财务担保,还明确了海员境外突发事件的预警、防范和应急处置机制。[①] 上述规定将有助于落实《海事劳工公约》中的相关要求。

2.3.2 中国关于《海事劳工公约》的履约对策

据交通运输部统计,截至2023年年底,中国共有注册国际航行海船船员682,635人,注册沿海航行船员261,319人。[②] 为正确全面地履行《海事劳工公约》,笔者认为中国应当进一步完善国内立法,并建立港口国与船旗国的沟通机制。

2.3.2.1 完善国内立法

如前文所述,在海员权利保护方面,《船员条例》的规定相对简单。交通运输部规范性文件《海员船上工作和生活条件管理办法》对海员权益保障作出了较详尽的规定,但其法律位阶却较低。《劳动法》和《劳动合同法》在很多情况下也难以对海员权利进行针对性的保护。故笔者赞同这样的观点,即中国应当尽快为海员这一特殊职业制定一部像《律师法》《教师法》《人民警察法》那样的"海员法",以便对与海员有关的法律关系予以全面的规范和调整。[③]

笔者设想中的"海员法"应当是一部总括性的法律,其无须也无法如《海事劳工公约》那样详细全面。实际上,中国可在"海员法"中明确规定:有关海员权益的保护标准适用中国缔结的相关国际公约的规定。该法还可授权国家海事主管部门

① 参见《海上交通安全法》第14条。

② 参见交通运输部发布的《2023年中国船员发展报告》,载交通运输部网,https://www.mot.gov.cn/,访问日期:2023年12月31日。

③ 参见陈鹏:《浅析〈船员条例〉对国际劳工组织公约国内化的立法实践(上)》,载《中国海事》2009年第10期,第35页。

制定相应的实施细则。这样既能降低立法成本,又能使海员权利保障相关规定随着《海事劳工公约》相关修正案的出台而随时更新。

如前文所述,《海事劳工公约》的标题三(Title 3)对海员起居舱室和娱乐设施的标准作出了一些强制性的规定。前述交通运输部颁布的《海员船上工作和生活条件管理办法》第2章依据《海事劳工公约》的相关内容对船舶起居舱室和娱乐设施作出了原则性规定,但此种规定较为抽象,①其中未包含任何技术性细节。因此,除了"海员法"外,中国还有必要依据该公约的要求,对船上的生活和工作条件制定具体的技术标准。

2016年5月1日,交通运输部规章《船舶检验管理规定》正式实施,其对中国的船舶检验工作作出了总体规定。该规定界定了各类船舶检验机构的业务范围,②强调了法定检验和入级检验的区别,③并阐述了船舶法定检验技术规范的制定程序和发布要求。④ 该规定第33条明确提出,若国际公约作出修改,船舶法定检验技术规范的制定者就应及时对规范进行评估。该规定从制度上保证了中国的国内法定检验技术规范与国际公约的接轨。

目前,《海商法》的修订论证工作正在紧张进行中。就"船员"

① 例如,《海员船上工作和生活条件管理办法》第4条规定:"船东应当提供保持海员健康的起居舱室环境。"该办法第5条指出:"船东应当确保以下船舶设备、设施和建造要求持续符合船舶检验技术规范的规定,并取得船员舱室设备的证明文件:(一)房间和其他起居舱室空间的尺寸;(二)通风和供暖;(三)噪音和振动及其他环境因素;(四)卫生设施及更衣室;(五)照明;(六)餐厅;(七)医务室。"

② 参见《船舶检验管理规定》第5条。

③ 参见《船舶检验管理规定》第3章和第4章。

④ 参见《船舶检验管理规定》第5章。

一章而言,有必要按照《海事劳工公约》和 STCW 公约的最新要求,参照《劳动法》和《劳动合同法》,对海员劳务合同的必备条款、合同订立、解除与终止的条件和程序、海员劳动报酬、社会保障、招募、遣返、作息时间、人身伤亡损害赔偿等问题作出安排。[①] 另外,还有必要特别关注海员外派关系中各方的权利义务问题。修改后的条款应当与劳动相关法规、社会保障相关法规以及《海上交通安全法》互相衔接协调,避免重复规制和规制不足。

2.3.2.2 建立港口国与船旗国的沟通机制

《海事劳工公约》规定了"实质性等效"的履约要求,[②]即船旗国可以依据本国的法律和条例来实施公约。该规定是否"有助于充分达到守则 A 部分有关规定的总体目标和目的"且"落实了守则 A 部分的有关规定"也由作为缔约国的船旗国"自行确认"[③]。这就赋予了船旗国较大的自主权,加之该公约包含了大量非强制性的导则,故各船旗国的发证标准难免会有所不同,这些因素均很可能会增加港口国的监督检查难度。在船旗国按照实质等效原则实施公约的情况下,港口国难以全面了解船旗国国内法规定,可能作出被检查的外国船舶不符合《海事劳工公约》要求的认定。

既然《海事劳工公约》已于 2016 年 11 月 12 日对中国生效,故

---

① 参见胡正良、孙思琪:《我国〈海商法〉修改的基本问题与要点建议》,载《国际法研究》2017 年第 4 期,第 58~59 页。

② 《海事劳工公约》第 6 条第 3 款规定:"除非本公约另有明文规定,不能按守则 A 部分规定的方式履行权利和原则的成员国,可以通过实质上等效于 A 部分规定的法律和条例的规定或其他措施来实施 A 部分。"

③ 参见《海事劳工公约》第 6 条第 4 款。

中国既要履行该公约下的船旗国相关义务,[①]也要履行港口国相关义务。[②] 作为船旗国,中国应及时与该公约下的其他港口国进行沟通,使其他港口国了解中国内国法的相关内容。作为港口国,中国也应及时与船旗国政府或由该船旗国政府所认可的组织沟通,准确把握公约要求,了解船旗国国内立法,避免对外籍船舶实施错误滞留。

① 有关船旗国的责任参见《海事劳工公约》规则 5.1。另外,《海事劳工公约》下的第五次三方会议审议的修订版也对相关船旗国责任的规则 5.1 第 5 款、导则 B4.3 第 6 款(3)和第 1 款(4)进行了修改,载国际劳工组织网,https://www.ilo.org/,访问时间:2025 年 5 月 17 日。

② 参见《海事劳工公约》第 7 条。另《海事劳工公约》下的第五次三方会议审议的修改版也提到了港口国的一些责任,如导则 B4.3 第 6 款(3),载国际劳工组织网,https://www.ilo.org/,访问时间:2025 年 5 月 17 日。

第三章　海员劳务合同制度基本法律问题研究

海员劳务合同包括海员劳动合同和海员雇佣合同。在本章中，笔者将比较海员劳务合同与一般劳务合同间的异同，并在此基础上分析海员劳务合同的订立、履行、解除、终止以及海员劳务纠纷的解决等基本法律问题。

3.1　海员劳务合同的订立

就合同的订立而言，海员劳务合同与一般劳务合同的差异主要表现在有关订立形式的特殊要求以及对合同的行政监管两方面。

3.1.1　海员劳务合同的订立形式

就合同订立形式而言，相关国际公约和中

国内国法对一般劳务合同和海员劳务合同的要求有一定差异。

3.1.1.1 一般劳务合同的订立形式

依照《民法典》第469条,合同既可以书面形式订立,也可以口头和其他形式订立。该法第490条还指出:“法律、行政法规规定或者当事人约定合同应当采用书面形式订立,当事人未采用书面形式但是一方已经履行主要义务,对方接受时,该合同成立。”可见,以书面形式订立并非必然是合同成立的必要条件,但《劳动法》强调,劳动合同必须“以书面形式签订”[①]。据此,雇佣合同既可以书面形式订立,也可以口头和其他形式订立;而劳动合同则必须以书面形式订立。

从字面上看,《劳动法》似乎旨在强调,“以书面形式订立”是劳动合同成立的必要条件。但从保护劳动者合法权益的角度出发,倘若是由于用人单位方面的原因未与劳动者签订书面合同(如用人单位拒绝签订劳动合同),而劳动者已经为用人单位工作的,应当认定劳动合同已经成立。2020年颁布的《最高人民法院关于审理劳动争议案件适用法律问题的解释(一)》(法释〔2020〕26号)第1条就明确规定,“劳动者与用人单位之间没有订立书面劳动合同,但已形成劳动关系后发生的纠纷”属于《劳动法》第2条[②]所称的劳动争议,法院应当受理。

《劳动合同法》进一步澄清了“劳动关系的建立”与“劳动合同的订立”间的关系。该法规定,“用人单位自用工之日起即与劳动者建立劳动关系。用人单位应当建立职工名册备查”[③],“建

① 《劳动法》第19条规定,“劳动合同应当以书面形式订立”。

② 《劳动法》第2条第1款规定:“在中华人民共和国境内的企业、个体经济组织(以下统称用人单位)和与之形成劳动关系的劳动者,适用本法。”

③ 《劳动合同法》第7条。

立劳动关系,应当订立书面劳动合同。已建立劳动关系,未同时订立书面劳动合同的,应当自用工之日起一个月内订立书面劳动合同。用人单位与劳动者在用工前订立劳动合同的,劳动关系自用工之日起建立"①。《劳动合同法实施条例》(2018 年 9 月 18 日起施行)还对用人单位不与劳动者签订书面合同的情况进行了规定:"用人单位自用工之日起超过一个月不满一年未与劳动者订立书面劳动合同的,应当依照劳动合同法第八十二条的规定向劳动者每月支付两倍的工资,并与劳动者补订书面劳动合同。"②"用人单位自用工之日起满一年未与劳动者订立书面劳动合同的,自用工之日起满一个月的次日至满一年的前一日应当依照劳动合同法第八十二条的规定向劳动者每月支付两倍的工资,并视为自用工之日起满一年的当日已经与劳动者订立无固定期限劳动合同,应当立即与劳动者补订书面劳动合同。"③

综上,用人单位未与劳动者签订书面劳务合同与否并不影响劳务合同的成立和劳务关系的建立。换言之,"书面形式订立"并非劳务关系成立的必备条件。在上海海事法院审理的"朱某某等诉嘉海公司等通海水域人身损害责任纠纷案"中,上海海事法院认定船方与李某乙之间虽未以书面形式约定以货币形式结算的工资报酬,但存"以一定的劳务换取食宿与技术传授的约定,存在确立劳务合同关系的合意,亦符合劳务合同关系以劳动换取报酬的本质特征"④。

① 《劳动合同法》第 10 条。

② 《劳动合同法实施条例》第 6 条第 1 款。

③ 《劳动合同法实施条例》第 7 条。

④ 上海市高级人民法院:《上海法院涉船员权益保护海事审判典型案例》,载上海海事法院网,https://www.hshfy.sh.cn/css/2023/06/25/202306251538576265694.pdf。

3.1.1.2 海员劳务合同的订立形式

《海事劳工公约》的标准 A2.1 第 1 款(c)明确要求海员劳务合同以书面形式订立。[①] 根据 2020 年修正的《最高人民法院关于适用〈中华人民共和国涉外民事关系法律适用法〉若干问题的解释(一)》的第 3 条,《海商法》等商事特别法的规定仍应作为解决涉外民事关系中国际条约和国际惯例与我国相关民事法律的冲突问题的法律依据。前述外交部、最高人民法院、最高人民检察院、公安部、国家安全部、司法部 1995 年颁布的《关于处理涉外案件若干问题的规定》第 1 条第 3 项亦指出,除中国声明保留的条款外,在刑事、民事、经济、行政和治安类涉外案件中,中国所缔结的国际公约在适用上均应优先于相应的中国国内立法。因此,涉外海员劳务合同应采用书面形式订立。当然,笔者认为《海事劳工公约》的标准 A2.1 第 1 款(c)的规定旨在保障海员权益。船东与海员双方未以书面形式缔结合同的,主管部门应对其进行行政制裁,但未以书面形式签订不应影响劳动关系的成立。

《船员条例》第 23 条第 1 款规定:"船员用人单位应当依照有关劳动合同的法律、法规和中华人民共和国缔结或者加入的有关船员劳动与社会保障国际条约的规定,与船员订立劳动合同。"该规定并未将其适用范围局限于涉外合同。如前所述,若合同一方当事人为境外船东,该合同便无法适用《劳动法》和《劳动合同法》。[②] 因此,上述规定应理解为:在海员与境内用人单位订立劳务合同的情况下,应适用《海事劳工公约》等公约以及《劳动法》

---

① 《海事劳工公约》的标准 A2.1 第 1 款规定:"各成员国应通过法律或条例要求悬挂其旗帜的船舶符合下述要求……(c)有关船东和海员应各持有一份经签字的海员就业协议原件……"

② 参见《劳动法》和《劳动合同法》第 2 条。

《劳动合同法》《民法典》的规定；而在海员与境外用人单位订立劳务合同的情况下，应适用《海事劳工公约》等国际条约以及《民法典》的规定。可见，前述《船员条例》第23条的规定旨在强调，无论用人单位是否为境外单位，也无论合同是否有涉外因素，《海事劳工公约》中的相关规定均应强制适用。但依据《海商法》第268条第1款和相关司法解释的规定，中国加入的国际条约仅在涉外的情形下方可得到优先适用。依据上位法优于下位法的原则，[①]《海商法》中有关公约适用条件的规定的效力高于《船员条例》。因此，涉外海员劳务合同应依据《海事劳工公约》的规定采用书面形式订立。不具有涉外因素的海员劳务合同则应视具体情况而定。其中，劳动合同通常应采用书面合同订立，雇佣合同则可采用其他方式订立。但是，交通运输部2019年颁布的规范性文件《海员船上工作和生活条件管理办法》第41条明确要求，中国籍海船的船东应与在船工作的海员订立书面劳务合同，而不论此种合同是否具有涉外因素。[②] 该规定表明，即使海员与中国籍船舶的船东建立的是雇佣关系，此种合同也应通过书面形式订立。当然，此处在各相关法律法规间的差异会在实践中引起争议。

3.1.2　海员劳务合同受到的行政监管

《海事劳工公约》标准A2.1第1款(d)规定，海员就业协议应“能够供主管当局的官员，包括船舶所挂靠港口的官员查验”。依据该要求，无论相关海员劳务合同属于中国内国法下的劳动合

---

① 参见《立法法》第107条。

② 该条规定指出：“船东或者船东代表应当与上船工作或者实习、见习的海员订立书面上船协议。上船协议应当由船东与海员协商一致，并经双方在协议文本上签字或者盖章生效。协议文本原件应当由双方各执一份。上船协议和适用的集体合同应具有中英文文本，其正本或者复印件应当随船备查。”

同还是雇佣合同,其均须受到主管机关的监管。依据《劳动合同法》第74条,劳动合同须接受政府主管部门审查和监管。① 前述交通运输部《海员船上工作和生活条件管理办法》第41条第3款也指出,海员劳务合同应"随船备查"。

海员劳务合同要受到海事主管机关和劳动部门的双重监管,但监管侧重点有所不同。劳动部门主要审查是否依法订立合同,以及合同内容是否符合中国国内劳动法律法规的规定,②即《船员条例》第47条第1款规定:"劳动保障行政部门应当加强对船员用人单位遵守劳动和社会保障的法律、法规和国家其他有关规定情况的监督检查。"第47条第2款明确规定,"海事管理机构在日常监管中发现船员用人单位或者船员服务机构存在违反劳动和社会保障法律、行政法规规定的行为的,应当及时通报劳动保障行政部门"。所以,海事主管机关主要对船上生活工作场所是否符合安全健康标准、船东是否履行遣返义务以及船东是否及时救治受伤和患病船员等《海事劳工公约》下的特别要求进行监管。另外,海员劳务合同在该公约下还要受到港口国监管。③ 作为《海事劳工公约》的缔约国,我国有权对进入我国港口的外国

① 《劳动合同法》第74条对劳动行政部门就劳动合同的监管问题指出:"县级以上地方人民政府劳动行政部门依法对下列实施劳动合同制度的情况进行监督检查:(一)用人单位制定直接涉及劳动者切身利益的规章制度及其执行的情况;(二)用人单位与劳动者订立和解除劳动合同的情况;(三)劳务派遣单位和用工单位遵守劳务派遣有关规定的情况;(四)用人单位遵守国家关于劳动者工作时间和休息休假规定的情况;(五)用人单位支付劳动合同约定的劳动报酬和执行最低工资标准的情况;(六)用人单位参加各项社会保险和缴纳社会保险费的情况;(七)法律、法规规定的其他劳动监察事项。"

② 参见《船员条例》第47条第1款和《海事劳工条件检查办法》第3条第3款。

③ 参见李响:《海事国际公约的监督执行》,复旦大学2014年硕士学位论文,第23~24页。

船舶进行检查,并对违反公约规定的船舶予以滞留。①

3.2　海员劳务合同的主体及主体间的关系

海员劳务合同的主体主要是海员、船东以及海员派遣机构等。笔者以下具体分析中国内国法和相关国际公约的相关规定,并对这几者之间的法律关系进行深入探讨。

3.2.1　海员

本书第一章已详细讨论海员的含义,故此处不再赘述。但海员既要符合法律法规对一般合同主体的要求,也需要满足下面列出的一些特别要求。

3.2.1.1　年龄要求

笔者以下对海员的最低年龄要求和最高年龄进行探讨。

3.2.1.1.1　最低年龄

《海事劳工公约》标准 A1.1 第 1 款规定,海员上船工作的最低年龄为 16 岁。STCW 公约附则第 1 章第 9 条第 4.1 款对海员最低工作年龄的规定与此相同。②《海事劳工公约》标准 A1.1 还对已满 16 周岁未满 18 周岁海员的劳动保障问题作出了特别规定,即禁止“18 岁以下的海员在夜间工作”③或“从事可能损害其

① 《海上交通安全法》第 88 条第 2 款规定:“海事管理机构依照中华人民共和国法律、行政法规以及中华人民共和国缔结或者参加的国际条约对外国籍船舶实施港口国、沿岸国监督检查。”

② 《STCW 公约》附则第Ⅰ/9 条第 4 款规定,每个证书申请人应年龄不小于 16 岁。

③ 《海事劳工公约》的标准 A1.1 第 2 款。

健康或安全的工作”①。其中“夜间”的具体含义可以由国内法规定,但“应该包括从不晚于午夜开始至不早于上午5点钟结束的一段至少9个小时的时段”②。“可能损害海员健康或安全的工作”的具体含义可以由国内法规定,也可以由“主管当局根据相关国际标准与有关船东和海员组织协商后确定”③。但若有关海员的培训项目及日程安排已经确定,或海员职责的具体性质或培训项目要求海员履行夜间职责,且经主管当局与有关船东和海员组织协商后确定不对海员健康或福利产生有害影响的情况,则可突破前述限制。

《劳动法》第15条规定,16周岁为公民劳动行为能力的起始年龄,④《船员条例》第5条第2款则明确指出:“申请船员适任证书,应当具备下列条件:(一)年满18周岁(在船实习、见习人员年满16周岁)且初次申请不超过60周岁……”该规定与《海事劳工公约》基本相同,且同等适用于海员和内河船员。⑤

综上,依照我国《劳动法》与《船员条例》,实习海员和见习海员的最低年龄为16周岁;而正式海员的最低年龄为18周岁。

3.2.1.1.2 最高年龄

《海事劳工公约》未对海员在船工作的最高年龄作出限定。

《劳动法》对劳动者的最高年龄亦无限制性规定。原劳动和社会保障部于1999年下发的《关于制止和纠正违反国家规定办

---

① 参见《海事劳工公约》的标准A1.1第4款。

② 《海事劳工公约》的标准A1.1第2款。

③ 《海事劳工公约》的标准A1.1第4款。

④ 《劳动法》第15条第1款规定:“禁止用人单位招用未满十六周岁的未成年人。”

⑤ 《船员条例》第2条规定:“中华人民共和国境内的船员注册、任职、培训、职业保障以及提供船员服务等活动,适用本条例。”

理企业职工提前退休有关问题的通知》明确强调:“国家法定的企业职工退休年龄是:男年满60周岁,女工人年满50周岁,女干部年满55周岁。从事井下、高空、高温、特别繁重体力劳动或其他有害身体健康工作(以下称特殊工种)的,退休年龄为男年满55周岁、女年满45周岁;因病或非因工致残,由医院证明并经劳动鉴定委员会确认完全丧失劳动能力的,退休年龄为男年满50周岁、女年满45周岁。”依据国务院《船员条例》,海员初次申请适任证书时的年龄不能超过60周岁。[①] 而2022年修正的交通运输部规章《海船船员适任考试和发证规则》第18条规定:“参加航行和轮机值班的船员适任证书有效期不超过5年,不参加航行和轮机值班的船员适任证书长期有效。适任证书有效期截止日期不超过持证人65周岁生日。”《STCW公约》规定,海员适任证书有效期最长不超过5年,但未规定最高年龄。[②]

综上可以推断,在中国内国法下,除不参加航行和轮机值班的船员(如邮轮服务员)外,海员的最高年龄为65周岁,超过该年龄后就不能再从事这一职业。

3.2.1.2　国籍要求

《海事劳工公约》未对船东所招用海员的国籍作出任何限制,而中国《劳动法》并未将“劳动者”限定为中国公民。[③] 因此,《劳动法》并未排除外国人依照中国法律取得劳动权利能力的可能性。换言之,外国人只要在中国境内从事劳动,其即可适用《劳

① 《船员条例》第5条第2款规定:“申请船员适任证书,应当具备下列条件:(一)年满18周岁(在船实习、见习人员年满16周岁)且初次申请不超过60周岁;(二)符合船员任职岗位健康要求;(三)经过船员基本安全培训。”

② 参见《STCW公约》附则第Ⅰ/2条第8.4款。

③ 参见《劳动法》第2条。

动法》关于“劳动者”的规定。当然,2017 年 1 月修正的原劳动部、公安部、外交部和原外经贸部 1996 年颁布的《外国人在中国就业管理规定》指出,除该规章明确规定的例外情况外,[①]外国人获得就业许可并办理外国人就业证方可在国内就业。该规定指出,未在中国取得定居权的外国人仅在符合以下条件的情况下才能在中国就业:(1)“年满 18 周岁,身体健康”;(2)“具有从事其工作所必需的专业技能和相应的工作经历”;(3)“无犯罪记录”;(4)“有确定的聘用单位”;(5)“持有有效护照或能代替护照的其他国际旅行证件”;(6)从事“有特殊需要,国内暂缺适当人选”且“不违反国家有关规定”的岗位。[②] 该规定进一步强调,外国人在中国就业必须同时获得行业主管部门和劳动行政主管部门的审批。[③]

《船员条例》对外籍船员在中国籍船舶上工作的岗位限制仅

---

① 《外国人在中国就业管理规定》第 3 条指出:“本规定适用于在中国境内就业的外国人和聘用外国人的用人单位。本规定不适用于外国驻华使、领馆和联合国驻华代表机构、其他国际组织中享有外交特权与豁免的人员。”第 9 条规定:“凡符合下列条件之一的外国人可免办就业许可和就业证:(一)由我国政府直接出资聘请的外籍专业技术和管理人员,或由国家机关和事业单位出资聘请,具有本国或国际权威技术管理部门或行业协会确认的高级技术职称或特殊技能资格证书的外籍专业技术和管理人员,并持有外国专家局签发的《外国专家证》的外国人;(二)持有《外国人在中华人民共和国从事海上石油作业工作准证》从事海上石油作业、不需登陆、有特殊技能的外籍劳务人员;(三)经文化部批准持《临时营业演出许可证》进行营业性文艺演出的外国人。”第 10 条强调:“凡符合下列条件之一的外国人可免办许可证书,入境后凭 Z 字签证及有关证明直接办理就业证:(一)按照我国与外国政府间、国际组织间协议、协定,执行中外合作交流项目受聘来中国工作的外国人;(二)外国企业常驻中国代表机构中的首席代表、代表。”

② 参见《外国人在中国就业管理规定》第 2 条、第 6 条和第 7 条。

③ 《外国人在中国就业管理规定》第 11 条规定:“用人单位聘用外国人,须填写《聘用外国人就业申请表》(以下简称申请表),向其与劳动行政主管部门同级的行业主管部门(以下简称行业主管部门)提出申请,并提供下列有效文件……”

有一项,即第 8 条规定的“中国籍船舶的船长应当由中国籍船员担任”。当然,在中国籍船舶上工作的船员还需要符合外国人在中国就业的一般性条件,并需要持有相关船员资质证书和身份证件。[①]

据此可推知以下几点结论。其一,外籍海员须经交通运输主管部门和劳动行政主管部门双重审批,取得劳动行政主管部门颁发的就业许可,并持有相关适任证书及其所属国签发的身份证件。其二,外国籍海员可以在中国籍船舶上担任除船长外的任何职位,且无须经过特别审批。要说明的是,高级海员并不包括船长。因为依据《船员条例》第 4 条,海员包括船长、高级船员、普通船员;而船长指“取得船长任职资格,负责管理和指挥船舶的人员”;高级船员指“依照本条例的规定取得相应任职资格的大副、二副、三副、轮机长、大管轮、二管轮、三管轮、通信人员以及其他在船舶上任职的高级技术或者管理人员”。上述规定所称高级船员同时适用于海员和内河船员。除船长、高级海员外的其他海员则属于普通海员。综上,外国人经审批后方可获得在中国籍船舶上担任除船长外的海员职务的资格。

2019 年 8 月 8 日,国务院印发《中国(上海)自由贸易试验区临港新片区总体方案》,[②]明确提出“对标国际上公认的竞争力最

① 《船员条例》第 15 条第 1 款强调:“在中国籍船舶上工作的外国籍船员,应当依照法律、行政法规和国家其他有关规定取得就业许可,并持有国务院交通主管部门规定的相应证书和其所属国政府签发的相关身份证件。在中华人民共和国管辖水域航行、停泊、作业的外国籍船舶上任职的外国籍船员,应当持有中华人民共和国缔结或者加入的国际条约规定的相应证书和其所属国政府签发的相关身份证件。”

② 参见《国务院关于印发中国(上海)自由贸易试验区临港新片区总体方案的通知》(国发〔2019〕15 号),载中央政府网,https://www.gov.cn/,访问日期:2023 年 3 月 20 日。

强的自由贸易园区”,“选择国家战略需要、国际市场需求大、对开放度要求高但其他地区尚不具备实施条件的重点领域”,在新片区内实现“运输高度开放”“人员自由执业”。笔者认为,航运业发展对推动海洋强国建设、促进我国进一步对外开放具有重要战略作用;国际国内航运业对海员劳动力需求大,但近年来我国高端优质海员有效供给不足。[①] 进一步开放我国海员市场,放宽优秀外籍海员在中国籍船舶上的工作限制,有助于缓解海员供需结构性矛盾,带动我国海员整体水平提高,提升我国航运业的国际竞争力,完全符合临港自贸区新片区方案提出的产业导向要求。2019 年 8 月 30 日,上海市委、市政府印发《关于促进中国(上海)自由贸易试验区临港新片区高质量发展实施特殊支持政策的若干意见》,[②]提出“外国技能型人才”以及“符合新片区产业发展方向的单位聘雇的外籍人才,放宽年龄、学历和工作经历的限制,经许可,一次性给予 2 年以上的工作许可”。笔者认为,对照《中国(上海)自由贸易试验区临港新片区总体方案》提出的“建设高能级全球航运枢纽”要求,该意见所称“外国技能型人才”以及“符合新片区产业发展方向的单位”应当包含外籍船长、高级船员以及中远海运等大型航运企业。

2019 年 8 月 26 日,国务院印发《关于 6 个新设自由贸易试验区总体方案的通知》,[③]明确在山东、江苏、广西、河北、云南、黑龙

---

① 参见《2019 年中国海员供求指数研究报告》,载国际海事服务网,https://ocean.cnss.com.cn/html/hdbd/,访问日期:2023 年 9 月 1 日。

② 参见上海市人民政府网,https://www.shanghai.gov.cn/,访问日期:2023 年 3 月 20 日。

③ 参见《国务院关于印发 6 个新设自由贸易试验区总体方案的通知》(国发〔2019〕16 号),载中央政府网,https://www.gov.cn/,访问日期:2023 年 3 月 20 日。

江等6省区设立自贸区。江苏、广西、云南等地方案提出了“允许外籍及港澳台地区技术技能人员按规定在自贸试验区工作”[①]“规范边境地区外籍劳务人员试点”[②]“研究外籍员工办理就业许可、签证及居留许可便利措施”[③]等,外籍海员在华就业限制有望进一步放宽。当然,最终管理措施仍有待相关省市出台细则进一步予以明确。

3.2.1.3　健康要求

从事海员职业的人员应符合特定的健康要求,以便适应海上恶劣环境,这也是保障海上人命财产安全的需要。

《海事劳工公约》的标准A1.2第1款规定,主管当局应要求海员“在上船工作之前持有有效的体检证书,证明其健康状况适合其将在海上履行的职责”。该公约的标准A1.2对体检证书提出四点强制性的规定。其一,体检证书应当由有正规资格的医师签发。[④] 其二,被拒绝发证的海员或工作能力被鉴定为受限的海员有权申请进行进一步检查。[⑤] 其三,体检证书应特别载明:海员听力和视力符合相关要求,色觉视力不会影响其所从事的工作,以及并未患有可能因海上工作而恶化或使海员不适合从事海上工作或危及其他海员健康的疾病。[⑥] 其四,体检证书的有效期限最长为两年,对于已满16周岁未满18周岁的海员,体检证书有效期最长为一年。[⑦] 该公约的标准A1.2第3款强调,主管机

---

① 《中国(江苏)自由贸易试验区总体方案》和《中国(云南)自由贸易试验区总体方案》。

② 《中国(广西)自由贸易试验区总体方案》。

③ 《中国(云南)自由贸易试验区总体方案》。

④ 参见《海事劳工公约》的标准A1.2第4款。

⑤ 参见《海事劳工公约》的标准A1.2第5款。

⑥ 参见《海事劳工公约》的标准A1.2第6款。

⑦ 参见《海事劳工公约》的标准A1.2第7款。

关应当接受依据《STCW 公约》签发的体检证书。

《船员条例》提出,在中国籍船舶上任职的船员需要符合相关健康要求。[①] 中国海事局于 2012 年 9 月 20 日印发规范性文件《海船船员健康检查要求》,该要求于 2012 年 10 月 1 日开始施行。[②] 中国海事局在《关于印发〈海船船员健康检查要求〉的通知》(海船员〔2012〕678 号)中强调,“自 2012 年 10 月 1 日起,海船船员注册和申请证书时,其健康条件需符合《海船船员健康检查要求》(见附件)的规定。”另外,“自 2013 年 7 月 1 日起,海船船员注册、申请证书和在船工作时还须持有有效的《中华人民共和国海船船员健康证书》”。[③] 交通运输部海事局于 2016 年 9 月 21 日发布并施行的《海船船员健康证明管理办法》的第 2 条第 2 款规定,健康证明是指用以表明海船船员身体状况符合船员任职岗位健康要求的职业医学证明。

3.2.1.4 *身份证件要求*

海员的身份证件对保护海员的权益以及实现航运安全有重要意义,但《海事劳工公约》未涉及这一问题。目前,有关海员身份证件的有效的国际公约是国际劳工组织于 2003 年通过的第 185 号公约《2003 年海员身份证件公约(修订本)》[④]。185 号公约第 2 条规定,“成员国应向身为海员并提出海员身份证件申请的每位国民签发符合本公约第 3 条规定的海员身份证件”,但亦

---

① 参见《船员条例》第 5 条。

② 参见中国海事局网,https://www.msa.gov.cn/,访问日期:2023 年 3 月 20 日。

③ 比较已失效的 2012 年 7 月 1 日起施行的中国海事局《海船船员健康证书管理办法》,其规定所谓《海船船员健康证书》即指“依据经修正的《STCW 公约》和《海事劳工公约》签发的证明海员身体状况能够有效地履行其岗位职责的职业医学书面证明”,载中国海事局网,https://www.msa.gov.cn/,访问日期:2023 年 3 月 20 日。

④ 该修订本于 2005 年 2 月 9 日生效。截至 2025 年 2 月,该修订本批准国为 39 个,载国际劳工组织网,https://www.ilo.org/,访问日期:2025 年 2 月 28 日。

授权缔约国就此种证件的颁发规定特定条件。该公约第2条同时强调,“在申请被拒绝的情况下,海员应有权进行行政申诉”。需要注意的是,尽管中国目前未加入该公约[①],但如果中国籍海员工作的船舶在公约缔约国港口挂靠,仍须在面临港口国检查时提供符合公约要求的海员身份证件。这主要有两方面理由。其一,港口国执行制度下的“不更加优惠条款”(no more favorable clause)已经在一定程度上取得了习惯国际法的地位。[②] 该条款是指,港口国对进入本国的非缔约国与缔约国船一视同仁,不给予非缔约国船舶更优惠的待遇。[③] 习惯国际法是一种经各国认可而具有普遍法律拘束力(binding force)的通例(a general practice)。[④] 国际规则一旦成为习惯国际法,对非缔约国也会产生拘束力。[⑤] 因此,若港口国为185号公约的缔约国,此港口国即

---

① 参见国际劳工组织网,https://www.ilo.org/,访问日期:2023年3月20日。国务院办公厅于2004年发给原劳动保障部的《关于第91届国际劳工大会通过的国际劳工公约处理意见的复函》(〔2004〕60号)称:“你部和外交部报送国务院的《关于对第91届国际劳工大会通过的国际劳工公约处理意见的请示》及所附的《修订1958年海员身份证件公约的公约》收悉。经国务院领导同志同意,现函复如下:由你部在《中国劳动保障报》上登载《修订1958年海员身份证件公约的公约》的标题及简要介绍;通知国际劳工局的手续由你部办理。”笔者认为,该复函表示中国愿意单方面执行该公约,从而便利中国籍海员的出入境,但该公约归根到底对中国并无法律约束力。

② 参见李响:《海事国际公约的监督执行》,复旦大学2014年硕士学位论文,第23～24页。

③ See Deepak Mantoju, *Analysis of Impact of the Maritime Labour Convention, 2006: A Seafarer's Perspective*, Journal of International Maritime Safety, Environmental Affairs, and Shipping, Vol. 5:3, p. 107 – 108(2021).

④ 参见陈亚芹:《论海事国际惯例在中国法中的地位——以中国的立法与司法实践为视角》,复旦大学2009年博士学位论文,第5～6页。

⑤ 参见陈梁、夏亮:《船源海洋污染事故中海员责任刑事化法律问题初探——以欧盟及其部分成员国法、美国法和相关国际公约为视角》,载《中国海商法研究》2016年第3期,第41页～42页。

可对非缔约国的船舶适用该公约。其二,倘若港口国将公约纳入国内法并将其作为主权范围内的强制性法律,也有权要求停靠本国港口的外国船舶符合公约的规定,①因为港口国有权要求位于其领土内的外国船舶遵守该港口国国内法。上述两项理由具有一定交叉,但其法律效果是一致的。据此,185 号公约可以在一定情况下对非缔约国产生约束力。例如,2023 年 5—6 月,发生了两起中国籍海员因无法出示按照 185 号公约签发的身份证件,在公约缔约国巴西的沿海港口受到移民警察罚款的案件。②

依据《2003 年海员身份证件公约(修订本)》第 6 条,海员证主要起到以下几个主要作用。第一,"持有由公约对其生效的成员国根据本公约的规定签发的有效海员身份证件的任何海员应被承认为本公约意义上的海员"。第二,船舶在港时,海员可出于临时休假目的上岸。③ 第三,海员可出于上船、遣返等目的进入一国领土或经一国领土过境。④

从中国内国法来看,海员的身份证件主要指海船船员服务簿和海员证。船员服务簿除记载船员身份外还记载其履职情况,⑤

---

① 参见李晌:《海事国际公约的监督执行》,复旦大学 2014 年硕士学位论文,第 23 ~ 24 页。

② 《注意! 近期已经发生了两起中国籍船员在巴西被罚款案件》,载微信公众号"信德海事",https://mp.weixin.qq.com/s/T96v55bhX3XYarQd1D5Nug,访问日期:2023 年 6 月 30 日。

③ 该公约第 6 条第 4 款、第 5 款规定,"成员国应尽可能在最短的时间内允许那些为临时上岸休假而请求入境的持有有效海员身份证件的海员进入其领土",并且"只要船舶抵达手续已经完成,且主管当局没有公共卫生、公共安全、公共秩序或国家安全方面的理由拒绝上岸,应允许此种入境"。

④ 该公约第 6 条第 7 款、第 8 款规定,海员可出于以下目的进入一国领土:"(a)回到船上或转到另一艘船舶;(b)过境到另一国上船,或为遣返之目的或有关成员国当局批准的任何其他目的而过境",并且"只要主管当局没有公共卫生、公共安全、公共秩序或国家安全方面的理由拒绝入境,应允许此种入境"。

⑤ 参见《海船船员适任考试和发证规则》第 59 条。

海员证则是海员的出入境证件。①

3.2.1.4.1　海船船员服务簿

《船员条例》第6条规定海事主管机构应直接向通过任职考试的海员发放船员适任证书及船员服务簿。② 船员服务簿上应当载明“姓名、住所、联系人、联系方式、履职情况以及其他有关事项”;《船员条例》第7条规定:“船员服务簿记载的事项发生变更的,船员应当向海事管理机构办理变更手续。”此外,《国务院关于取消和下放一批行政许可事项的决定》(国发〔2019〕6号)明确将服务员、厨师等纳入船员服务簿的发放范围。

3.2.1.4.2　海员证

如需要出境工作,海员还应该持有海员证。③ 早在1989年,交通运输部根据《公民出境入境管理法》(已失效)的有关规定制定了《海员证管理办法》。《海员证管理办法》第2条规定,海员证是中国海员出入中国国境和在境外通行使用的有效身份证件。该办法第8条将海员证的申办主体限定为“海员所在单位或派出单位”。但中国海事局2014年12月2日下发了《关于个人申办海员证有关事项的通知》,该通知第1条强调“自2015年3月1日起,取消海员证单位申办限制”,海员个人即可申办海员证。但1989年的《海员证管理办法》已失效,现已无“海员所在单位或派出单位”相关规定,另外2014年《关于个人申办海员证有关事项

---

① 参见《海员证管理办法》第7条。

②《船员条例》第6条规定:“申请船员适任证书,可以向任何有相应船员适任证书签发权限的海事管理机构提出书面申请,并附送申请人符合本条例第五条规定条件的证明材料。对符合规定条件并通过国家海事管理机构组织的船员任职考试的,海事管理机构应当发给相应的船员适任证书及船员服务簿。”

③《海商法》第33条规定:“从事国际航行的船舶的中国籍船员,必须持有中华人民共和国港务监督机构颁发的海员证和有关证书。”

的通知》也已失效。以下简述现行有效的相关规定。

《船员条例》第11条规定了海员证的申请条件,即:“(一)是中华人民共和国公民;(二)持有国际航行船舶船员适任证书或者有确定的船员出境任务;(三)无法律、行政法规规定禁止出境的情形”。

《出境入境管理法》第12条就公民禁止出境的情形作出了详细规定,包括“(一)未持有效出境入境证件或者拒绝、逃避接受边防检查的;(二)被判处刑罚尚未执行完毕或者属于刑事案件被告人、犯罪嫌疑人的;(三)有未了结的民事案件,人民法院决定不准出境的;(四)因妨害国(边)境管理受到刑事处罚或者因非法出境、非法居留、非法就业被其他国家或者地区遣返,未满不准出境规定年限的;(五)可能危害国家安全和利益,国务院有关主管部门决定不准出境的;(六)法律、行政法规规定不准出境的其他情形。”依据上述《船员条例》和《出境入境管理法》的规定,在民事案件了结、刑事案件判决以及刑罚尚未执行完毕之前,相关船员不具有申请海员证的资格。[①]

《船员条例》第12条指出,海事管理机构应在一定时间内就是否批准申请作出决定。若海事主管机关拒绝发证,当事海员有权依据《行政诉讼法》第12条的规定,以“申请行政许可,行政机关拒绝”为由提起行政诉讼。前述2016年3月1日起实施的《最高人民法院关于海事法院受理案件范围的规定》将此类案件认定为“海事行政案件”,并将其明确划入海事法院管

---

① 关于海员刑事责任相关法律问题的深入探讨,参见陈梁、夏亮:《船源海洋污染事故中海员责任刑事化法律问题初探——以欧盟及其部分成员国法、美国法和相关国际公约为视角》,载《中国海商法研究》2016年第3期,第35~49页。

辖范围。

《船员条例》第13条还对海员证的性质、补发事宜和有效期作出了规定："中华人民共和国海员证是中国籍船员在境外执行任务时表明其中华人民共和国公民身份的证件。中华人民共和国海员证遗失、被盗或者损毁的，应当向海事管理机构申请补发。船员在境外的，应当向中华人民共和国驻外使馆、领馆申请补发。中华人民共和国海员证的有效期不超过5年。"

《船员条例》第14条强调，持有海员证的海员在境外享有一定的权利和便利。[①] 当然，海员在中国境外享有哪些权利取决于其所在国家和地区的相关法律。中国内国法不可能对此作出明确规定。故笔者认为该条规定旨在强调海员证具有身份证明功能，有助于保障海员的合法权益。

2000年5月1日起实施的公安部《沿海船舶边防治安管理规定》曾规定，对于在非国有航运企业拥有的中国籍船舶上工作[②]的年满16周岁的人员，若其未持有《海员证》或者《船员服务簿》，则须向船籍港或者船舶所在地公安边防部门申领《出海船民证》后方可出海。[③] 如前所述，依照《船员条例》的相关规定，[④]所有的商船海员均须持有海船船员服务簿，远洋海员亦均须持有海员证，故海员理论上应无须持有《出海船民证》。但在现实中，不少沿海地区的公安边防部门要求在民营航运企业拥

① 《船员条例》第14条规定指出："持有中华人民共和国海员证的船员，在其他国家、地区享有按照当地法律、有关国际条约以及中华人民共和国与有关国家签订的海运或者航运协定规定的权利和通行便利。"

② 参见《沿海船舶边防治安管理规定》第2条。

③ 参见《沿海船舶边防治安管理规定》第5条。

④ 参见《船员条例》第6条和第7条。

有的中国籍船舶上工作的所有出海海员一律办理《出海船民证》，而不论其是否已经持有船员服务簿或海员证，这明显违反了《船员条例》的规定。值得关注的是，《国务院关于取消和下放一批行政许可事项的决定》（国发〔2019〕6 号）明确取消了《出海船民证》审批事项，改审批为船员信息备案制度，明确提出通过信息化手段加强监督管理。自此，商船船员持有《海员证》或《船员服务簿》便可登船工作，此举提高了行政管理效率，减轻了中小航运企业和海员负担，消除了制约我国航运经济发展的障碍。

3.2.1.5 海员适任证书的要求

《船员条例》第 43 条规定，海员除应具有一般劳动者的权利能力和行为能力以外，还应该符合与其所从事的工作相适应的从业资格，具有相应的适任能力。海员适任能力主要指从事海员职业的能力，包括依据按照水上交通安全和防治船舶污染的相关国际条约或公约、国内法规操纵、控制和管理船舶，以保证船舶、货物安全，并保护海洋和内河环境的能力。海船船员适任证书就是对其适任能力的证明。①

中国是《STCW 公约》的成员国，②该公约对海员培训、值班和发证事项作出了完善具体的规定。其第 6 条指出："船长、高级船员或一般船员的证书，应颁发给按照本公约附则的相应规定、

① 参见国务院《船员条例》第 16 条、交通运输部规章《海船船员适任考试和发证规则》第 48 条、交通运输部规章《海船船员值班规则》第 128 条、《船舶及其有关作业活动污染海洋环境防治管理规定》第 7 条。

② 参见中华人民共和国海事局编：《STCW 公约马尼拉修正案履约指南》，大连海事大学出版社 2010 年版，第 2 页。

主管机关满意地认为在服务、年龄、健康、训练、资格和考试各方面都符合要求的应试者。”该公约第10条还强调：“除第三条所排除的船舶外，船舶在一缔约国的港口时，应受该缔约国正式授权的官员的监督，以核实船上凡公约要求具有证书的海员均持有证书或适当的特免证明。”国际海事组织于2010年通过了《〈1978年海员培训、发证和值班标准国际公约〉的马尼拉修正案》，对《STCW公约》进行了全面修订。[①] 中国《船员条例》第5条第1款明确规定，“船员应当依照本条例的规定取得相应的船员适任证书”；第15条第2款也规定，“在中华人民共和国管辖水域航行、停泊、作业的外国籍船舶上任职的外国籍船员，应当持有中华人民共和国缔结或者加入的国际条约规定的相应证书和其所属国政府签发的相关身份证件”。

《海事劳工公约》未对海员的适任资质作出具体规定，而是仅在其规则1.3第3款中提出，只要一国按照《STCW公约》进行了海员培训与发证，该国就应被视为履行了《海事劳工公约》下的义务。笔者认为，《海事劳工公约》是一部旨在保障海员人身权益的国际公约，[②]它与着眼于保障船舶航行安全的《STCW公约》侧重点不同，[③]故《海事劳工公约》没有必要对属于《STCW公约》调整的事项再作重复规定。

中国《海上交通安全法》《海商法》和国务院《船员条例》等法律法规都强调，海员仅在持有相关适任证书的前提下才能在中国

---

① 参见国际海事信息网，https://www.imo.org/en/，访问日期：2023年3月20日。

② 参见《海事劳工公约》序言部分。

③ 参见《STCW公约》序言部分。

籍船舶上担任相关职务。[①] 截至2023年12月,我国已与新加坡、马来西亚、韩国等28个国家(地区)签署互认或单边承认海船船员适任证书协议。[②] 对于互相承认的国家,双方海员均可在对方国籍的船舶上任职。对于单边承认的国家,获承认国家的海员可在对方国籍的船舶上任职。另外,海员适任证书在我国已实现电子化办理与发放。[③] 因此,2023年修订的《船员条例》删去了原条例对未携带证书行为进行处罚的规定。[④]

为履行《〈1978年海员培训、发证和值班标准国际公约〉的马尼拉修正案》,交通运输部于2011年颁布了部门规章《海船船员适任考试和发证规则》。该规则对海船船员适任证书的考试和发证事宜作出了具体规定,其于2012年3月1日起施行,并于2020年进行了全面修正。该规则第6条将海员适任证书分为"无限航区"和"沿海航区"两类。依据该规则第8条的规定,就船长、大副、轮机长、大管轮而言,其"无限航区"适任证书分一、二等,"沿海航区"适任证书分一、二、三等;就二副、三副、二管轮、三管轮而

---

① 《海上交通安全法》第13条第1款、第2款规定:"中国籍船员和海上设施上的工作人员应当接受海上交通安全以及相应岗位的专业教育、培训。中国籍船员应当依照有关船员管理的法律、行政法规的规定向海事管理机构申请取得船员适任证书,并取得健康证明。"《海商法》第32条规定:"船长、驾驶员、轮机长、轮机员、电机员、报务员,必须由持有相应适任证书的人担任。"《船员条例》第5条同样指出:"参加航行和轮机值班的船员还应当经过相应的船员适任培训、特殊培训,具备相应的船员任职资历,并且任职表现和安全记录良好。"

② 参见交通运输部网,https://www.mot.gov.cn/,访问日期:2023年12月31日。

③ 2021年10月,中国海事局发布《中华人民共和国海事局关于公布第一批在线办理海事电子证照及更便利船员证书办理举措的公告》。该公告规定,自2021年11月1日起,可通过"海事一网通办"平台(https://zwfw.msa.gov.cn)办理海员证、海船船员适任证书、海员外派机构资质证书和海船船员培训合格证等4项电子证照,参见中国海事局网,https://www.msa.gov.cn/,访问日期:2023年9月30日。

④ 参见2020年版《船员条例》第51条。

言,其“无限航区”适任证书不分等,“沿海航区”适任证书分一、二等;就值班水手和值班机工而言,其“无限航区”适任证书不再分等,“沿海航区”适任证书分为一、二等。另外,该规则还根据《〈1978 年海员培训、发证和值班标准国际公约〉的马尼拉修正案》的规定设置了高级值班水手、高级值班机工、电子电气员和电子技工四种船员适任证书,并对高级值班机工、高级值班水手、[1]大副、大管轮的船上见习要求作出了与公约一致的规定。[2]

2020 年版《海船船员适任考试和发证规则》还对原规则进行了如下修改:一是删除直接涉及船员服务簿的许可内容;二是将厨师、服务员等“不参加航行和轮机值班的船员”纳入适任证书核发范围,[3]将适任证书按照是否参加航行与轮机值班分为两个大类,并结合管理实际规定了不同的有效期限;[4]三是对适任证书的核发条件相应进行了调整,并相应完善适任证书升级、再有效条件;[5]四是将船员服务簿功能由许可证件调整为船员档案并记录船员履职情况,规定在初次核发适任证书同时配发船员服务簿。[6] 同时,为进一步深化海船船员市场供给侧结构性改革,拓宽船员就业渠道,促进和保障船员就业,对原规则进行了以下修改完善。

一是适当缩短船员服务资历、适任培训时间。在保证培训质

---

① 参见 2020 年版规则附件《申请海船船员适任证书的培训、海上任职资历和适任考试要求》。

② 参见 2020 年版规则附件《申请海船船员适任证书的培训、海上任职资历和适任考试要求》。

③ 参见《海船船员适任考试和发证规则》第 7 条。

④ 参见《海船船员适任考试和发证规则》第 7 条和第 8 条。

⑤ 参见《海船船员适任考试和发证规则》第 13 条、第 14 条和第 15 条。

⑥ 参见《海船船员适任考试和发证规则》第 17 条。

量前提下，将三副、三管轮晋升二副、二管轮的服务资历以及非航海类大专以上学员参加适任培训时间由18个月缩短至12个月，缩短船员成长周期，吸引非航海类学生投身航海事业。①

二是扩大高级船员任职范围。适当减少二副、三副、二管轮、三管轮等高级船员适任证书等级，增加高级船员上船任职机会，满足航运事业发展需求。②

三是优化适任证书再有效申请要求。申请时间上，由之前的适任证书有效期届满前12个月内放宽到有效期届满后3个月内；申请条件上，在同一技术要求的船员中认可担任低级别职务作为其原职务适任证书再有效的任职资历（船长、轮机长担任大副、大管轮或者二副、二管轮担任三副、三管轮的资历可用于申请适任证书再有效）。③ 此外，考虑到有一定服务资历的船员在船期间已接受航运公司岗位培训，不再单独要求知识更新培训。④

四是优化船员适任考试和船上见习的安排。规则改变船员必须理论考试和评估全部通过后方可进行船上见习的原规定，仅要求船员船上见习前必须通过理论考试，对于是否通过评估没有限制，有利于校企合作开展船员培养，增加船员船上实践机会，提升船员适任能力。⑤ 同时，进一步明确了参加适任考试的要求，并将考试成绩公布由30个工作日缩短为10个工作日。⑥

---

① 参见《海船船员适任考试和发证规则》附件《申请海船船员适任证书的培训、海上任职资历和适任考试要求》。

② 参见《海船船员适任考试和发证规则》第8条。

③ 参见《海船船员适任考试和发证规则》第19条。

④ 参见《海船船员适任考试和发证规则》第19条。

⑤ 参见《海船船员适任考试和发证规则》第19条。

⑥ 参见《海船船员适任考试和发证规则》第33条。

五是完善承认签证制度。根据公约规定以及国际海事组织相关履约强制性审核要求，进一步明确船员证书互认协议和船员申请承认签证的条件，同时将外国船员适任证书承认签证的签发由部海事局调整至直属海事局，方便签证的办理。[①]

六是拓宽公务船和小型海船船员就业渠道。考虑到100总吨或者220千瓦以下的小型海船以及公务船在船员适任能力方面与该规则要求的运输船舶有诸多相同之处，2020年修订打通这类船员换证的"堵点"，明确在原有的培训和考试的基础上，通过补差培训和考试后，可取得适任证书。[②]

七是优化航海类学生参加船员适任考试：其一，允许全日制航海类中职/中专毕业生直接参加无限航区三副、三管轮、电子电气员适任考试；[③]其二，取消两年制船员培训学员可以参加无限航区三副、三管轮、电子电气员适任考试的规定，规范航海类船员教育培训，保证船员培训质量；[④]其三，将航海类学生在校期间参加值班水手、值班机工、电子技工适任考试的时间限制从"毕业或者结业前6个月"调整为"毕业或者结业前12个月"，为尽快取得支持级船员适任证书的学生提供便利。[⑤]

2022年，交通运输部再度对2020年版规则进行了局部修正，将2020年版规则第65条第1款有关海船在内河行驶即

① 参见《海船船员适任考试和发证规则》第40条、第41条、第42条。

② 参见《海船船员适任考试和发证规则》第64条。

③ 参见《海船船员适任考试和发证规则》附件《申请海船船员适任证书的培训、海上任职资历和适任考试要求》。

④ 参见《海船船员适任考试和发证规则》附件《申请海船船员适任证书的培训、海上任职资历和适任考试要求》。

⑤ 参见《海船船员适任考试和发证规则》附件《申请海船船员适任证书的培训、海上任职资历和适任考试要求》。

"海进江船员"须取得《海船船员内河航线行驶资格证明》的要求,调整为"海船在内河行驶,其船长、驾驶员应当按照交通运输部海事局规定通过相应考试,并经航线签注,但申请引航的除外"。

此外,依据交通运输部《船舶载运危险货物安全监督管理规定》,船舶承运危险货物的,海员还应具有相应的特别适任资质。[①] 2018 年 7 月 31 日,该规定进行了修改,[②]进一步强调从事危险货物运输船舶的海员,应当"按照规定持有特殊培训合格证,熟悉所在船舶载运危险货物安全知识和操作规程,了解所运危险货物的性质和安全预防及应急处置措施"[③]。

船员适任证书的持证情况与船东能否享受海事赔偿责任限额制度密切相关。在"毛某某与陈某、嵊泗县江山海运有限公司船舶碰撞损害责任纠纷案"中,[④]上海市高级人民法院明确指出,若当事海员在未持有效的海员适任证书的情况下无证驾驶船舶,直接造成事故,而船东对此不予干涉、采取放任态度的情况下,可以认定船东构成"明知可能造成损失而轻率地作为或者不作为",无权享受海事赔偿责任限制。

3.2.2 船东

海员劳务合同法律关系的另一方主体是海员劳动力的使用者,即船东。鉴于本书第一章已对船东的定义进行了讨论,故此处不再赘述。

---

① 参见《船舶载运危险货物安全监督管理规定》第 29 条。

② 参见交通运输部网,https://www.mot.gov.cn/,访问日期:2023 年 3 月 20 日。

③ 见新《船舶载运危险货物安全监督管理规定》第 10 条。

④ 参见《最高人民法院公报》2016 年第 12 期。

3.2.3 海员派遣机构

笔者以下对海员派遣机构的法律地位的相关内容进行分析。

3.2.3.1　海员派遣机构的含义

2013年7月1日起施行的《劳动合同法》第58条规定，劳务派遣单位是本法所称用人单位，应当履行用人单位对劳动者的义务。该法第59条第1款提出："劳务派遣单位派遣劳动者应当与接受以劳务派遣形式用工的单位(以下称用工单位)订立劳务派遣协议。劳务派遣协议应当约定派遣岗位和人员数量、派遣期限、劳动报酬和社会保险费的数额与支付方式以及违反协议的责任。"

《劳动合同法》第63条指出，被派遣劳动者享有与用工单位的劳动者同工同酬的权利。用工单位应当按照同工同酬原则，对被派遣劳动者与本单位同类岗位的劳动者实行相同的劳动报酬分配办法。该法第66条强调，"劳务派遣用工是补充形式，只能在临时性、辅助性或者替代性的工作岗位上实施"。其中，临时性工作岗位是指"存续时间不超过六个月的岗位"①；辅助性工作岗位是指"为主营业务岗位提供服务的非主营业务岗位"②；替代性工作岗位是指"用工单位的劳动者因脱产学习、休假等原因无法工作的一定期间内，可以由其他劳动者替代工作的岗位"③。

人力资源和社会保障部颁布的规章《劳务派遣暂行规定》于2014年3月1日起正式施行。该规定第3条强调，"用工单位只

---

① 《劳动合同法》第66条第2款。
② 《劳动合同法》第66条第2款。
③ 《劳动合同法》第66条第2款。

能在临时性、辅助性或者替代性的工作岗位上使用被派遣劳动者”，该条规定完全采用了前述《劳动合同法》对于“临时性”“辅助性”“替代性”岗位的定义。该暂行规定第4条还对用工单位中劳务派遣人员的比例作出了限制，其强调被派遣劳动者数量不得超过用工单位“用工总量的10%”。

《劳务派遣暂行规定》第25条针对海员劳务派遣作出了特别规定，“船员用人单位以劳务派遣形式使用国际远洋海员的，不受临时性、辅助性、替代性岗位和劳务派遣用工比例的限制”。这一规定实际上表明了四层意思：第一，远洋海员劳务派遣适用《劳动合同法》和《劳务派遣暂行规定》对劳务派遣所作的一般性规定；第二，海员职业具有特殊性，因此远洋海员可以劳务派遣人员的身份在非临时性、辅助性、替代性岗位上工作；第三，海员用工单位中的作为劳务派遣人员的远洋海员占该单位所有劳动者数量的比例可以超过10%；第四，沿海运输船舶招用劳务派遣人员仍须符合该规定的前述一般要求。

综合上述法律法规，笔者将海员劳务派遣机构定义为：与海员订立劳动合同，并通过与船东等用工单位签订劳务派遣协议的形式将海员派遣至海船上工作的海员服务机构。

3.2.3.2 海员劳务派遣机构的资质要求

笔者以下首先分析一般劳务派遣机构需要满足的法定资质要求，然后再对海员劳务派遣机构需要满足的其他要求进行研究。

3.2.3.2.1 劳务派遣机构应当符合的一般资质要求

中国国内的劳务派遣机构大多由职业介绍机构发展而来。①

① 参见何小勇：《我国劳动派遣现状及法律规制》，载《上海政法学院学报》2006年第4期，第57页。

此外，在当前海员劳务市场中，除了与船员订立劳动或劳务合同的主流船员服务机构以外，还存在仅为船员提供居间服务的机构，其主要从事提供船员需求的信息咨询，代为办理船员培训、考试等手续类辅助性事项，与中介机构的职能存在一定交叉。① 在现行法律制度下，劳务派遣机构与职业中介机构适用的法律规则完全不同。因此首先有必要对"劳务派遣机构"和"职业中介机构"作一简要说明。②

根据《民法典》第961条的规定，中介人是"向委托人报告订立合同的机会或者提供订立合同的媒介服务"的公民、法人或非法人组织。作为与《就业促进法》同时施行的配套规定，2008年1月1日施行，2014年、2015年、2018年、2022年修订的人力资源和社会保障部规章《就业服务与就业管理规定》第45条将职业中介机构界定为"由法人、其他组织和公民个人举办，为用人单位招用人员和劳动者求职提供中介服务以及其他相关服务的经营性组织"。该规定第52条指出了职业中介机构可以从事的业务，这些业务主要包括："（一）为劳动者介绍用人单位；（二）为用人单位和居民家庭推荐劳动者；（三）开展职业指导、人力资源管理咨询服务；（四）收集和发布职业供求信息；（五）根据国家有关规定从事互联网职业信息服务；（六）组织职业招聘洽谈会；（七）经劳动保障行政部门核准的其他服务项目。"

① 参见武汉海事法院、长江海商法学会：《长江海事法治》，2022年春，第61页。

② 在内河船员的运作中，实践中还出现不合法的"挂靠"的做法，即实际船员派遣公司由于拿不到经营资质，而选择挂靠到有资质的船员的派遣公司上。由于此做法在海船船员的派遣实践中较少发生，所以本书不作进一步讨论。另见张婷婷：《船舶挂靠经营研究》，复旦大学2007年学士学位毕业论文。

可见,职业中介机构与劳动者之间不存在劳务合同关系,其仅是促成用人单位和劳动者之间劳动力交易的中间人,可以被界定为民法上的居间人。劳务派遣机构必须与被派遣劳动者签订劳动合同,履行用人单位义务,①但又不同于一般的用人单位。因为真正使用劳动力的并非派遣机构,而是实际的用工单位。需要重申的是,根据《劳动合同法》,用人单位是与劳动者建立劳动关系的企业、个体经济组织、民办非企业单位等组织。② 用工单位则是指接受以劳务派遣形式用工但与劳动者之间未建立劳动关系的组织。③

《就业促进法》和人力资源和社会保障部规章《就业服务与就业管理规定》对职业中介机构的资质要求作出了规定。

《就业促进法》将就业服务机构分为"公共就业服务机构"与"职业中介机构"。"公共就业服务机构"由县级以上人民政府设立,其为劳动者提供免费就业服务。公共就业服务机构不能从事经营性活动,其经费纳入同级财政预算。④ 职业中介机构为经营性机构,其设立条件为:"(一)有明确的章程和管理制

---

① 《劳动合同法》第58条第1款规定:"劳务派遣单位是本法所称用人单位,应当履行用人单位对劳动者的义务。劳务派遣单位与被派遣劳动者订立的劳动合同,除应当载明本法第十七条规定的事项外,还应当载明被派遣劳动者的用工单位以及派遣期限、工作岗位等情况。"

② 参见《劳动合同法》第2条。

③ 参见《劳动合同法》第59条第1款。

④ 《就业促进法》第35条规定:"县级以上人民政府建立健全公共就业服务体系,设立公共就业服务机构,为劳动者免费提供下列服务:(一)就业政策法规咨询;(二)职业供求信息、市场工资指导价位信息和职业培训信息发布;(三)职业指导和职业介绍;(四)对就业困难人员实施就业援助;(五)办理就业登记、失业登记等事务;(六)其他公共就业服务。公共就业服务机构应当不断提高服务的质量和效率,不得从事经营性活动。公共就业服务经费纳入同级财政预算。"

度;(二)有开展业务必备的固定场所、办公设施和一定数额的开办资金;(三)有一定数量具备相应职业资格的专职工作人员;(四)法律、法规规定的其他条件。"①此外,《就业促进法》还强调:"设立职业中介机构应当在工商行政管理部门办理登记后,向劳动行政部门申请行政许可。未经依法许可和登记的机构,不得从事职业中介活动。国家对外商投资职业中介机构和向劳动者提供境外就业服务的职业中介机构另有规定的,依照其规定。"②

《就业服务与就业管理规定》对就业服务机构作出了更详细的规定。该规定强调,"公共就业服务机构"主要服务职责为"根据政府确定的就业工作目标任务,制订就业服务计划,推动落实就业扶持政策,组织实施就业服务项目,为劳动者和用人单位提供就业服务,开展人力资源市场调查分析,并受劳动保障行政部门委托经办促进就业的相关事务"。该规定还指出,公共就业服务机构"不得从事经营性活动"③,其须为劳动者提供免费就业服务。④ 尤其需要注意的是,该规定明确提出,对于"就业困难人员和零就业家庭",公共就业服务机构对其实施"优先扶持和重点帮助"⑤。

《就业服务与就业管理规定》指出,职业中介机构属于"经营

---

① 《就业促进法》第40条第1款。

② 《就业促进法》第40条第2款、第3款、第4款。

③ 《就业服务与就业管理规定》第38条。

④ 《就业服务与就业管理规定》第25条规定:"公共就业服务机构应当免费为劳动者提供以下服务:(一)就业政策法规咨询;(二)职业供求信息、市场工资指导价位信息和职业培训信息发布;(三)职业指导和职业介绍;(四)对就业困难人员实施就业援助;(五)办理就业登记、失业登记等事务;(六)其他公共就业服务。"

⑤ 《就业服务与就业管理规定》第40条。

性组织”。职业中介机构可以由“由法人、其他组织和公民个人举办”①。申请设立职业中介机构必须经劳动保障行政部门审批和年度审验。② 该规定第52条强调:“职业中介机构可以从事下列业务:(一)为劳动者介绍用人单位;(二)为用人单位和居民家庭推荐劳动者;(三)开展职业指导、人力资源管理咨询服务;(四)收集和发布职业供求信息;(五)根据国家有关规定从事互联网职业信息服务;(六)组织职业招聘洽谈会;(七)经劳动保障行政部门核准的其他服务项目。”

劳务派遣也适用行政许可制度。③《劳动合同法》第57条第1款指出:“经营劳务派遣业务应当具备下列条件:(一)注册资本不得少于人民币二百万元;(二)有与开展业务相适应的固定的经营场所和设施;(三)有符合法律、行政法规规定的劳务派遣管理制度;(四)法律、行政法规规定的其他条件。”为落实上述规定,2013年7月1日起施行的人力资源和社会保障部规章《劳务派遣行政许可实施办法》进一步对劳务派遣机构资质的申请条件、④申请材料、⑤申请程序、⑥资质延续⑦和资质注销⑧等问题作

---

① 《就业服务与就业管理规定》第45条第2款。

② 《就业服务与就业管理规定》第50条规定:“劳动保障行政部门接到设立职业中介机构的申请后,应当自受理申请之日起20日内审理完毕。对符合条件的,应当予以批准;不予批准的,应当说明理由。劳动保障行政部门对经批准设立的职业中介机构实行年度审验。职业中介机构的具体设立条件、审批和年度审验程序,由省级劳动保障行政部门统一规定。”

③ 参见《劳动合同法》第57条。

④ 参见《劳务派遣行政许可实施办法》第7条。

⑤ 参见《劳务派遣行政许可实施办法》第8条。

⑥ 参见《劳务派遣行政许可实施办法》第9条至第13条。

⑦ 参见《劳务派遣行政许可实施办法》第18条。

⑧ 参见《劳务派遣行政许可实施办法》第26条和第27条。

出了详细规定。

综上,职业中介机构与劳务派遣单位均需要经过劳动部门的审批才能设立。但职业中介机构有公益性和经营性之分,而劳务派遣单位均为经营性质。职业中介机构并不与劳动者订立劳动合同,劳务派遣单位则必须与劳动者订立劳动合同;职业中介机构并无最低注册资本的限制,而劳务派遣单位的最低注册资本为200万元人民币。就那些兼营劳务派遣业务的职业介绍机构而言,这些机构在资质要求方面不仅必须满足法律法规对职业中介机构所设定的要求,其还必须满足《劳动合同法》对劳务派遣机构所规定的条件。

值得注意的是,2020年《船员司法解释》第3条明确规定,"船员服务机构仅代理船员办理相关手续,或者仅为船员提供就业信息,且不属于劳务派遣情形,船员服务机构主张其与船员仅成立居间或委托合同关系的,应予支持"。该条规定明确船员与劳务机构之间除存在劳动合同、劳务合同之外,还可能构成非劳动法调整的居间或委托关系,应适用《民法典》第三编第23章、第26章有关委托合同和中介合同的规定。[①] 根据《船员司法解释》确定的管辖规则,涉及船员与中介机构争议的案件与船员登船、在船工作、离船遣返无关,因而不属于海事法院管辖范围。船员中介机构若违反了《民法典》关于中介人应履行如实告知义务的规定以及不得损害委托人利益的规定,[②]则无权请求支付报酬。

① 参见武汉海事法院、长江海商法学会:《长江海事法治》,2022年春,第59页。
② 参见《民法典》第962条和第964条。

3.2.3.2.2 海员服务机构的资质要求

如上所述,2020年《船员司法解释》第3条规定,船员服务机构已不从事船员劳务派遣服务。2019年3月18日,国务院对之前版本的《船员条例》进行修改,区别对待船员服务机构和船员派遣机构,即,对船员派遣机构实行许可制度,但对船员服务机构实行备案制度,要求船员服务机构建立船员档案,并将其掌握的有关船员培训、任职资历、安全记录、健康状况等情况定期报监管机构备案。[①] 此区别规定也为2023年《船员条例》修订版所接受。[②] 除此之外,从事劳务派遣业务的船员派遣机构仍需依照《劳务派遣行政许可实施办法》(2013年7月1日施行)取得劳务派遣经营许可。

值得一提的是,交通运输部原规章《船员服务管理规定》将船员服务机构分为内河船舶船员服务机构和海船船员服务机构。[③] 该规定还进一步将海船船员服务机构划分为两类:可以为从事国际航行和国内航行的海船船员提供各项船员服务的"甲级海船船员服务机构"和只能为国内航行海船船员提供船员服务的"乙级海船船员机构"。[④]

综上,《船员条例》几经修订后,海事部门对船员服务机构的

---

① 参见2019年《船员条例》第39条、第40条。

② 参见2023年《船员条例》第35条、第36条。

③ 原《船员服务管理规定》第5条规定:"船员服务机构分为内河船舶船员服务机构和海船船员服务机构;海船船员服务机构分为甲级、乙级两类。内河船舶船员服务机构,是指为内河船舶船员提供船员服务的机构。甲级海船船员服务机构,是指为国际航行和国内航行海船船员提供各项船员服务的机构。乙级海船船员服务机构,是指为国内航行海船船员提供船员服务的机构。"

④ 参见原《船员服务管理规定》第5条。

审批彻底废止,原《船员服务管理规定》的主要制度(包括有关船员服务机构需要审批成立的制度)已无存在基础。2019 年 6 月 21 日,交通运输部颁布《关于废止 5 件交通运输规章的决定》(交通运输部令 2019 年第 22 号),将该规定正式废止。

3.2.3.3　海员劳务派遣机构的主要义务

在本节中,笔者首先对一般劳务派遣关系中劳务派遣机构的法定义务进行讨论,并在此基础上对海员劳务派遣关系进行法律分析,进而对海员派遣机构的法定义务进行探究。如本书下文 3.2.4 节所述,海员外派与海员劳务派遣并非同一概念。海员外派业务是指"为非悬挂中华人民共和国国旗的船舶提供配员的船员服务活动",属于"对外劳务合作"的范畴,①后者是指"组织劳务人员赴其他国家或者地区为国外的企业或者机构(以下统称国外雇主)工作的经营性活动"②。海员外派不适用《劳动合同法》下的劳务派遣制度,而是一种特殊的对外劳务合作关系。从事该业务的企业仅须依据《海员外派管理规定》向海事主管部门申请资质,无须取得劳动行政部门的许可。故本节所称海员劳务派遣机构不包括海员外派机构。

3.2.3.3.1　一般劳务派遣关系中的劳务派遣机构承担的强制性义务

首先,依据《劳动合同法》第 58 条以及《劳务派遣暂行规定》

① 参见《海员外派管理规定》第 47 条。

② 《对外劳务合作管理条例》第 2 条第 1 款。

第5条[①]、第6条[②]、第8条[③]和第18条[④]的规定,劳务派遣机构与被派遣劳动者之间必须签订劳动合同,并承担用人单位的义务,包括支付报酬、购买社会保险等。[⑤] 在劳动者待派期间,劳务派遣机构仍须向其支付劳动报酬。[⑥] 人力资源和社会保障部规章《劳务派遣暂行规定》第8条还强调,派遣机构应将工作内容、工作条件、工作地点、职业危害、安全生产状况、劳动报酬等情况如实告知被派遣劳动者,并向其告知相关劳动规章制度以及劳务派遣协议的内容。[⑦] 此外,派遣单位还应当"建立培训制度,对被派遣劳动者进行上岗知识、安全教育培训"[⑧];"督促用工单位依法为被派遣劳动者提供劳动保护和劳动安全卫生条件"[⑨];"依法出具解除或者终止劳动合同的证明"[⑩];"协助处理被派遣劳动者与

---

① 《劳务派遣暂行规定》第5条规定:"劳务派遣单位应当依法与被派遣劳动者订立2年以上的固定期限书面劳动合同。"

② 《劳务派遣暂行规定》第6条规定:"劳务派遣单位可以依法与被派遣劳动者约定试用期。劳务派遣单位与同一被派遣劳动者只能约定一次试用期。"

③ 《劳务派遣暂行规定》第8条规定:"劳务派遣单位应当对被派遣劳动者履行下列义务:(一)如实告知被派遣劳动者劳动合同法第八条规定的事项、应遵守的规章制度以及劳务派遣协议的内容;(二)建立培训制度,对被派遣劳动者进行上岗知识、安全教育培训;(三)按照国家规定和劳务派遣协议约定,依法支付被派遣劳动者的劳动报酬和相关待遇;(四)按照国家规定和劳务派遣协议约定,依法为被派遣劳动者缴纳社会保险费,并办理社会保险相关手续;(五)督促用工单位依法为被派遣劳动者提供劳动保护和劳动安全卫生条件;(六)依法出具解除或者终止劳动合同的证明;(七)协助处理被派遣劳动者与用工单位的纠纷;(八)法律、法规和规章规定的其他事项。"

④ 《劳务派遣暂行规定》第18条规定:"劳务派遣单位跨地区派遣劳动者的,应当在用工单位所在地为被派遣劳动者参加社会保险,按照用工单位所在地的规定缴纳社会保险费,被派遣劳动者按照国家规定享受社会保险待遇。"

⑤ 参见《劳动合同法》第17条。

⑥ 参见《劳动合同法》第58条第2款。

⑦ 参见《劳务派遣暂行规定》第8条第1项。

⑧ 《劳务派遣暂行规定》第8条第2项。

⑨ 《劳务派遣暂行规定》第8条第5项。

⑩ 《劳务派遣暂行规定》第8条第6项。

用工单位的纠纷”。[①]

其次，为防止用人单位规避强制性义务，《劳动合同法》和《劳动合同法实施条例》明确禁止用人单位另行设立劳务派遣机构，向本单位或本单位所属单位派遣劳动者。[②]

再次，《劳动合同法》第59条规定，劳务派遣机构必须与用工单位签订劳务派遣协议。《劳务派遣暂行规定》第7条对劳务派遣协议的内容作出了详细规定，要求劳务派遣协议必须载明“（一）派遣的工作岗位名称和岗位性质；（二）工作地点；（三）派遣人员数量和派遣期限；（四）按照同工同酬原则确定的劳动报酬数额和支付方式；（五）社会保险费的数额和支付方式；（六）工作时间和休息休假事项；（七）被派遣劳动者工伤、生育或者患病期间的相关待遇；（八）劳动安全卫生以及培训事项；（九）经济补偿等费用；（十）劳务派遣协议期限；（十一）劳务派遣服务费的支付方式和标准；（十二）违反劳务派遣协议的责任；（十三）法律、法规、规章规定应当纳入劳务派遣协议的其他事项”。劳务派遣协议是平等的民事主体间签订的合同。劳务派遣机构需依据该协议向用工单位派遣符合岗位要求的人员。[③] 用工单位则应按照“同工同酬”的原则将劳动报酬支付给劳务派遣机构，[④]再由劳务派遣机构将劳动报酬支付给劳动者。[⑤] 劳务派遣机构不得克扣劳

---

① 《劳务派遣暂行规定》第8条第7项。

② 《劳动合同法》第67条规定：“用人单位不得设立劳务派遣单位向本单位或者所属单位派遣劳动者。”《劳动合同法实施条例》第28条进一步强调：“用人单位或者其所属单位出资或者合伙设立的劳务派遣单位，向本单位或者所属单位派遣劳动者的，属于劳动合同法第六十七条规定的不得设立的劳务派遣单位。”

③ 参见《劳动合同法》第59条。

④ 参见《劳动合同法》第63条。

⑤ 参见《劳动合同法》第60条。

动报酬。①

需要注意的是,用工单位也应对被派遣劳动者承担一定的强制性义务,包括"执行国家劳动标准,提供相应的劳动条件和劳动保护"②;"告知被派遣劳动者的工作要求和劳动报酬"③;"支付加班费、绩效奖金,提供与工作岗位相关的福利待遇"④;"对在岗被派遣劳动者进行工作岗位所必需的培训"⑤;"连续用工的,实行正常的工资调整机制"⑥;以及"不得将被派遣劳动者再派遣到其他用人单位"⑦。人力资源和社会保障部《劳务派遣暂行规定》第10条还强调,"用工单位应当协助工伤认定的调查核实工作"⑧,"负责处理职业病诊断、鉴定事宜,并如实提供职业病诊断、鉴定所需的劳动者职业史和职业危害接触史、工作场所职业病危害因素检测结果等资料"⑨。另外,《劳动合同法》第92条强调,用工单位对劳动者造成损害的,其应与劳务派遣单位承担连带赔偿责任。可见,劳务派遣单位和用工单位在一定情况下必须共同向被派遣劳动者承担责任。⑩

最后,如果用工单位"被依法宣告破产、吊销营业执照、责令关

---

① 参见《劳动合同法》第60条。
② 《劳动合同法》第62条。
③ 《劳动合同法》第62条。
④ 《劳动合同法》第62条。
⑤ 《劳动合同法》第62条。
⑥ 《劳动合同法》第62条。
⑦ 《劳动合同法》第62条。
⑧ 《劳务派遣暂行规定》第10条第1款。
⑨ 《劳务派遣暂行规定》第10条第2款。
⑩ 甚至已失效的2006年10月1日起施行的最高人民法院《关于审理劳动争议案件适用法律若干问题的解释(二)》第10条也指出:"劳动者因履行劳动力派遣合同产生劳动争议而起诉,以派遣单位为被告;争议内容涉及接受单位的,以派遣单位和接受单位为共同被告。"

闭、撤销、决定提前解散或者经营期限届满不再继续经营的”或需要进行经济性裁员，可以将劳动者退回劳务派遣单位，[①]后者在劳动者无工作期间仍应按月向其支付不低于当地最低工资标准的报酬。[②] 如果后者“被依法宣告破产、吊销营业执照、责令关闭、撤销、决定提前解散或者经营期限届满不再继续经营的，劳动合同终止”，用工单位仍应“与劳务派遣单位协商妥善安置被派遣劳动者”。[③]

3.2.3.3.2 海员劳务派遣关系中的派遣机构的责任承担

在劳务派遣关系中，海员劳务派遣机构作为用人单位，应履行前述《劳动合同法》下用人单位的义务；派遣机构与船舶所有人、经营人之间的权利义务关系应由劳务派遣协议确定。如果海员因劳动争议而起诉海员派遣机构，争议内容涉及船舶所有人和经营人的，该海员可将派遣机构和船舶所有人、经营人作为共同被告。派遣机构违反《劳动合同法》的规定，给海员造成损害的，船舶所有人、经营人要和海员劳务派遣机构一起承担连带责任。[④] 甚至针对在被派遣期间被派遣海员造成的第三方损失，劳务派遣机构也需要与用工机构（如船东）一起承担连带责任。[⑤]

---

① 参见《劳务派遣暂行规定》第12条第1款。

② 参见《劳务派遣暂行规定》第12条第2款。

③ 《劳务派遣暂行规定》第16条。

④ 参见《劳动合同法》第92条。

⑤ 参见《最高人民法院关于适用〈中华人民共和国民法典〉侵权责任编的解释（一）》第16条规定：“劳务派遣期间，被派遣的工作人员因执行工作任务造成他人损害，被侵权人合并请求劳务派遣单位与接受劳务派遣的用工单位承担侵权责任的，依照民法典第一千一百九十一条第二款的规定，接受劳务派遣的用工单位承担侵权人应承担的全部责任；劳务派遣单位在不当选派工作人员、未依法履行培训义务等过错范围内，与接受劳务派遣的用工单位共同承担责任，但责任主体实际支付的赔偿费用总和不应超出被侵权人应受偿的损失数额。劳务派遣单位先行支付赔偿费用后，就超过自己相应责任的部分向接受劳务派遣的用工单位追偿的，人民法院应予支持，但双方另有约定的除外。”

值得注意的是,在浙江省高级人民法院与宁波海事法院联合课题组开展的《关于船员劳务合同纠纷若干疑难问题的调研》中,课题组指出,在目前的海员派遣市场上,许多派遣机构“以派遣为名,行劳动力转卖牟利之实”,难以真正承担用人单位的义务。[①]在实际审判过程中,海事法院倾向于将船舶所有人纳入劳动合同范围,即将船舶所有人认定为用人单位,要求其承担支付工资、支付遣返费用以及办理社保等义务,并确保此种费用在船舶拍卖价款中优先受偿。[②] 有学者提出,在修订《海商法》时,应明确海员派遣机构的居间人地位,限制其职能和经营范围,将其功能限定为提供就业机会,从而避免海员劳动关系的复杂化。[③]

3.2.4 海员外派机构

尽管我国现已将船员服务机构管理方式从审批改为备案,但凡要从事海员外派的企业,仍一律要依照交通运输部《海员外派管理规定》的要求取得相关资质。2016 年版《海员外派管理规定》对从事海员外派业务(将海员外派至境外船东的船舶上工作)的海员外派机构的资质作出了特别规定。该规定第 5 条指出:“从事海员外派的机构,应当符合下列条件:(一)在中华人民共和国境内依法设立的法人;(二)有与外派规模相适应的固定办公场所;(三)有至少 2 名具有国际航行海船管理级船员任职资历的专职管理人员和至少 3 名具有两年以上海员外派相关从

① 参见《关于船员劳务合同纠纷若干疑难问题的调研》,载宁波海事法院网,http://www.nbmc.gov.cn/,访问日期:2023 年 3 月 20 日。

② 参见《关于船员劳务合同纠纷若干疑难问题的调研》,载宁波海事法院网,http://www.nbmc.gov.cn/,访问日期:2023 年 3 月 20 日。

③ 参见司玉琢、李天生:《中国海法典编纂论纲》,载《中国海商法研究》2015 年第 3 期,第 11~12 页。

业经历的管理人员；（四）具有进行外派海员任职前培训和岗位技能训练及处理海员外派相关法律事务的能力；（五）按照国家海事管理机构的规定，建立船员服务质量管理制度、人员和资源保障制度、教育培训制度、应急处理制度和服务业务报告制度等海员外派管理制度；（六）具有自有外派海员100人以上；（七）注册资本不低于500万元人民币，且为实缴货币资本。本规定实施后，对外劳务合作法规另有规定的，从其规定；（八）具有足额交纳100万元人民币海员外派备用金的能力；（九）机构及其法定代表人具有良好的商业信誉，最近3年内没有重大违约行为和重大违法记录。"值得注意的是，海员外派机构取得资质之前不得从事外派业务。[①] 故上述第6项条件要求申请单位取得资质之前即具备100人以上自有外派海员，显然在逻辑上存在矛盾。2021年，交通运输部对《海员外派管理规定》上述有关海员外派机构设立条件的要求做了大幅度简化，将许可条件缩减至仅有五项："（一）符合企业法人条件；（二）实缴注册资本不低于600万元人民币；（三）有3名以上熟悉海员外派业务的管理人员；（四）有健全的内部管理制度和突发事件应急处置制度；（五）法定代表人没有故意犯罪记录。"上述修改大幅度降低了海员外派机构的设立门槛，也消除了前述逻辑矛盾。[②] 值得注意的是，现行《公司法》不对公司实行最低注册资本限制，[③]但其强调"法律、行政法规以及国务院决定对有限责任公司注册资本实缴、注册资本最低限额另有规定的，从其规定"。《海员外派管理规定》关于海员外

---

① 参见2016年修正的《海员外派管理规定》第42条。

② 参见2021年修正的《海员外派管理规定》第5条。

③ 参见《公司法》第46条和第95条。

派机构注册资本应达 600 万元的特别规定仍应适用。因为该规定源于国务院于 2012 年颁布的行政法规《对外劳务合作管理条例》的规定。①

3.2.4.1　海员外派主要形式

海员外派主要有三种基本形式。

第一种是,海员与外派机构签订劳动合同,外派机构再与境外船东签订外派服务协议。前述人力资源和社会保障部规章《劳务派遣暂行规定》第 26 条明确规定,“用人单位将本单位劳动者派往境外工作”不属于该规定下的劳务派遣。依照该项规定,海员外派机构将与其订立劳动合同的海员外派到境外工作不属于劳务派遣活动,无须向劳动行政部门申请劳务派遣资质,而仅须依照《海员外派管理规定》向海事主管机构申请海员外派资质即可。此种情况下,对于海员在外派过程中遭受的损害,外派机构应承担用人单位责任。海员亦可向境外船东主张侵权责任。在“王某某诉浩浦公司等船员劳务合同纠纷案”中,上海海事法院认为被告丸吉公司与原告王某签署《临时雇用(船员)合同》,并将其安排至浩浦公司所属船舶上工作,应承担用人单位责任,故判令被告偿付所拖欠工资。②

第二种是,在传统上,海员与境外船东直接签订雇佣合同,而外派机构分别与境外船东和海员签订船舶配员服务协议③和上船

① 参见《对外劳务合作管理条例》第 6 条。

② 参见上海海事法院公布的“上海法院涉船员权益保护海事审判典型案例(2)”,载上海海事法院网,https://www.hshfy.sh.cn/css/2023/06/25/202306251538576265694.pdf,访问日期:2023 年 7 月 1 日。

③ 可参考已失效的《船舶服务管理规定》,其第 17 条第 2 款规定:“船员服务机构向船员用人单位或者船员用工单位提供船员服务,应当签订船舶配员服务协议或者劳务派遣协议。”

协议。[1] 此种情况下,境外船东应对海员遭受的损害承担雇主责任,海员亦可依照上船协议向外派机构追责。此时追责基础均为民事合同。

第三种是,海员本身是与境内航运企业建立劳动关系的职工。海员外派机构可以在征得该企业同意或经该企业要求,与该海员和境外船东分别签订上船协议和船舶配员服务协议,将海员外派至外籍船舶上工作。[2] 此时,境内航运企业仍应承担用人单位责任,海员亦可依照上船协议向外派机构求偿。

综上可知,船公司在外派关系中既可能是用人单位,也可能是用工单位。实践中存在海员的招录和外派工作由不具有外派经营权的招录公司与具备外派经营资质的外派机构共同完成的情况,此时,应综合考虑合同订立、劳务审批、主体经营资格等具体因素认定责任主体。[3] 倘若与海员订立合同的是不具有资质的机构,而为其办理外派手续的是具有外派资质的机构,两者共同实施了外派工作,通常应将之认定为共同外派行为,由其对外派海员遭受的损害承担连带赔偿责任。[4]

---

① 《海员外派管理规定》第27条第1款规定:"海员外派机构在外派海员上船工作前,应当保证外派海员与境外船舶船东签订就业协议,协议应当至少包括下列内容:(一)船舶配员服务协议中涉及外派海员利益的所有条款;(二)境外船舶船东对外派海员工作期间的管理和服务责任;(三)外派海员在境外发生紧急情况时境外船舶船东对其的安置责任;(四)违约责任。"

② 《海员外派管理规定》第22条第2款规定:"外派海员与我国的航运公司或者其他相关行业单位签订劳动合同的,海员外派机构在外派该海员时,应当事先经过外派海员用人单位同意。"

③ 参见上海海事法院公布的《2016年度海事审判白皮书》,载上海海事法院网,https://shhsfy.gov.cn/load.html? d=1733480910439,访问日期:2023年3月20日。

④ 参见上海海事法院公布的《2016年度海事审判白皮书》,载上海海事法院网,https://shhsfy.gov.cn/load.html? d=1733480910439,访问日期:2023年3月20日。

3.2.4.2 海员外派机构的外资准入问题

国务院2012年颁布的行政法规《对外劳务合作管理条例》第2条第2款强调:“国外的企业、机构或者个人不得在中国境内招收劳务人员赴国外工作。”交通运输部规章《海员外派管理规定》第12条规定:“境外企业、机构在中国境内招收外派海员,应当委托海员外派机构进行。外国驻华代表机构不得在境内开展海员外派业务。”据此,境外船东不得直接在中国境内直接招募、培训海员,而是必须通过中国境内设立的海员外派机构开展这些业务。但上述规范性文件对该类机构中的外资比例并无强制性规定。原人事部、商务部、原国家工商行政管理总局联合颁布的部门规章《中外合资人才中介机构管理暂行规定》第3条第1款、第2款规定,外国公司、企业和其他经济组织仅能在华设立合资人才中介机构,不得设立独资机构,第6条规定,外资比例不得低于25%,中方合资者的出资比例不得低于51%。[①]

从中国在《服务贸易总协定》(General Agreement on Trade in Services,GATS)中就中国国内运输服务业的开放所作出的具体承诺来看,中国没有对海员劳务市场(自然人流动)的开放作出任何具体承诺。[②] 2007年订立的《〈内地与香港关于建立更紧密经贸关系的安排〉补充协议四》和《〈内地与澳门关于建立更紧密经贸关系的安排〉补充协议四》(Closer Economic Partnership

---

① 该规定于2003年11月1日起施行,于2005年、2015年、2019年3次修订或修正,此处引用条款及内容自该规定施行到2015年修订均无变化,2019年修订后的相关变化将于后文详述。

② 参见《WT/ACC/CHN/49/Add. 2》,载世界贸易组织网,https://www.wto.org/,访问日期:2023年3月20日。

Arrangement,CEPA 补充协议 4)规定[①],允许中国香港和澳门地区的服务提供者在内地设立独资人才中介机构。该协议订立后,原人事部、商务部及原国家工商行政管理总局联合颁布的《〈中外合资人才中介机构管理暂行规定〉的补充规定》已将上述具体承诺转化为立法规定。

2013 年 7 月 3 日,国务院常务会议原则性通过《中国(上海)自由贸易试验区总体方案》。2013 年 8 月 30 日,全国人大常委会第四次会议通过了于 2013 年 10 月 1 日起施行的《全国人民代表大会常务委员会关于授权国务院在中国(上海)自由贸易试验区暂时调整有关法律规定的行政审批的决定》(已失效)。该决定"授权国务院在上海外高桥保税区、上海外高桥保税物流园区、洋山保税港区和上海浦东机场综合保税区基础上设立的中国(上海)自由贸易试验区内,对国家规定实施准入特别管理措施之外的外商投资,暂时调整《中华人民共和国外资企业法》、《中华人民共和国中外合资经营企业法》和《中华人民共和国中外合作经营企业法》规定的有关行政审批"。依据该决定所附的行政审批目录的规定,从 2013 年 10 月 1 日起的 3 年内,除国家规定实施准入特别管理措施的企业外,外国投资者在中国(上海)自由贸易试验区内设立外资企业、中外合资企业和中外合作企业将暂时不再需要经过商务部门的行政审批。但全国人大常委会决定同时明确指出,如果国家就某种类型的中外外资、合资和合作企业设定了特别的管理措施,则这些管理措施仍然生效,并未暂停。

---

① 参见两份补充协议的附件《内地向香港开放服务贸易的具体承诺的补充和修正四》和《内地向澳门开放服务贸易的具体承诺的补充和修正四》,载商务部网,https://www.mofcom.gov.cn/,访问日期:2023 年 3 月 20 日。

根据该规定，在上海自贸区内设立中外合资海员外派机构，需要先依据《中外合资人才中介机构管理暂行规定》第9条[①]取得《人才中介服务许可证》，随后向相关机关备案，并在此基础上向海事主管部门申请取得海员外派服务资质。

上海自贸区设立后，上海市人民政府以规范性文件形式公布的中国第一份“负面清单”，即《中国(上海)自由贸易试验区外商投资准入特别管理措施(负面清单)(2013年)》(沪府发〔2013〕75号)曾依据《外商投资产业指导目录(2011年版)》对外商投资“人力资源中介”提出了特别限制措施，规定除中国香港、澳门地区投资者可设立独资人才中介机构外，其他国家和地区的投资者只能设立合资人才中介机构，但将前述《中外合资人才中介机构管理暂行规定》设定的外资比例上限从51%提高至70%。要注意的是，发展和改革委员会、商务部以部令形式共同颁布的规章《外商投资产业指导目录(2017年修订)》(已失效)与《外商投资准入特别管理措施(负面清单)(2019年版)》(已失效)已完全取消对人才中介机构的外资占比限制，也未就外国投资者在中国设立劳务派遣机构、海员外派机构或其他就业服务机构的外资准入另行作出其他任何特别禁止或限制性规定。上述规定已经完全取代了前述《中外合资人才中介机构管理规定》设定的外资比例限制。换言之，在整个中国内地范围内，外商均可投资设立独资企业，从事海员外派活动。2017年6月23日，厦门海事局正式为

① 当时《中外合资人才中介机构管理暂行规定》的有效版本为2005年修正版，其第9条规定：“省、自治区、直辖市人民政府人事行政部门在接到设立中外合资人才中介机构的申请后，应当在30个工作日内审核完毕。审批同意的，颁发《人才中介服务许可证》(以下简称许可证)，并向国务院人事行政部门备案；不同意的，应该书面通知申请人并说明理由。”

厦门台塑兴对外劳务合作经营有限公司颁发《海洋船舶船员服务机构资质证书》，标志着全国首家台商独资海员外派机构落户福建自贸区厦门片区。[①]

2017年12月25日，国务院公布了《关于在自由贸易试验区暂时调整有关行政法规、国务院文件和经国务院批准的部门规章规定的决定》(国发〔2017〕57号)，允许设立外商独资国际船舶运输、国际船舶管理、国际海运货物装卸、国际海运集装箱站和堆场企业。[②] 船舶管理企业实质上也从事海员招募和船舶配员工作。因此，该决定实际上也允许外国航运企业通过在自贸区内设立独资船舶管理企业的方式为世界各国的船舶开展包括外派在内的船舶配员服务。

在上述自贸区先行先试的基础上，2019年3月15日，第十三届全国人大二次会议表决通过了《外商投资法》。该法自2020年1月1日起施行，我国实施数十年的《中外合资经营企业法》《外资企业法》《中外合作经营企业法》同时废止。[③] 该法适用于外国自然人、企业或者其他组织"单独或者与其他投资者共同在中国境内设立外商投资企业"[④]、"取得中国境内企业的股份、股权、财产份额或者其他类似权益"[⑤]、"单独或者与其他投资者共同在中国境内投资新建项目"[⑥]等投资活动。该法明确提出，对外商投

---

① 参见厦门海事局网，https://www.fj.msa.gov.cn/fjmsacms/cms/html/xmhsjwwwz/，访问日期：2023年3月20日。

② 参见该决定附件《国务院决定在自由贸易试验区暂时调整有关行政法规、国务院文件和经国务院批准的部门规章规定目录》。

③ 参见《外商投资法》第42条。

④ 《外商投资法》第2条第2款第1项。

⑤ 《外商投资法》第2条第2款第2项。

⑥ 《外商投资法》第2条第2款第3项。

资实行“准入前国民待遇加负面清单管理制度”[①]。其中，“准入前国民待遇”系指在投资准入阶段对外国投资者及其投资给予的待遇不低于中国投资者及其投资；[②]“负面清单”系指除在特定领域禁止或限制外商投资外，对其他领域的外商投资实施国民待遇。[③] 该法还指出，外商投资企业的组织形式、组织机构及活动准则适用《公司法》及《合伙企业法》的规定。[④] 外商投资的行业需要取得行政许可的，主管部门应依据内外资一致原则进行审核。[⑤]

2019 年，人力资源和社会保障部对《中外合资人才中介机构管理暂行规定》进行修订，删除了上述限制性规定，允许设立外商独资的人才中介机构。因此，我国目前对海员外派机构中外资比例的限制已不复存在。外国投资者在中国内地全境投资设立海员外派机构的，仅须依据《公司法》相关规定进行登记并取得法人资质，[⑥]随后再向海事主管部门申请取得海员外派资质，即可开展相关外派活动。[⑦]

3.2.4.3　海员外派备用金

根据国务院《对外劳务合作管理条例》，对外劳务合作企业所缴存的备用金最低额为 300 万元人民币，[⑧]2023 年修订的《海员外派管理规定》第 19 条规定，备用金的使用管理应当遵守国家关于对外劳务合作备用金管理制度。据此，海员外派备用金也为最低 300 万元人民币。

---

① 《外商投资法》第 4 条第 1 款。
② 参见《外商投资法》第 4 条第 2 款。
③ 参见《外商投资法》第 4 条第 2 款。
④ 参见《外商投资法》第 31 条。
⑤ 参见《外商投资法》第 30 条。
⑥ 参见《公司法》第 29 条。
⑦ 参见《海员外派管理规定》第 5 条。
⑧ 参见《对外劳务合作管理条例》第 9 条。

3.3 海员劳务合同的必备条款

为了保护海员的合法权益,中国内国法和中国参加的国际公约对海员劳务合同的必备条款作出了强制性规定。笔者以下对此进行介绍。

3.3.1 一般劳务合同的必备条款

如果双方当事人签订的是劳动合同,则合同内容必须符合《劳动法》第19条的规定,[①]其应包括劳动合同期限、工作内容、劳动保护和劳动条件、劳动报酬、劳动纪律、劳动合同终止的条件和违反劳动合同的责任等必备条款。《劳动合同法》第17条对合同必备条款又作出了更加详细的规定,强调劳动合同条款应包括:“(一)用人单位的名称、住所和法定代表人或者主要负责人;(二)劳动者的姓名、住址和居民身份证或者其他有效身份证件号码;(三)劳动合同期限;(四)工作内容和工作地点;(五)工作时间和休息休假;(六)劳动报酬;(七)社会保险;(八)劳动保护、劳动条件和职业危害防护;(九)法律、法规规定应当纳入劳动合同的其他事项。”

如果合同双方当事人签订的是雇佣合同,则应适用《民法典》[②],但该法未对合同必备条款作出限定。

---

① 《劳动法》第19条规定:“劳动合同应当以书面形式订立,并具备以下条款:(一)劳动合同期限;(二)工作内容;(三)劳动保护和劳动条件;(四)劳动报酬;(五)劳动纪律;(六)劳动合同终止的条件;(七)违反劳动合同的责任。劳动合同除前款规定的必备条款外,当事人可以协商约定其他内容。”

② 《民法典》第470条第1款规定:“合同的内容由当事人约定,一般包括下列条款:(一)当事人的姓名或者名称和住所;(二)标的;(三)数量;(四)质量;(五)价款或者报酬;(六)履行期限、地点和方式;(七)违约责任;(八)解决争议的方法。”

3.3.2 海员劳务合同的必备条款

海员劳务合同需要具备一些与海上劳动特殊性质相适应的条款。中国参加的《海事劳工公约》以及国务院《船员条例》等国内外法规对此作出了一些规定。

依据《海事劳工公约》的标准 A2.1 第 4 款,海员劳务合同必须包含以下内容:"(a)海员的全名、出生日期或年龄及出生地;(b)船东的名称和地址;(c)订立海员就业协议的地点及日期;(d)海员将担任的职务;(e)海员的工资数额,或者如果适用,用于计算工资的公式;(f)带薪年假的天数,或者如果适用,用于计算天数的公式;(g)协议的终止及其终止条件,包括:(ⅰ)如果协议没有确定期限,各方有权终止协议的条件,以及所要求的预先通知期,船东的预先通知期不得短于海员的预先通知期;(ⅱ)如果协议有确定期限,其确定的期满日期;和(ⅲ)如果协议是为一次航程而订,其航行之目的港,以及到达目的港后海员应被解雇前所须经历的时间;(h)将由船东提供给海员的健康津贴和社会保障保护津贴;(i)海员获得遣返的权利;(j)提及集体谈判协议,如适用;以及(k)国家法律所要求的其他细节。"上述《海事劳工公约》对海员协议所作的规定是属于涉外海员劳务合同的必备条款,①但不涉外的海员劳务合同只能适用前述《劳动法》和《劳动合同法》中有关合同必备条款的一般性规定。②

交通运输部规范性文件《海员船上工作和生活条件管理办法》第 45 条也就船东与海员所签上船协议的必备条款作出了强制性规定,包括:"(一)海员的姓名、出生日期及出生地;(二)船

① 参见国务院《船员条例》第 23 条。
② 参见《海商法》第 268 条第 1 款。

东的名称和地址;(三)签署的地点及日期;(四)海员服务的船舶名称及在船将担任的职务;(五)海员的工资总额或者计算公式、工资构成以及支付方式;(六)带薪年休假的天数或者计算公式;(七)上船协议终止的条件;(八)社会保险;(九)依据国家法律、法规规定可以从海员工资中代扣的费用;(十)遣返的权利和义务;(十一)违约责任;(十二)适用的集体合同。”比较《海事劳工公约》与该管理办法后可以发现,该管理办法吸收了《海事劳工公约》对海员劳务合同必备条款作出的所有规定。换言之,在实质上,不涉外的海员劳务合同也须符合《海事劳工公约》的标准A2.1第4款对合同必备条款提出的要求。

《涉外民事关系法律适用法》第43条规定:“劳动合同,适用劳动者工作地法律;难以确定劳动者工作地的,适用用人单位主营业地法律。劳务派遣,可以适用劳务派出地法律。”仅从该条的规定来看,如果海员到境外船东的船舶上工作,该合同实际上是有可能适用外国法律的,而该外国未必是《海事劳工公约》的缔约国。就此问题而言,《最高人民法院关于适用〈中华人民共和国涉外民事关系法律适用法〉若干问题的解释(一)》第8条指出,如果出现了“涉及劳动者权益保护的”情形,“人民法院应当认定为涉外民事关系法律适用法第四条规定的强制性规定”。根据《涉外民事关系法律适用法》第4条的规定,中国法律法规中的这种强制性的规定应当得到“直接适用”。也就是说,在中国海员与境外船东就海员劳务合同必备条款产生争议的情况下,若当事人诉至中国法院,中国法院应将《海事劳工公约》的标准A2.1第4款中的有关合同必备条款的相关强制性规定适用于涉外海员劳务合同。

3.4 海员劳务合同的解除与终止

就涉外海员劳务合同的解除与终止而言，中国参加的《海事劳工公约》的规定应优先于中国内国法适用。国务院《船员条例》并未对海员劳务合同的解除与终止情形作出任何特别规定。而出于《劳动合同法》第1条规定的“保护劳动者的合法权益，构建和发展和谐稳定的劳动关系”的目的，《劳动合同法》对劳动合同的解除和终止作出特别规定。依据特别法优于一般法的原则，[①]不涉外的海员劳动合同的解除和终止应当优先适用《劳动合同法》的规定。对于不具有涉外因素的海员雇佣合同，该合同的解除与终止则仅须满足《民法典》的有关要求。笔者以下对此问题进行分析。

3.4.1 一般合同终止及其与合同解除的关系

首先应当区分合同解除和合同终止。《海事劳工公约》和中国《民法典》《劳动合同法》以及相关司法解释均未明确给出合同解除和合同终止的定义。而依照民法一般理论，合同的解除是指“在合同依法成立后而尚未全部履行前，当事人基于协商或者法律规定或者当事人约定而使合同关系归于消灭的一种法律行为”[②]。但《民法典》第557条对合同终止的情形作出了具体规定：“有下列情形之一的，债权债务终止：(一)债务已经履行；

---

① 《立法法》第103条规定：“同一机关制定的法律、行政法规、地方性法规、自治条例和单行条例、规章，特别规定与一般规定不一致的，适用特别规定；新的规定与旧的规定不一致的，适用新的规定。”

② 郭明瑞、房绍坤：《新合同法原理》，中国人民大学出版社2000年版，第288页。

(二)债务相互抵销;(三)债务人依法将标的物提存;(四)债权人免除债务;(五)债权债务同归于一人;(六)法律规定或者当事人约定终止的其他情形。合同解除的,该合同的权利义务关系终止。”

可见,合同解除是导致合同终止的原因之一,但除了合同解除的情形之外,上述其他情形也可导致合同的终止。从结果来看,合同解除与合同终止也有所不同。《民法典》第566条第1款指出:“合同解除后,尚未履行的,终止履行;已经履行的,根据履行情况和合同性质,当事人可以请求恢复原状或者采取其他补救措施,并有权请求赔偿损失。”因而在当事人实施请求的情况下,合同解除在一定情况下具有溯及力,即追溯到合同开始前的状态。换言之,如果根据合同的履行情况和合同的性质能够或有必要恢复原状的,当事人可以要求恢复原状。从《民法典》第556条也可推知,如果根据合同的履行情况和合同的性质不能或没有必要恢复原状的,当事人可以采取其他补救措施并要求损害赔偿。除合同解除导致合同终止这一情形外,合同终止一般不具有溯及既往的效力。

3.4.2　海员劳务合同的解除

根据《民法典》第562条、第563条,合同解除分为协议解除、约定解除和法定解除三种情形。当然,“协议”和“约定”并没有本质的区别。协议解除,是指根据合同当事方意思自治的原则,在合同有效成立后且尚未全部履行前,当事人双方可以协商一致解除合同。约定解除,是指在当事人双方缔结合同时,也可以在合同中事先约定合同的解除条件,一旦条件成就,双方均可依据事先的约定解除合同,进而使合同归于终止。法定解除则是指法律对合同的解除作出了一些强制性的规定,一旦出现了法定的情形,合同即可得到解除。① 可见,“协议解除”实际可称为“事后协商解除”;“约定解除”可称为“事前约定解除”。这里所称的“事后”和“事前”是指合同成立后和合同成立前。

3.4.2.1　事前约定解除

《海事劳工公约》的标准 A2.1 第 4 款(g)(ⅰ)项规定,对于没有约定终止期限的合同,“各方有权终止协议的条件,以及所要求的预先通知期,船东的预先通知期不得短于海员的预先通知期”。

《劳动合同法》第 36 条规定:“用人单位与劳动者协商一致,可以解除劳动合同。”这一规定就包含了事前约定解除合同的情形。换言之,合同当事方可以在合同中事先约定合同解除的条件,一旦条件成就,双方当事人均可行使解除权,单方将合同予以解除。但是,该法第 48 条强调:“用人单位违反本法规定解除或者终止劳动合同,劳动者要求继续履行劳动合同的,用人单位应当继续履行;劳动者不要求继续履行劳动合同或者劳动合同已经不能继续履行的,用人单位应当依照本法第八十七条规定支付赔偿金。”该法第 87 条指出:“用人单位违反本法规定解除或者终止劳动合同的,应当依照本法第四十七条规定的经济补偿标准的二倍向劳动者支付赔偿金。”据此可知,尽管海员和船东可以事先在劳动合同中约定合同解除的条件,但双方所约定的合同解除条件不能违反《劳动合同法》的相关强制性规定,否则该约定应属无效。

---

① 《民法典》第 563 条第 1 款规定:“有下列情形之一的,当事人可以解除合同:(一)因不可抗力致使不能实现合同目的;(二)在履行期限届满前,当事人一方明确表示或者以自己的行为表明不履行主要债务;(三)当事人一方迟延履行主要债务,经催告后在合理期限内仍未履行;(四)当事人一方迟延履行债务或者有其他违约行为致使不能实现合同目的;(五)法律规定的其他情形。”

关于这种强制性条件，笔者将在下文“法定解除”部分进行介绍。

综上，依据《海事劳工公约》和《劳动合同法》，海员和船东通常均可依事先约定的解除条件将涉外的广义海员劳务合同和不涉外的海员劳动合同予以解除。对于不涉外的狭义海员劳务合同即海员雇佣合同，依照《民法典》第 562 条的规定，双方亦可依照事先约定的条件予以解除。

3.4.2.2　事后协商解除

《海事劳工公约》的标准 A2.1 未提及双方是否可在合同成立后通过协商一致的方式来解除合同，但笔者认为《海事劳工公约》并无禁止这种解约方式之意。

就中国内国法而言，《劳动合同法》第 36 条“用人单位与劳动者协商一致，可以解除劳动合同”之规定也适用于事后协商解除的情形。但该法第 46 条明确指出，若用人单位依据第 36 条的规定“向劳动者提出解除劳动合同并与劳动者协商一致解除劳动合同”，其应当向劳动者支付经济补偿。另外，人力资源和社会保障部《劳务派遣暂行规定》第 11 条还特别规定：“劳务派遣单位行政许可有效期未延续或者《劳务派遣经营许可证》被撤销、吊销的，已经与被派遣劳动者依法订立的劳动合同应当履行至期限届满。双方经协商一致，可以解除劳动合同。”

综上，依据《海事劳工公约》和《劳动合同法》，海员和船东通常均可在合同成立后，通过协商一致将涉外的广义海员劳务合同和不涉外的海员劳动合同予以解除，但应支付经济补偿。对于不涉外的狭义海员劳务合同即海员雇佣合同，依照《民法典》第 562 条的规定，双方亦可协商解除合同。

3.4.2.3　法定解除

《海事劳工公约》的标准 A2.1 第 5 款规定，对于有确定的终止期限的合同,缔约国国内立法可以允许船东或海员在特定情形下提前通知对方,从而单方面解除合同,但船东或海员的预先通知期均不得少于7天。但是,该标准第6款特别提出,“出于值得同情的原因或其他紧急原因”,海员有权“提前较短时间通知或不通知就终止就业协议”。海员的工作地点具有流动性的特点,在订立固定期限就业协议的情况下,在船东通过预先通知的方式终止就业协议时,海员既可能在海上,也可能在外国港口,其很可能对就业协议的提前终止缺乏足够准备。因而《海事劳工公约》此条规定有可能使海员陷于尴尬境地:如船东提前终止就业协议时海员尚在海上,由于难以立即得到遣返,该海员将不得不在其原工作的船舶上寄宿,但由于其已失去工作,在此期间很可能将无法享受原先的生活待遇。当然,船舶在7天之内可能会挂靠港口,被解除就业协议的海员一般可能在此期间及时返回陆地,在此情况下,其权益受此因素影响总体有限。

《劳动合同法》第37条、第38条和人力资源和社会保障部《劳务派遣暂行规定》第14条对劳动者可单方解除合同的情形作出了细化规定。《劳动合同法》第37条指出:“劳动者提前三十日以书面形式通知用人单位,可以解除劳动合同。劳动者在试用期内提前三日通知用人单位,可以解除劳动合同。”该法第38条还规定了劳动者无须提前通知用人单位即可立即解除劳动合同的法定事由,包括“(一)未按照劳动合同约定提供劳动保护或者劳动条件的;(二)未及时足额支付劳动报酬的;(三)未依法为劳动者缴纳社会保险费的;(四)用人单位的规章制度违反法律、法规的规定,损害劳动者权益的;(五)因本法第二十六条第一款规定的情形致使劳动合同无效的;(六)法律、行政法规规定劳动者可以解除劳动合同的其他情形”。该条规定还强调,用人单位以暴力、威胁或者非法限制人身自由的手段强迫劳动者劳动的，或者用人单位违章指挥、强令冒险作业危及劳动者人身安全的，劳动者可以立即解除劳动合同，不需事先告知用人单位。《劳务派遣暂行规定》第 14 条也明确提出，被派遣劳动者提前 30 日以书面形式通知劳务派遣单位，即可解除劳动合同。

《船员条例》第 19 条规定："船长、高级船员在航次中，不得擅自辞职、离职或者中止职务。"该规定应理解为，在从始发港到目的港的过程中，船长和高级海员未经船东许可或主管部门指令，不得行使解约权。该条规定是限制船长、高级海员单方解约权的强制性规定，从而保障航行安全。但《劳动合同法》第 37 条指出，劳动者提前 30 天通知用人单位即可单方行使解约权，该法第 38 条还进一步列举劳动者无须通知即可立即解除合同的情形。[①] 只要符合前述《劳动合同法》设定的条件，船长、高级海员单方解除合同并不应受到其他限制。因此，《船员条例》第 19 条与《劳动合同法》第 37 条可能存在一定冲突。但《劳动合同法》作为法律，其规定应当得到优先适用。另外，这种冲突也可以得到一定的化解。因为《船员条例》第 19 条之规定可以被理解为旨在强调，如果不存在《劳动合同法》第 37 条所规定的法定情形，船长和高级海员单方面即刻解除劳动合同的行为不仅属于劳动合同下的违

---

① 《劳动合同法》第 38 条规定："用人单位有下列情形之一的，劳动者可以解除劳动合同：(一)未按照劳动合同约定提供劳动保护或者劳动条件的；(二)未及时足额支付劳动报酬的；(三)未依法为劳动者缴纳社会保险费的；(四)用人单位的规章制度违反法律、法规的规定，损害劳动者权益的；(五)因本法第二十六条第一款规定的情形致使劳动合同无效的；(六)法律、行政法规规定劳动者可以解除劳动合同的其他情形。用人单位以暴力、威胁或者非法限制人身自由的手段强迫劳动者劳动的，或者用人单位违章指挥、强令冒险作业危及劳动者人身安全的，劳动者可以立即解除劳动合同，不需事先告知用人单位。"

约行为,也属于行政违法行为。

《劳动合同法》第 39 条至第 41 条则对用人单位可以单方行使解除权的法定事由作出了具体规定。该法第 39 条规定,在“(一)在试用期间被证明不符合录用条件的;(二)严重违反用人单位的规章制度的;(三)严重失职,营私舞弊,给用人单位造成重大损害的;(四)劳动者同时与其他用人单位建立劳动关系,对完成本单位的工作任务造成严重影响,或者经用人单位提出,拒不改正”等情况下,用人单位可以单方面立即解除劳动合同,且根据第 46 条的规定,无须支付任何经济赔偿。近年来,航运业保持低迷,许多船公司采用“竞争上岗”“末位淘汰”等方式压缩人力成本。最高人民法院于 2016 年 11 月 21 日发布的《第八次全国法院民事商事审判工作会议(民事部分)纪要》第 29 条确认了此种行为的违法性,指出:劳动者此时可以用人单位违法解除劳动合同为由,请求其继续履行劳动合同或者支付赔偿金。

《劳动合同法》第 40 条提出,在“(一)劳动者患病或者非因工负伤,在规定的医疗期满后不能从事原工作,也不能从事由用人单位另行安排的工作的;(二)劳动者不能胜任工作,经过培训或者调整工作岗位,仍不能胜任工作的;(三)劳动合同订立时所依据的客观情况发生重大变化,致使劳动合同无法履行,经用人单位与劳动者协商,未能就变更劳动合同内容达成协议的”这三种情形下,“用人单位提前三十日以书面形式通知劳动者本人或者额外支付劳动者一个月工资后”,才能解除劳动合同,但根据第 46 条,用人单位此时仍须给予劳动者经济补偿。

《劳动合同法》第41条第1款还规定，在出现“（一）依照企业破产法规定进行重整的；（二）生产经营发生严重困难的；（三）企业转产、重大技术革新或者经营方式调整，经变更劳动合同后，仍需裁减人员的；（四）其他因劳动合同订立时所依据的客观经济情况发生重大变化，致使劳动合同无法履行的”这4种情形时，“需要裁减人员二十人以上或者裁减不足二十人但占企业职工总数百分之十以上的，用人单位提前三十日向工会或者全体职工说明情况，听取工会或者职工的意见后，裁减人员方案经向劳动行政部门报告，可以裁减人员”，但根据第46条，此时用人单位也须向被裁减人员支付经济补偿。

在劳务派遣情况下，人力资源和社会保障部《劳务派遣暂行规定》第12条指出，在“（一）用工单位有劳动合同法第四十条第三项、[①]第四十一条[②]规定情形的；（二）用工单位被依法宣告破产、吊销营业执照、责令关闭、撤销、决定提前解散或者经营期限届满不再继续经营的；（三）劳务派遣协议期满终止的”这三种情形下，用

---

① 《劳动合同法》第40条第3项规定：“有下列情形之一的，用人单位提前三十日以书面形式通知劳动者本人或者额外支付劳动者一个月工资后，可以解除劳动合同……（三）劳动合同订立时所依据的客观情况发生重大变化，致使劳动合同无法履行，经用人单位与劳动者协商，未能就变更劳动合同内容达成协议的。”

② 《劳动合同法》第41条规定：“有下列情形之一，需要裁减人员二十人以上或者裁减不足二十人但占企业职工总数百分之十以上的，用人单位提前三十日向工会或者全体职工说明情况，听取工会或者职工的意见后，裁减人员方案经向劳动行政部门报告，可以裁减人员：（一）依照企业破产法规定进行重整的；（二）生产经营发生严重困难的；（三）企业转产、重大技术革新或者经营方式调整，经变更劳动合同后，仍需裁减人员的；（四）其他因劳动合同订立时所依据的客观经济情况发生重大变化，致使劳动合同无法履行的。裁减人员时，应当优先留用下列人员：（一）与本单位订立较长期限的固定期限劳动合同的；（二）与本单位订立无固定期限劳动合同的；（三）家庭无其他就业人员，有需要扶养的老人或者未成年人的。用人单位依照本条第一款规定裁减人员，在六个月内重新招用人员的，应当通知被裁减的人员，并在同等条件下优先招用被裁减的人员。”

工单位可以退回被派遣劳动者。该规定第 15 条第 1 款就此强调："被派遣劳动者因本规定第十二条规定被用工单位退回,劳务派遣单位重新派遣时维持或者提高劳动合同约定条件,被派遣劳动者不同意的,劳务派遣单位可以解除劳动合同。"但根据第 46 条,此时派遣单位亦须对被派遣劳动者进行经济补偿。

为了保护劳动者权益,《劳动合同法》第 42 条还特别规定了用人单位即使提前 30 天通知或额外支付劳动者一个月工资也不能解除合同的情形,包括:"(一)从事接触职业病危害作业的劳动者未进行离岗前职业健康检查,或者疑似职业病病人在诊断或者医学观察期间的;(二)在本单位患职业病或者因工负伤并被确认丧失或者部分丧失劳动能力的;(三)患病或者非因工负伤,在规定的医疗期内的;(四)女职工在孕期、产期、哺乳期的;(五)在本单位连续工作满十五年,且距法定退休年龄不足五年的;(六)法律、行政法规规定的其他情形。"但从第 42 条"劳动者有下列情形之一的,用人单位不得依照本法第四十条、第四十一条的规定解除劳动合同"这一规定看,若劳动者有前述《劳动合同法》第 39 条所列举的"严重违反用人单位的规章制度""严重失职,营私舞弊,给用人单位造成重大损害"等情形,用人单位仍可单方解除劳动合同,且无须给予该劳动者任何经济补偿。

人力资源和社会保障部《劳务派遣暂行规定》第 15 条第 2 款规定,除非劳动者主动提出解除劳动合同,否则"被派遣劳动者因本规定第十二条规定被用工单位退回,劳务派遣单位重新派遣时降低劳动合同约定条件,被派遣劳动者不同意的,劳务派遣单位不得解除劳动合同"。

综上,《劳动合同法》和《劳务派遣暂行规定》中有关劳动者和用人单位可以单方解除合同的法定情形基本符合前述《海事劳工公约》的标准 A2.1 第 5 款和第 6 款的相关要求。但《劳动合同法》第 39 条中有关用人单位可以在劳动者有过错的情况下单方解除合同的规定、该法第 41 条中有关用人单位在遭遇经济困难时可裁员的规定以及《劳务派遣暂行规定》第 15 条中有关劳务派遣单位单方解除合同的规定,则可能与《海事劳工公约》的标准 A2.1 第 5 款关于预先通知期不得短于 7 天的规定存在矛盾。因为上述 3 条国内法规定未强调用人单位须至少提前 7 天对海员进行通知。当然,就涉外海员劳务合同而言,《海事劳工公约》的标准 A2.1 第 5 款中有关预先通知期不得短于 7 天的规定应优先适用。对于不涉外的狭义海员劳务合同即海员雇佣合同,船东和海员中任何一方均可在"因不可抗力致使不能实现合同目的"等情形下,依照《民法典》第 562 条关于法定解除权的规定解除合同。

3.4.3　海员劳务合同的终止

《海事劳工公约》的标准 A2.1 第 4 款明示列举了海员劳务合同终止至少应包含的三种情形:一是合同被解除,[①]二是合同到了约定的终止日期,[②]三是合同仅为一次航程而订,且船已至目的港。[③] 但该款规定仍允许缔约国就合同终止的其他情形作出规定。

参照《劳动合同法》第 44 条[④],笔者认为导致海员劳务合同

① 参见《海事劳工公约》的标准 A2.1 第 4 款(g)(ⅰ)。

② 参见《海事劳工公约》的标准 A2.1 第 4 款(g)(ⅱ)。

③ 参见《海事劳工公约》的标准 A2.1 第 4 款(g)(ⅲ)。

④ 《劳动合同法》第 44 条规定:"有下列情形之一的,劳动合同终止:(一)劳动合同期满的;(二)劳动者开始依法享受基本养老保险待遇的;(三)劳动者死亡,或者被人民法院宣告死亡或者宣告失踪的;(四)用人单位被依法宣告破产的;(五)用人单位被吊销营业执照、责令关闭、撤销或者用人单位决定提前解散的;(六)法律、行政法规规定的其他情形。"

终止的情形主要包括以下四种。

第一种情形是合同期满或者合同约定的终止条件出现。[①] 就有固定期限的海员劳务合同而言,并非一旦期限届满,海员合同就必然随之终止。例如,当合同期限届满时,船舶可能正处于航程之中,若此时海员合同即刻终止,就可能影响船舶的安全运营。

第二种情形是海员已至退休年龄(目前一般为60周岁),开始依法享受基本养老保险待遇。[②] 就雇佣关系而言,依据《船员条例》第5条关于海员注册年龄的限制以及第7条关于适任证书有效期的规定,[③]当事海员最高退休年龄可延长至65周岁。

第三种情形是海员死亡或者被人民法院宣告死亡或宣告失踪,因其无法履行劳务合同,合同自然应当终止。[④] 就这一情形而言,应注意《民法典》与原《民法通则》中相关规定的差异。依据原《民法通则》第23条第1款,"因意外事故下落不明,从事故发生之日起满二年的",利害关系人才能向法院申请宣告死亡,而这很可能导致相关利害关系人在海员失踪后很长一段时间内无法主张权利。《民法典》第46条则在一定程度上突破了2年的时间限制,在上述规定的基础上补充了一种情形,即:"因意外事件下落不明,经有关机关证明该自然人不可能生存的,申请宣告死亡不受二年时间的限制。"该规定未界定"有关机关"的范围,但笔者认为其应包括海事主管部门和公安机关在内。若海员被宣

---

① 参见《劳动合同法》第44条第1项。

② 参见《劳动合同法》第44条第2项。

③ 《船员条例》第5条第2款规定:"申请船员适任证书,应当具备下列条件:(一)年满18周岁(在船实习、见习人员年满16周岁)且初次申请不超过60周岁……"第7条第2款规定,"船员适任证书的有效期不超过5年"。

④ 参见《劳动合同法》第44条第3项。

告失踪,则其与船东间的劳动合同将随之终止。[①] 但如果海员与船东间订立的是雇佣合同,则宣告失踪并不是合同终止的充分条件。[②]《海商法》第248条规定,“船舶在合理时间内未从被获知最后消息的地点抵达目的地,除合同另有约定外,满两个月后仍没有获知其消息的,为船舶失踪”。船舶失踪也很可能意味着船上船员的失踪。故该规定也可作为认定船员失踪的依据。

在失踪人或被宣告死亡人重新出现,且原海员劳务合同尚未到期的情况下,就合同效力是否需要恢复的问题,法律尚未作出明确规定。对于海员被宣告死亡的,参照《民法典》第51条,[③]笔者建议《船员条例》在未来修改过程中添加“海员劳务合同尚未到期的,自撤销失踪宣告或死亡宣告之日起自行恢复,但是海员书面声明不愿恢复的除外”的规定。如前所述,对于海员被宣告失踪的,仅在其与船东间构成劳动关系的情况下存在合同效力的恢复问题。此时亦可参照上述建议处理。若失踪海员与船东间成立雇佣合同关系,失踪本就不会导致合同终止,[④]因而也就没有效力恢复的问题;除非失踪满一定期限后达到宣告死亡条件[⑤]。

第四种情形是,船东被依法宣告破产或因撤销、解散等情形而归于不复存在。[⑥] 依照《劳动合同法》第46条,如果由于船东

---

① 参见《劳动合同法》第44条第3项。

② 参见原《民法通则》第21条和第22条,以及《民法典》第42条至第44条。

③ 《民法典》第51条规定:“被宣告死亡的人的婚姻关系,自死亡宣告之日起消除。死亡宣告被撤销的,婚姻关系自撤销死亡宣告之日起自行恢复。但是,其配偶再婚或者向婚姻登记机关书面声明不愿意恢复的除外。”

④ 参见原《民法通则》第21条和第22条,以及《民法典》第42条至第44条。

⑤ 参见《民法典》第46条。

⑥ 参见《劳动合同法》第44条第4项、第5项以及《民法典》第69条。

被依法宣告破产,或被吊销营业执照、责令关闭、撤销或决定提前解散等原因导致海员劳动合同终止,船东应当向海员支付经济补偿。笔者认为,倘若因船舶灭失或完全失去安全航行的能力导致劳务合同终止,船东也应向海员支付补偿金。另须注意的是,在“劳务派遣单位被依法宣告破产、吊销营业执照、责令关闭、撤销、决定提前解散或者经营期限届满不再继续经营”等情况下,劳动合同终止,但“用工单位应当与劳务派遣单位协商妥善安置被派遣劳动者”,并且派遣单位应当向被派遣劳动者支付经济补偿。[①] 依据该规定,用工单位与派遣单位应当就妥善安置被派遣劳动者这一义务承担连带责任。

需要注意的是,《劳动法》《劳动合同法》前述规定均未将海员遭海盗等不法分子劫持而无法履行工作职责的情况涵盖在内。[②] 相比而言,国际海事组织于2018年通过了《〈海事劳工公约〉2018年修正案》,该修正案明确规定,在海员被劫持后,就业协议约定的劳动期限到期后将会自动延长,船东不得单方予以解除或中止;且只要没有证据证明海员在被劫持期间死亡,船东仍需按合同约定向海员支付工资。[③] 我国有必要按照修正案规定尽快对现行国内立法进行相应修改,以实现与公约的衔接,或者也可依据国际条约优先原则,根据《海事劳工公约》处理与涉外海员合同相关的情况。

---

① 参见人力资源和社会保障部《劳务派遣暂行规定》第16条和第17条。

② 参见彭宇、周楠:《〈《2006年海事劳工公约》2018年修正案〉视角下被劫持海员的权利保障分析与中国因应》,载《上海海事大学学报》2023年第1期,第113~114页。

③ 参见《〈海事劳工公约〉2018年修正案》的标准A2.1条。

3.5　有关海员劳务合同纠纷处理的规定

据近年统计，海员劳务纠纷在国内海事海商案件类型中占比已达25%左右。[①] 海员劳务纠纷的处理方式与一般劳务纠纷的处理方式有所不同。笔者以下对有关海员劳务纠纷处理的规定作一简要介绍。

《海事劳工公约》标题五"遵守与执行"第5款原则性地强调，"海员和船东在法律面前平等，有权受到法律的同等保护"，但除此之外再无进一步的细化规定。

《劳动法》第79条[②]和2008年5月1日起施行的《劳动争议调解仲裁法》第5条[③]就一般劳动争议的处理方式作出了规定。根据这两条规定，当事人任何一方既可以向调解组织申请调解，也可以向劳动争议仲裁委员会直接申请仲裁。[④] 调解组织既可以是"企业劳动争议调解委员会"，也可以是"依法设立的基层人民调解组织"，同时也包括"在乡镇、街道设立的具有劳

---

① 参见王淑梅、侯伟：《关于〈海商法〉修改的几点意见》，载《中国海商法研究》2017年第3期，第9页。

② 《劳动法》第79条规定："劳动争议发生后，当事人可以向本单位劳动争议调解委员会申请调解；调解不成，当事人一方要求仲裁的，可以向劳动争议仲裁委员会申请仲裁。当事人一方也可以直接向劳动争议仲裁委员会申请仲裁。对仲裁裁决不服的，可以向人民法院提起诉讼。"

③ 《劳动争议调解仲裁法》第5条规定："发生劳动争议，当事人不愿协商、协商不成或者达成和解协议后不履行的，可以向调解组织申请调解；不愿调解、调解不成或者达成调解协议后不履行的，可以向劳动争议仲裁委员会申请仲裁；对仲裁裁决不服的，除本法另有规定的外，可以向人民法院提起诉讼。"

④ 参见《劳动法》第79条。

动争议调解职能的组织”。[①] “劳动争议仲裁委员会按照统筹规划、合理布局和适应实际需要的原则设立。省、自治区人民政府可以决定在市、县设立;直辖市人民政府可以决定在区、县设立。直辖市、设区的市也可以设立一个或者若干个劳动争议仲裁委员会。”[②]另根据《劳动争议调解仲裁法》第47条的规定,对于“追索劳动报酬、工伤医疗费、经济补偿或者赔偿金,不超过当地月最低工资标准十二个月金额的争议”[③]和“因执行国家的劳动标准在工作时间、休息休假、社会保险等方面发生的争议”[④]这两种情形,劳动者若不服劳动争议仲裁委员会的裁决,可向人民法院提起诉讼。[⑤] 对用人单位而言,劳动争议仲裁委员会就这两种争议所作出的仲裁裁决却是“终局裁决”。[⑥] 用人单位即使不服也不能向法院提起诉讼。需要注意的是,对于劳动争议仲裁委员会就除《劳动争议调解仲裁法》第47条规定之外的其他劳动争议所作出的裁决,用人单位和劳动者双方均可向法院提起诉讼。[⑦]

根据前述《劳动争议调解仲裁法》第5条,就一般劳动争议而

---

① 《劳动争议调解仲裁法》第10条。

② 《劳动争议调解仲裁法》第17条。

③ 《劳动争议调解仲裁法》第47条第1项。

④ 《劳动争议调解仲裁法》第47条第2项。

⑤ 参见《劳动争议调解仲裁法》第48条。

⑥ 《劳动争议调解仲裁法》第47条。

⑦ 参见《劳动争议调解仲裁法》第5条。该法第47条还规定:“下列劳动争议,除本法另有规定的外,仲裁裁决为终局裁决,裁决书自作出之日起发生法律效力:(一)追索劳动报酬、工伤医疗费、经济补偿或者赔偿金,不超过当地月最低工资标准十二个月金额的争议;(二)因执行国家的劳动标准在工作时间、休息休假、社会保险等方面发生的争议。”第48条指出:“劳动者对本法第四十七条规定的仲裁裁决不服的,可以自收到仲裁裁决书之日起十五日内向人民法院提起诉讼。”

言,劳动仲裁为当事人起诉前的必经程序,但就海员劳务纠纷而言,情况却有所不同。2000年7月1日起施行的《海事诉讼特别程序法》第6条第2款第5项规定:"因海船的船员劳务合同纠纷提起的诉讼,由原告住所地、合同签订地、船员登船港或者离船港所在地、被告住所地海事法院管辖。"2003年2月1日开始施行的《最高人民法院关于适用〈海事诉讼特别程序法〉若干问题的解释》第8条进一步明确:"因船员劳务合同纠纷直接向海事法院提起的诉讼,海事法院应当受理。"2016年3月1日起施行的《最高人民法院关于海事法院受理案件范围的规定》第24条将海员劳动合同纠纷案件与海员劳务合同纠纷案件归入"海商合同纠纷案件"的范畴,将此类案件明确划归海事法院管辖。综合以上规定可见,海员劳务纠纷案件属于海商合同纠纷案件,海员和船东均可直接向海事法院提起诉讼,通常无须经过劳动仲裁这一前置程序。[①] 但在司法实践中,鉴于海员劳务法律关系的多样性和复杂性,劳动仲裁机构、地方基层法院和海事法院关于海员劳务合同争议案件受理管辖问题依然存在。上海市高级人民法院2011年出台《关于船员劳务合同纠纷和船员劳动争议案件管辖的若干问题意见》提出以当事人是否主张船舶优先权作为划分管辖权的依据。具体而言,在船舶所有人、经营人为用人单位时,对于海员就其在船工作期间产生的工资、其他劳动报酬、船员遣返费用和社会保险费用提起的诉讼,只有其一并提出船舶优先权请求时,海事法院方可予以受理;[②]而其余涉及船员的劳动争议案

① 参见最高人民法院民事审判第四庭编:《涉外商事海事审判指导》,人民法院出版社2004年版,第69页。

② 参见《关于船员劳务合同纠纷和船员劳动争议案件管辖的若干问题意见》第5条。

件或劳务合同纠纷案件均应由基层法院受理,[①]并且案件若属于前述《劳动争议调解仲裁法》第 47 条规定的事项,还须适用仲裁前置程序。在“广州红海人力资源集团股份有限公司、广州之星游轮有限公司船员劳务合同纠纷案”[②]中,广东省高级人民法院明确指出,在船员劳务派遣关系中,若船员以派遣公司为被告,主张工资、加班工资、年休假工资及相关经济补偿金,此类争议属于《最高人民法院关于海事法院受理案件范围的若干规定》中提及的“船员劳动合同、劳务合同(含船员劳务派遣协议)项下与船员登船、在船服务、离船遣返相关的报酬给付及人身伤亡赔偿纠纷案件”,依法应当由海事法院管辖。[③]

《海商法》第 2 条明确将沿海、内河货物运输明确排除在外,第 3 条将船舶限定为“海船和其他海上移动式装置”,故内河船船员工资不具有船舶优先权。[④] 但是,在上述“广州红海人力资源集团股份有限公司、广州之星游轮有限公司船员劳务合同纠纷案”[⑤]中,广东省高级人民法院提出,即便相关船员为内河船员,其与船东、派遣机构间有关劳动报酬的争议纠纷亦属于海事法院管辖范围。[⑥]

在“唐某德、郭某好船员劳务合同纠纷案”中,[⑦]山东省高级人民法院强调,在船员劳务诉讼纠纷中,当事船舶是否具有航行

---

① 参见《关于船员劳务合同纠纷和船员劳动争议案件管辖的若干问题意见》第 6 条。

② 参见广东省高级人民法院民事裁定书,(2017)粤民辖终 668 号。

③ 参见该裁定书第 4 段。

④ 参见宁波海事法院民事判决书,(2016)浙 72 民初 1875 号。

⑤ 参见广东省高级人民法院民事裁定书,(2017)粤民辖终 668 号。

⑥ 参见广东省高级人民法院民事裁定书,(2017)粤民辖终 668 号。

⑦ 参见山东省高级人民法院民事裁定书,(2017)鲁民辖终 80 号。

能力、是否属于海商法所称的船舶等，均不影响海事法院依法对案件实施管辖。①

在“莆田市海通劳务派遣有限公司诉被告石狮市祥达服务有限公司船员劳务派遣合同纠纷案”②和“远东国际租赁有限公司诉东营盈瑞海运有限公司等船舶营运借款合同纠纷案”③中，相关法院认为，海员派遣机构有权就其垫付的工资和遣返费用对船东进行追偿，并主张相应的船舶优先权。法院认为，此种做法并未加重被告的义务，也不会对其他债权人产生实质性的不利影响。④

2020 年《船员司法解释》对上述问题终于“一锤定音”。根据该解释第 1 条和第 2 条，船员和船舶所有人之间“涉及船员登船、在船工作、离船遣返”的合同纠纷，由原告住所地、合同签订地、船员登船港或者离船港所在地、被告住所地海事法院受理。

就诉讼时效而言，《民法典》第 188 条将原《民法通则》第 136 条规定的普通诉讼时效由 2 年改为 3 年，删去了原《民法通则》下的 1 年期短诉讼时效，同时又强调“法律另有规定的，依照其规定”。据此，《民法典》出台后，《海商法》第 13 章就各类海事请求时效所作特别规定（第 257 ~ 265 条）仍应优先适用。但《海商法》第 13 章并未对有关海员劳务合同的海事请求作出特别规定，因而与之相关工资报酬、遣返费用请求的诉讼时效仍应适用《民

---

① 参见山东省高级人民法院民事裁定书，(2017)鲁民辖终 80 号，第 4 段。

② 参见厦门海事法院民事判决书，(2015)厦海法商初字第 762 号，载厦门海事法院网，http://www.xmhsfy.gov.cn/，访问日期：2023 年 3 月 20 日。

③ 参见上海海事法院民事判决书，(2015)沪海法商初字第 2631 号。

④ 参见厦门海事法院民事判决书，(2015)厦海法商初字第 762 号；上海海事法院民事判决书，(2015)沪海法商初字第 2631 号。

法典》的一般性规定。①

对于海员劳务合同诉讼费用的收取问题,可参照 2007 年 4 月 1 日起实施的国务院《诉讼费用交纳办法》第 13 条第 4 项有关劳动争议案件每件交纳 10 元的标准收取。②

① 参见吴胜顺:《民法总则对海商法诉讼时效制度的影响与协调》,载宁波海事法院网,http://www.nbmc.gov.cn/,访问日期:2023 年 3 月 20 日。

② 参见最高人民法院民四庭时任庭长王淑梅:《2017 年 6 月在全国海事审判实务座谈会上的总结讲话》,第 32 页。

第四章　海员基本权利专项研究

在本章中，笔者将综合比较中国内国法和多部国际公约的规定，对休息休假、工资、劳动安全保障、培训、社会保险和社会福利、遣返、招募安置、人身伤亡损害赔偿以及女职工和未成年工的特殊保护等有关海员基本权利的法律问题进行研究。需要注意的是，本书第三章在分析海员劳务合同条款时，已对工资、社会保险等部分海员权利进行了介绍。本章将对相关内容展开论述。

4.1　获得休息休假的权利

《海上交通安全法》第 6 条明确规定："国家依法保障船员的劳动安全和职业健康，维护船员的合法权益。”从全球范围看,海员因长时间工作、得不到充足休息而导致的疲劳问题变得日益严重。① 海员的休息休假的权利不仅关系作为劳动者的海员的身心健康,还影响船舶的航行安全。笔者以下对有关问题进行详细探讨。

4.1.1 海员的休息权利

国际国内相关法律法规主要通过限定最长工作时间和最短休息时间来保障海员的休息权利,笔者以下详述之。

4.1.1.1 “工作时间”和“休息时间”的定义

海员劳务合同中的工作时间不同于一般劳务合同中的工作时间。在一般劳务合同中,劳动者处于用人单位的支配和控制之下的那段时间就可以被视为工作时间。② 然而,海员上船以后就一直在船舶所有人或经营人的支配之下。倘若将其在船时间统一视为工作时间,法律法规就无法对海员的实际工作时间进行有效约束。故有学者认为,③海员在船时间应分为生活时间和作业时间两部分,其为船舶作业的时间才能被视为其工作时间。《海事劳工公约》的标准 A2.3 第 1 款就规定:“‘工作时间’一词系指要求海员为船舶工作的时间;‘休息时间’一词系指工作时间以外的时间,这一词不包括短暂的休息(short breaks)。”

交通运输部规章《海船船员值班规则》第 130 条规定:“‘工

---

① See Intermanager, *Project Martha*: *The Final Report*, http://ftp.elabor8.co.uk/martha/flipbook/martha/thefinalreport/mobile/index.html#p = 14, Last Visited: March 20th, 2023.

② 参见中国未参加的国际劳工组织《1930 年工作时间公约》(第 30 号公约)第 2 条,载国际劳工组织网,https://www.ilo.org/,访问日期:2024 年 10 月 23 日。

③ 参见司玉琢主编:《国际海事立法趋势及对策研究》,法律出版社 2002 年版,第 528 页。

作时间’，系指要求船员为船舶工作的时间。”而“‘休息时间’，系指工作时间以外的时间，但不包括暂短的休息。”该规定与《海事劳工公约》对于“工作时间”和“休息时间”的定义几乎完全一致。

但《海事劳工公约》和交通运输部《海船船员值班规则》并未说明“为船舶工作”的具体含义。笔者认为此问题可以参考《STCW 公约》附则第Ⅰ/1 条第 24 款的规定。该款规定指出，海员的职能系指该公约附则《海员培训发证和值班规则》“指明的船舶操作、海上人命安全或保护海洋环境所需的一组任务、职责和责任”。海员履行这些职能即属“为船舶工作”。

综上，笔者认为，海员的“工作时间”系指海员履行船舶操作、海上人命安全或保护海洋环境等相关任务职责的时间；“休息时间”则指除“工作时间”以外的时间，但不包括用餐、如厕等短暂休息。

4.1.1.2　具体的工作时间和休息时间

笔者以下先介绍有关劳动者工作和休息时间的一般性规定，再分析适用于海员的特别规定。

4.1.1.2.1　有关劳动者工作和休息时间的一般性规定

根据《劳动法》[①]和 1995 年 5 月 1 日起施行的《国务院关于修改〈国务院关于职工工作时间的规定〉的决定》，中华人民共和国境内的国家机关、社会团体、企业事业单位以及其他组织的职工实行每日工作 8 小时、每周工作 40 小时的工时制度。《劳动法》第 38 条规定，劳动者享有每周至少休息一天的权利。《劳动法》第 41 条中还规定：“用人单位由于生产经营需要，经与工会

---

① 《劳动法》第 36 条规定：“国家实行劳动者每日工作时间不超过八小时、平均每周工作时间不超过四十四小时的工时制度。”该法第 37 条指出：“对实行计件工作的劳动者，用人单位应当根据本法第三十六条规定的工时制度合理确定其劳动定额和计件报酬标准。”

和劳动者协商后可以延长工作时间,一般每日不得超过一小时;因特殊原因需要延长工作时间的,在保障劳动者身体健康的条件下延长工作时间每日不得超过三小时,但是每月不得超过三十六小时。"除此之外,该法第42条对延长工作时间的例外也有具体规定,即"(一)发生自然灾害、事故或者因其他原因,威胁劳动者生命健康和财产安全,需要紧急处理的;(二)生产设备、交通运输线路、公共设施发生故障,影响生产和公众利益,必须及时抢修的;(三)法律、行政法规规定的其他情形"。

然而,海员工作的特殊性决定了其很可能无法适用每日8小时和每周40小时的固定工时制度。《国务院关于职工工作时间的规定》(1995年5月1日起施行)第5条就指出:"因工作性质或者生产特点的限制,不能实行每日工作8小时、每周工作40小时标准工时制度的,按照国家有关规定,可以实行其他工作和休息办法。"该规定的第7条同样指出:"国家机关、事业单位实行统一的工作时间,星期六和星期日为周休息日。企业和不能实行前款规定的统一工作时间的事业单位,可以根据实际情况灵活安排周休息日。"事实上,中国内国法律法规和相关国际公约对海员的工作时间和休息时间作出了特殊规定,笔者以下对此进行介绍。

4.1.1.2.2 有关海员作息时间的特别规定

依据《STCW公约》的附则《海员培训、发证和值班规则》第A－Ⅷ/1节第2条第2.1款,海员休息时间的下限为"24小时内最少10小时";第2.2款进一步强调船员的休息时间不能少于"任何7天内77小时";第3条明确"休息时间可以分为至多不超过2个时间段,其中一个时间段至少要求有6小时,连续休息时间段之间的间隔不得超过14小时"。《海员培训、发证和值班规则》第A－Ⅷ/1节第9条第1款还强调,尽管缔约国可以允许上述休息时间的例外安排,但是海员的休息时间“在任何情况下均不得少于任何 7 天内 70 小时休息时间”[①]，且“例外安排不许持续两周以上。船上两个例外时间段的间隔不得短于例外安排时间段的两倍”[②]。另外，该规则第 A－Ⅷ/1 节第 2 条第 2.1 款规定的休息小时数“可分为最多不超过三段，其中之一至少长达 6 小时，另外两段的任何一段不得少于 1 小时。连续休息时间段的间隔不得短于 14 小时。在任何 7 天时间里，例外安排不得超过两个 24 小时的时间段”[③]。

《海事劳工公约》的标准 A2.3 规定，“工作或休息时间应作如下限制：(a)最长工作时间：(ⅰ)在任何 24 小时时段内不得超过 14 小时；和(ⅱ)在任何 7 天时间内不得超过 72 小时；或(b)最短休息时间：(ⅰ)在任何 24 小时时段内不得少于 10 小时；和(ⅱ)在任何 7 天时间内不得少于 77 小时”[④]。“休息时间最多可分为两段，其中一段至少要有 6 小时，且相连的两段休息时间的间隔不得超过 14 小时。”[⑤]

比较《STCW 公约》与《海事劳工公约》可以发现，两者对海员作息时间的规定基本一致。两者均将 24 小时内工作时间上限规定为 14 小时，要求任何 7 天时间内的工作时间不超过 72 小时。同时，两者均将 24 小时内休息时间下限规定为 10 小时，强调任何 7 天时间内休息时间不得少于 77 小时。

《STCW 公约》和《海事劳工公约》的适用对象略有不同。《STCW 公约》的附则《海员培训、发证和值班规则》第 A－Ⅷ/1 节第 2 条明确强调，该节关于海员作息时间的规定适用于“为所

---

① 《STCW 公约》的附则《海员培训、发证和值班规则》第 A－Ⅷ/1 节第 9 条第 1 款。

② 《STCW 公约》的附则《海员培训、发证和值班规则》第 A－Ⅷ/1 节第 9 条第 2 款。

③ 《STCW 公约》的附则《海员培训发证和值班规则》第 A－Ⅷ/1 节第 9 条第 3 款。

④ 《海事劳工公约》的标准 A2.3 第 5 条。

⑤ 《海事劳工公约》的标准 A2.3 第 6 条。

有负责值班的高级海员或参与值班的普通海员以及涉及指定的安全、防污染和保安职责的人员”。可见,《STCW 公约》关于作息时间的规定主要适用于参与值班的海员,其旨在防止值班人员疲劳,以达到防污染、保障船舶安全和船舶保安的目的。[①]《海事劳工公约》第 2 条第 2 款则指出,该公约适用于所有海员。因此,该公约关于作息时间的规定适用于在船舶上以任何职务受雇或从业或工作的任何人员,既涵盖了值班的海员,又涵盖了非值班人员如客船上的服务员等。[②]

国务院《船员条例》并未对海员工作时间作出任何具体规定,其第 26 条强调,船员在船工作时间应当符合国务院交通主管部门规定的标准,不得疲劳值班。据此,海员的工作时间应依据交通运输部《海船船员值班规则》等规章确定。该规则第 120 条指出:“航运公司及船长应当采取有效措施防止船员疲劳操作。除紧急或者超常工作情况外,负责值班的船员以及被指定承担安全、防污染和保安职责的船员休息时间应当满足以下要求:(一)任何 24 小时内不少于 10 小时;(二)任何 7 天内不少于 77 小时;(三)任何 24 小时内的休息时间可以分为不超过 2 个时间段,其中一个时间段至少要有 6 小时,连续休息时间段之间的间隔不应当超过 14 小时。船长按照第(二)、(三)项中规定安排休息时间时可以有例外,但是任何 7 天内的休息时间不得少于 70 小时。对第(二)项规定的每周休息时间的例外,不应当超过连续两周。在船上连续两次例外时间的间隔不应当少于该例外持

① 参见顾长智、刘树利:《STCW 马尼拉修正案生效后船员休息时间的 PSC 检查》,载《中国海事》2011 年第 12 期,第 28 页。

② 参见顾长智、刘树利:《STCW 马尼拉修正案生效后船员休息时间的 PSC 检查》,载《中国海事》2011 年第 12 期,第 28 页。

续时间的两倍。对第(三)项规定的例外,可以分成为不超过 3 个时间段,其中一个时间段至少要有 6 个小时,另外两个时间段不应当少于 1 个小时。连续休息时间间隔不得超过 14 个小时。例外在任何 7 天时间内不得超过两个 24 小时时间段。”前述交通运输部规范性文件《海员船上工作和生活条件管理办法》对海员休息时间的规定与《海船船员值班规则》完全一致。①

《海事劳工公约》、《STCW 公约》以及交通运输部《海船船员值班规则》、《海员船上工作和生活条件管理办法》对于海员作息时间规定的简要对比总结如表 4－1 所示。

表 4－1　海员作息时间规定简要对比

文件名称	适用范围	最长工作时间	最短休息时间
《海事劳工公约》	在本公约所适用的船舶上以任何职务受雇或从业或工作的任何人员(第 2 条)	24 小时内不得超过 14 小时;任何 7 天时间内不得超过 72 小时(标准 A2.3)	24 小时时段内不得少于 10 小时;任何 7 天时间内不得少于 77 小时(标准 A2.3)
《STCW 公约》	在有权悬挂缔约国国旗的海船上工作的海员(军用船舶、政府公务船舶、渔船、非营业的游艇、构造简单的木质船除外)(第 3 条)	24 小时内不得超过 14 小时;任何 7 天时间内不得超过 72 小时(第 A－Ⅷ/1 节第 9 条)	24 小时时段内不得少于 10 小时;任何 7 天时间内不得少于 77 小时(第 A－Ⅷ/1 节第 2 条)

① 该管理办法第 17 条第 1 款、第 2 款规定:“除紧急或者超常工作情况外,海员在船工作期间的休息时间应当满足以下要求:(一)任何 24 小时内不少于 10 小时;(二)任何 7 天内不少于 77 小时;(三)任何 24 小时内的休息时间可以分为不超过 2 个时间段,其中 1 个时间段至少要有 6 小时,连续休息时间段之间的间隔不应超过 14 小时。船长按照第(二)、(三)项中规定安排休息时间时可以有例外,但是任何 7 天内的休息时间不得少于 70 小时。”

续表

文件名称	适用范围	最长工作时间	最短休息时间
《海船船员值班规则》	100 总吨及以上中国籍海船上服务的海员（军用船舶、公务船、渔业船、游艇、构造简单的木质船除外）（第 2 条）	24 小时内不得超过 14 小时；任何 7 天时间内不得超过 72 小时（第 120 条）	24 小时时段内不得少于 10 小时；任何 7 天时间内不得少于 77 小时（第 120 条）
《海员船上工作和生活条件管理办法》	“在中国籍国际航行海船上的海员”（军事船舶、公务船舶、渔业船舶、体育运动船艇上的海员除外）（第 2 条）	任何 24 小时内不得超过 14 小时；任何 7 天内不得超过 72 小时（第 17 条）	任何 24 小时不得少于 10 个小时，任何 7 天内不得少于 77 个小时（第 17 条）

综上可见，《海事劳工公约》、《STCW 公约》以及交通运输部《海船船员值班规则》、《海员船上工作和生活条件管理办法》对于海员作息时间规定完全相同。

实践中，不少船舶出于节约开支的考虑，仅按照最低标准进行配员，因而在作息时间方面很难满足《海事劳工公约》的要求。为避免船舶在港口国检查中被滞留，许多海员在船东或船长的授意下编造工作休息时间表，而这又给海员带来了更多额外的工作负担。事实上，提高配员人数是保证在船人员得到充分休息的最有效手段。相关中国船员数量的情况可参考 2021 年 8 月 31 日中国海事局颁布的《关于调整海船最低安全配员有关事项的通知》（海船员〔2021〕160 号）及其所附的三个文件，它们分别是《海船甲板部、轮机部和客运部最低安全配员表》《海船无线电人员最低安全配员表》《船舶最低安全配员证书（2016 版）》。依据《〈1978 年海员培训、发证和值班标准国际公约〉的马尼拉修正案》和《海事劳工公约》的要求,增加高级值班水手、高级值班机工、厨师和医师的岗位。[①] 增加配员有助于保证在船人员的充分休息。

另外,船公司还应有必要合理安排船期,并确保船舶在码头的停靠时间与公约规定的最低休息时间标准互相衔接,从而避免海员的休息时间因频繁进出港和高强度的紧张作业等原因而落空。1983 年《海上交通安全法》第 12 条规定,中国籍国内航行船舶进出港口,"必须办理进出港签证"。在船舶多次进出港口的情况下,海员就需要频繁上下船办理手续。2021 年修订的《海上交通安全法》第 46 条第 3 款明确规定,将国内航行船舶的进出港签证改为进出港报告制。海员只要在手机上安装一个 App(Application,应用程序),即可在进出港时远程向主管机关报告船舶的航次计划、适航状态、船员配员和载货载客等情况。如此,海员减轻了工作负担,而船东则减轻了经济负担。2017 年 7 月 1 日起实施、2020 年和 2022 年修正的交通运输部规章《船舶安全监督规则》进一步落实了船舶进出港报告制,[②]并将安全配员纳入航运公司法定责任[③]和船舶安全检查范围。[④] 上述规定均有助于进一步落实《海事劳工公约》的要求。

4.1.2　海员休假的权利

依据中国内国法和相关国际公约的规定,海员有权享受国家法定节假日和带薪年休假。

4.1.2.1　法定节假日休假

笔者以下先介绍适用于一般劳动者的有关法定节假日的规

① 参见该通知附件 1《海船甲板部、轮机部和客运部最低安全配员表》。

② 参见《船舶安全监督规则》第 12 条和第 13 条。

③ 参见《船舶安全监督规则》第 41 条。

④ 参见《船舶安全监督规则》第 23 条。

定,再对有关海员的特别规定进行介绍。

4.1.2.1.1 适用于一般劳动者的有关法定节假日的规定

根据《劳动法》第40条的规定[①]及2025年1月1日起施行的《国务院关于修改〈全国年节及纪念日放假办法〉的决定》的规定,目前中国内地全体劳动者依法享有国家法定的节假日包括:"(一)元旦,放假1天(1月1日);(二)春节,放假4天(农历除夕、正月初一至初三);(三)清明节,放假1天(农历清明当日);(四)劳动节,放假2天(5月1日、2日);(五)端午节,放假1天(农历端午当日);(六)中秋节,放假1天(农历中秋当日);(七)国庆节,放假3天(10月1日至3日)。"

4.1.2.1.2 适用于海员的有关法定节假日的特别规定

《海事劳工公约》的标准A2.3规定,海员有权享受"公共节假日",并授权缔约国对此作出细化规定。笔者认为,该条规定中的"公共节假日"即指中国法下的法定节假日。

海员一旦上船工作,就无法随意离船。即使在法定节假日期间,海员也不太可能全体离船进行休假。针对此种情况,1995年11月3日起施行的原交通部规章《关于部属企业职工工作时间实施办法》规定运输船员"实行综合计算工时工作制,实行轮班工作,集中公休方式",并对船员工作和休息的天数作出了规定。该办法第6条规定:"运输船员实行综合计算工时工作制,实行轮班工作,集中公休方式。以年为周期按在船工作5天休息2天累计计算公休天数,全年集中或累计公休不应少于111天(其中包括法

① 《劳动法》第40条规定:"用人单位在下列节日期间应当依法安排劳动者休假:(一)元旦;(二)春节;(三)国际劳动节;(四)国庆节;(五)法律、法规规定的其他休假节日。"

定休假节日7天)。”该办法第7条指出:“公路与航务、航道等施工单位的现场施工人员、施工船舶的船员、勘察设计单位的外业人员,救捞船员和潜水员实行以周、月、季、年为周期的综合计算工时工作制。实行集中工作,集中休息或轮休方式。按每工作5天休息2天累计计算公休天数,全年累计公休不应少于111天(其中包括法定休假节日7天)。”该办法第8条明确:“实行综合计算工时工作制的职工,在法定休假节日、休息日轮班工作或集中工作视为正常工作,其中法定休假节日按加班处理,不再累计计算公休天数。”该办法第10条强调:“企业中实行四班三运转班制的职工,全年增加休息13天。”

但是,根据《关于部属企业职工工作时间实施办法》第2条,该办法只适用于交通运输部属企业单位职工,对于民营运输企业和外资船公司的海员并不适用。这些海员尽管名义上仍可享受前述《劳动法》和《国务院关于修改〈全国年节及纪念日放假办法〉的决定》所规定的国家法定节假日,但此种权利实际上是难以得到落实的。换言之,当交通运输部所属企业之外的海员在船工作期间恰逢节假日,通常只能依据《劳动法》第44条要求用人单位“支付不低于工资的百分之三百的工资报酬”,他们难以依据上述《交通运输部关于部属企业职工工作时间实施办法》的规定享受集中公休。

4.1.2.2 带薪年休假

笔者以下先介绍有关带薪年休假的一般规定,再对适用于海员的特别规定进行介绍。

4.1.2.2.1 适用于一般劳动者的有关带薪年休假的规定

《劳动法》第45条明确规定:“国家实行带薪年休假制度。劳动者连续工作一年以上的,享受带薪年休假。具体办法由国务院规定。”但该法未规定带薪年假的具体长度。

2008年1月1日起施行的国务院《职工带薪年休假条例》首次对我国境内职工的年休假条件及休假长度作出了规定,根据该条例第2条,其适用于“机关、团体、企业、事业单位、民办非企业单位、有雇工的个体工商户等单位”的职工。依据《职工带薪年休假条例》第2条的规定,若相关人员未与相关单位建立劳动关系,或连续工作尚未满1年,就难以享受带薪休假。

《职工带薪年休假条例》第3条对职工年休假的长度作出了规定:“职工累计工作已满1年不满10年的,年休假5天;已满10年不满20年的,年休假10天;已满20年的,年休假15天。国家法定休假日、休息日不计入年休假的假期。”依据该条例第5条第3款,单位必须在同时满足三项条件的情况下才可不安排职工休年假:其一,必须“确因工作需要不能安排”;其二,必须“经职工本人同意”;其三,“对职工应休未休的年休假天数,单位应当按照该职工日工资收入的300%支付年休假工资报酬”。

4.1.2.2.2 适用于海员的有关带薪年休假的特别规定

《海事劳工公约》的标准A2.4第2款规定了海员带薪休假时间的最低标准为每个月2.5天,且合理缺勤不能视为带薪年休假。该公约的导则B2.4第4款对合理缺勤作出了定义,将公共和传统假日、合理缺勤、就业协议期间允许海员进行的短期上岸休息以及各种类型的补休排除在带薪年休假范围之外。导则B2.4还对年假的使用、以分段或累计方式计算的休假以及未成年海员的带薪休假问题提出了建议。最近,正在最后审议的《海事劳工公约》的修改版更进一步改善了船员上岸休息的权利。[①] 笔者认为，该公约将带薪休假的细节问题规定在仅具有建议性的导则 B2.4 中，可能是考虑到各国经济发展水平并不平衡，对带薪休假作出过于细致的强制性规定可能不利于该公约的通过和批准，也缺乏可执行性和可监督性。但同时，该公约的标准 A2.4 过于原则性的规定可能使海员带薪休假的权利无法得到良好的落实。

国务院《船员条例》第 26 条指出，海员"享有在船舶上每工作 2 个月不少于 5 日的年休假"。据推算可知，海员工作每年可以享受不少于 30 天的带薪年休假。相对于《职工带薪年休假条例》所规定的一般劳动者年假 15 天的上限规定，《船员条例》对海员的休假权给予了更好的保障。该条例以 2 个月作为年休假的起算基础，使订立短期合同的海员也能享受此项权利。

根据《海事劳工公约》的标准 A2.4 第 2 款，海员只要在船上工作满 1 个月就有权享受 2.5 天年休假，但根据《船员条例》第 30 条，海员带薪年休假的起算基准为每 2 个月享受 5 天年休假。尽管两者在数值上可以折算为等价，但《船员条例》此种规定实际上意味着海员劳务合同的期间至少须达到 2 个月。当然，由于《海事劳工公约》标准 A2.4 条允许各缔约国"灵活制定计算标准"，故《船员条例》与《海事劳工公约》在此问题上并不冲突。

---

① 参见修改版中标准 A.2.4.2 和导则 B.2.4.5，另外，此修改还改善了船员在外国港口享受福利设施服务的权利，详见修改版中的导则 4.4 第 6 款(2)，载国际劳工组织网，https://www.ilo.org/，访问日期：2025 年 5 月 17 日。

4.2 获得工资的权利

《船员条例》第25条仅对船员用人单位按时足额支付工资作出原则性规定。故《劳动法》、《劳动合同法》、《民法典》及人力资源和社会保障部有关规章关于工资的一般规定适用于海员。依据原劳动部《工资支付暂行规定》(1995年1月1日起施行)第3条的规定,中国内国法律法规中"工资"这一称谓专用于劳动关系。①《劳动法》第五章对工资问题作出了总体规定;而《工资支付暂行规定》、《对〈工资支付暂行规定〉有关问题的补充规定》(1995年5月12日起施行)和《最低工资规定》(2004年3月1日起施行)对劳动关系中用人单位支付工资的相关问题作出了具体规定。在雇佣关系中,雇主向雇员所支付的货币一般被称为"报酬"。报酬的支付问题不能适用《劳动法》和上述相关规定,而应适用《民法典》中由合同双方自由协商的规定。除非合同在"欺诈胁迫"、"重大误解"、"显失公平"或"乘人之危"等情况下订立,否则通常情况下法律法规对雇佣关系中的报酬支付问题并不干预。② 笔者以下主要对有关工资的一般规定与海员工资的特别规定作一详细比较,并对其中所涉及的法律问题予以讨论。

4.2.1 有关工资的一般规定

中国内国法律法规对最低工资保障制度、工资的支付形式、支

---

① 《工资支付暂行规定》第3条规定:"本规定所称工资是指用人单位依据劳动合同的规定,以各种形式支付给劳动者的工资报酬。"

② 参见《民法典》第147条、第148条、第151条。

付对象和支付时间等问题作出了如下规定。

4.2.1.1　最低工资保障制度

原劳动和社会保障部规章《最低工资规定》(原劳动保障部令第21号)第3条第1款将“最低工资标准”界定为“劳动者在法定工作时间或依法签订的劳动合同约定的工作时间内提供了正常劳动的前提下,用人单位依法应支付的最低劳动报酬”。

《劳动法》第48条规定:“国家实行最低工资保障制度。最低工资的具体标准由省、自治区、直辖市人民政府规定,报国务院备案。用人单位支付劳动者的工资不得低于当地最低工资标准。”该法第49条还对制定最低工资标准的参考因素进行了规定,包括:“(一)劳动者本人及平均赡养人口的最低生活费用;(二)社会平均工资水平;(三)劳动生产率;(四)就业状况;(五)地区之间经济发展水平的差异。”前述《最低工资规定》附件里的《最低工资标准测算方法》指出了最低工资标准的具体的测算方法,即“计算出月最低工资标准后,再考虑职工个人缴纳社会保险费、住房公积金、职工平均工资水平、社会救济金和失业保险金标准、就业状况、经济发展水平等进行必要的修正”。

4.2.1.2　工资支付

工资和加班费等应按月足额发放,[①]否则劳动行政部门也应责令其限期依据法律或约定进行支付。劳动者还可向当地法院申请支付令。[②]《刑法》第276条之一规定了“拒不支付劳动报酬罪”,强调“以转移财产、逃匿等方法逃避支付劳动者的劳动报酬

① 参见《劳动法》第50条。
② 参见《劳动合同法》第30条。

或者有能力支付而不支付劳动者的劳动报酬，数额较大，经政府有关部门责令支付仍不支付”的，最高可处以3年有期徒刑；对于造成严重后果的，最高可处以7年有期徒刑。最高人民法院2013年颁布的《关于审理拒不支付劳动报酬刑事案件适用法律若干问题的解释》指出，《刑法》第276条所称的劳动报酬包括“工资、奖金、津贴、补贴、延长工作时间的工资报酬及特殊情况下支付的工资等”①，该解释还对“以转移财产、逃匿等方法逃避支付劳动者的劳动报酬”②“数额较大”③“造成严重后果”④的具体含义进行了明确。

4.2.1.2.1　工资支付形式、对象和时间

《工资支付暂行规定》第5条规定：“工资应当以法定货币支付。不得以实物及有价证券替代货币支付。”

该规定第6条第1款指出：“用人单位应将工资支付给劳动者本人。劳动者本人因故不能领取工资时，可由其亲属或委托他人

---

① 《关于审理拒不支付劳动报酬刑事案件适用法律若干问题的解释》第1条。

② 依据《关于审理拒不支付劳动报酬刑事案件适用法律若干问题的解释》第2条，这些情形包括“（一）隐匿财产、恶意清偿、虚构债务、虚假破产、虚假倒闭或者以其他方法转移、处分财产的；（二）逃跑、藏匿的；（三）隐匿、销毁或者篡改账目、职工名册、工资支付记录、考勤记录等与劳动报酬相关的材料的；（四）以其他方法逃避支付劳动报酬的”。

③ 依据《关于审理拒不支付劳动报酬刑事案件适用法律若干问题的解释》第3条，数额较大是指“（一）拒不支付一名劳动者三个月以上的劳动报酬且数额在五千元至二万元以上的；（二）拒不支付十名以上劳动者的劳动报酬且数额累计在三万元至十万元以上的”。但该条规定工业允许各省、自治区、直辖市高级人民法院可以根据本地区经济社会发展状况，在前款规定的数额幅度内，研究确定本地区执行的具体数额标准，报最高人民法院备案。

④ 依据《关于审理拒不支付劳动报酬刑事案件适用法律若干问题的解释》第5条，造成“严重后果”是指“（一）造成劳动者或者其被赡养人、被扶养人、被抚养人的基本生活受到严重影响、重大疾病无法及时医治或者失学的；（二）对要求支付劳动报酬的劳动者使用暴力或者进行暴力威胁的；（三）造成其他严重后果的”。

代领。”

该规定第7条至第9条对工资的支付时间作出了具体规定，即“工资必须在用人单位与劳动者约定的日期支付。如遇节假日或休息日，则应提前在最近的工作日支付。工资至少每月支付一次，实行周、日、小时工资制的可按周、日、小时支付工资”。但是，依据该规定第8条，“对完成一次性临时劳动或某项具体工作的劳动者，用人单位应按有关协议或合同规定在其完成劳动任务后即支付工资”。该规定第9条还指出，“劳动关系双方依法解除或终止劳动合同时，用人单位应在解除或终止劳动合同时一次付清劳动者工资”。

4.2.1.2.2　特殊情况下的工资支付问题

中国国内相关法律法规对特殊情况下的工资支付问题作出了规定。笔者以下对此予以介绍。

4.2.1.2.2.1　节假日和劳动者依法参加社会活动期间的工资支付

《劳动法》第51条强调：“劳动者在法定休假日和婚丧假期间以及依法参加社会活动期间，用人单位应当依法支付工资。”《工资支付暂行规定》第10条将“社会活动”界定为“依法行使选举权或被选举权；当选代表出席乡(镇)、区以上政府、党派、工会、青年团、妇女联合会等组织召开的会议；出任人民法庭证明人；出席劳动模范、先进工作者大会；《工会法》规定的不脱产工会基层委员会委员因工会活动占用的生产或工作时间；其他依法参加的社会活动”。

4.2.1.2.2.2　加班工资的支付

《劳动法》第44条对加班工资的支付问题作出了明确规定：“有下列情形之一的，用人单位应当按照下列标准支付高于劳动者正常工作时间工资的工资报酬：(一)安排劳动者延长工作时间的，支付不低于工资的百分之一百五十的工资报酬；(二)休息日安排劳动者工作又不能安排补休的,支付不低于工资的百分之二百的工资报酬;(三)法定休假日安排劳动者工作的,支付不低于工资的百分之三百的工资报酬。”《工资支付暂行规定》和《对〈工资支付暂行规定〉有关问题的补充规定》对加班工资的支付问题作出了更为详细的规定。①

4.2.2 关于海员工资的特别规定

船东支付工资时不仅需要遵守上述《劳动法》、《劳动合同法》和原劳动和社会保障部制定的《工资支付暂行规定》、《对〈工资支付暂行规定〉有关问题的补充规定》和《最低工资规定》等法律法规中的一般性规定,还需要符合《海事劳工公约》和中国《海商法》《船员条例》对海员工资支付提出的特定要求。另外,国际运输劳

---

① 《工资支付暂行规定》第13条规定:“用人单位在劳动者完成劳动定额或规定的工作任务后,根据实际需要安排劳动者在法定标准工作时间以外工作的,应按以下标准支付工资:(一)用人单位依法安排劳动者在日法定标准工作时间以外延长工作时间的,按照不低于劳动合同规定的劳动者本人小时工资标准的150%支付劳动者工资;(二)用人单位依法安排劳动者在休息日工作,而又不能安排补休的,按照不低于劳动合同规定的劳动者本人日或小时工资标准的200%支付劳动者工资;(三)用人单位依法安排劳动者在法定休假节日工作的,按照不低于劳动合同规定的劳动者本人日或小时工资标准的300%支付劳动者工资。实行计件工资的劳动者,在完成计件定额任务后,由用人单位安排延长工作时间的,应根据上述规定的原则,分别按照不低于其本人法定工作时间计件单价的150%、200%、300%支付其工资。经劳动行政部门批准实行综合计算工时工作制的,其综合计算工作时间超过法定标准工作时间的部分,应视为延长工作时间,并应按本规定支付劳动者延长工作时间的工资。实行不定时工时制度的劳动者,不执行上述规定。”《对〈工资支付暂行规定〉有关问题的补充规定》第2条第1款指出:“《规定》第十三条第(一)、(二)、(三)款规定的在符合法定标准工作时间的制度工时以外延长工作时间及安排休息日和法定休假节日工作应支付的工资,是根据加班加点的多少,以劳动合同确定的正常工作时间工资标准的一定倍数所支付的劳动报酬,即凡是安排劳动者在法定工作日延长工作时间或安排在休息日工作而又不能补休的,均应支付给劳动者不低于劳动合同规定的劳动者本人小时或日工资标准150%、200%的工资;安排在法定休假节日工作的,应另外支付给劳动者不低于劳动合同规定的劳动者本人小时或日工资标准300%的工资。”

动者联盟(International Transport workers' Federation,ITF)为在方便旗船上工作的海员设定了相应的集体工资标准,其对中国的影响不容忽视。笔者以下也会对此进行详细介绍。

4.2.2.1 《海事劳工公约》的规定

根据《海事劳工公约》的规定,海员有权定期获得全额工资,[①]工资支付间隔不超过一个月,[②]海员有权自由支配,[③]并且能部分或全部地转给海员家人,[④]除非符合公约列举的情况,如法律规定或集体协议有明确规定,否则船东禁止扣减。[⑤] 该公约的导则 B2.2 则对一些重要概念进行了定义。该导则 B2.2 第 1 款(b)指出:"'基本报酬或工资'一词系指正常工作时间的报酬,无论这一报酬如何构成;它不包括加班报酬、奖金、津贴、带薪休假或任何其他额外酬劳。"B2.2 第 1 款(c)则规定:"'合并工资'系指包括基本工资和与工资有关的其他津贴在内的薪资;'合并工资'可包括对所有工作给予的补偿和所有其他与工资相关的津贴,或者它也可包括部分合并工资内的某些津贴。"

4.2.2.2　中国内国法的特别规定

《船员条例》第 25 条对海员工资的发放问题作出了原则性的规定:"船员用人单位应当根据船员职业的风险性、艰苦性、流动性等因素,向船员支付合理的工资,并按时足额发放给船员。任何单位和个人不得克扣船员的工资。船员用人单位应当向在劳动合同有效期内的待派船员,支付不低于船员用人单位所在地人民

---

① 参见《海事劳工公约》的规则 2.2。
② 参见《海事劳工公约》的标准 A2.2 第 1 款。
③ 参见《海事劳工公约》的导则 B2.2.2 第 4 款(g)。
④ 参见《海事劳工公约》的标准 A2.2 第 4 款。
⑤ 参见《海事劳工公约》的导则 B2.2.2 第 4 款(h)。

政府公布的最低工资。”可见,该条例并未对海员工资作出实质性规定。

《海商法》中的船舶优先权制度是有关海员工资的特别制度。该法第21条规定,“船舶优先权,是指海事请求人依照本法第二十二条的规定,向船舶所有人、光船承租人、船舶经营人提出海事请求,对产生该海事请求的船舶具有优先受偿的权利”。依据该法第22条,与海员工资有关的海事请求是受船舶优先权担保的海事请求项目。[①] 这种优先性主要体现在三方面:一是海员可以通过要求扣押船东的船舶来实现自己的工资请求权;[②]二是船东被扣押的船舶被拍卖后,海员可以排在一般债权人,甚至排在享有船舶留置权和抵押权的债权人之前优先受偿;[③]三是如果船东的船舶上同时附着多个船舶优先权项目,海员工资请求权应当排在其他受优先权担保的海事请求权之前优先获得受偿。[④] 当然,《海商法》第23条规定,“第(四)项海事请求,后于第(一)项至第(三)项发生的,应当先于第(一)项至第(三)项受偿”。这意味着,在该法第22条中排在第4项的“海难救助的救助款项的给付请求”即使发生于海员工资请求权之后,此项请求仍应排在海员工资请求前

① 《海商法》第22条规定:“下列各项海事请求具有船舶优先权:(一)船长、船员和在船上工作的其他在编人员根据劳动法律、行政法规或者劳动合同所产生的工资、其他劳动报酬、船员遣返费用和社会保险费用的给付请求;(二)在船舶营运中发生的人身伤亡的赔偿请求;(三)船舶吨税、引航费、港务费和其他港口规费的缴付请求;(四)海难救助的救助款项的给付请求;(五)船舶在营运中因侵权行为产生的财产赔偿请求。载运2000吨以上的散装货油的船舶,持有有效的证书,证明已经进行油污损害民事责任保险或者具有相应的财务保证的,对其造成的油污损害的赔偿请求,不属于前款第(五)项规定的范围。”

② 参见《海商法》第28条。

③ 参见《海商法》第25条。

④ 参见《海商法》第22条第1款。

受偿。

《海商法》第28条指出，船舶优先权必须通过扣船方式行使。在“余某定诉上海油汇船务有限公司船员劳务合同纠纷案”中，[①]主审法官提出，该规定并不意味着申请扣押当事船舶是认定船舶优先权的前提条件。相反，在船舶优先权的一年行使期限内，当事人即使不申请扣押当事船舶，其所请求确认的船舶优先权也是存在的。因为船舶优先权的确认只与海事请求的项目[②]以及该优先权是否已被消灭有关，[③]而与当事人是否申请扣押当事船舶无关。扣船仅是行使船舶优先权的法定方式。[④]

受船舶优先权担保的海员工资包括工资、遣返费用以及伙食费等与劳动相应的报酬等，但不包括未签订劳动合同的双倍工资、经济补偿金等，[⑤]也不包括海员在岸上待派期间以及离船休假期间的工资、遣返费用和社会保险费。[⑥] 在“杜某与广西防城港瑞达海运有限公司船员劳务合同纠纷案”中，[⑦]法院指出，工资是劳动价值的货币表现形式。而未签订书面劳动合同的双倍工资差额和经济补偿金则属于用人单位违反劳动合同法律法规而依法向劳动者承担的带有惩罚性的赔偿责任，其不具有工资和其他劳动报酬

---

① 参见宁波海事法院民事判决书，(2015)甬海法商初字第578号。

② 参见《海商法》第22条。

③ 参见《海商法》第29条。

④ 参见最高人民法院中国应用法学研究所编：《人民法院案例选》(2016年第10辑)，人民法院出版社2017年版，第178~179页。

⑤ 参见《关于船员劳务合同纠纷若干疑难问题的调研》，第23页，载宁波海事法院网，http://www.nbmc.gov.cn/，访问日期：2023年3月20日。

⑥ 参见最高人民法院民四庭时任庭长王淑梅：《2017年6月在全国海事审判实务座谈会上的总结讲话》，第10页。

⑦ 参见北海海事法院民事裁定书，(2015)海商初字第268号。

的性质,因而不具有船舶优先权。[①] 根据一项统计,许多海事法院认为伙食费、双倍工资差额、经济补偿金不具有船舶优先权。[②] 另外,在审判实践中,对于以在陆岸工作为主、对船舶安全管理负有一定职责的员工,法院在实践中倾向于允许此等人员按照一定比例参与受船舶优先权担保的船员工资分配。若船舶拍卖价款剩余较多,此种岸上人员可以获得全额优先分配。[③]

在浙江省高级人民法院与宁波海事法院联合课题组发布的《关于船员劳务合同纠纷若干疑难问题的调研》课题报告中,该课题组认为,由于海员长期在船上工作,工资构成、工作时间、休息休假等与普通工种存在显著差别,除非劳动合同或雇佣合同对加班时间和加班工资有特别约定,否则一般情况下对加班工资不予特别认定与保护。在“裴某毓诉防城港港宇国际船务有限公司船员劳务合同纠纷案”[(2014)广海法初字第273号]中,法官指出,船员长期在船工作,工作性质特殊,往往需要连续作业,工作时间与休息时间难以清晰划分。若船东与船员仅约定了月工资标准,通常应认定该笔工资具有包干性质,即包含了法定节假日和休息日的加班工资。此时,日工资应依照“月工资收入÷当月天数”而非“月工资收入÷月计薪天数”的公式计算。在“陆某明与南通东亚海事船舶服务有限公司劳务合同纠纷案”中,[④]湖北省高级人民法院指出,在船员劳务派遣关系中,即便有加班情况存在,船员也应

① 参见北海海事法院民事裁定书,(2015)海商初字第268号。

② 参见《船员劳务合同纠纷:大数据分析与办案实践分享》,载搜狐网,http://www.sohu.com/a/163087128_776520,访问日期:2023年3月20日。

③ 参见《关于船员劳务合同纠纷若干疑难问题的调研》,载宁波海事法院网,http://www.nbmc.gov.cn/,访问日期:2023年3月20日。

④ 参见湖北省高级人民法院民事判决书,(2015)鄂民四终字第00040号。

向用工单位即船东主张加班费，而不应向派遣单位主张此项费用。此外，湖北省高级人民法院还强调，若派遣单位未依据《劳动合同法》规定，向处于待派期间的船员依照当地最低工资标准支付工资，[①]亦属于该法第 38 条第 1 款所规定的“未及时足额支付劳动报酬”的情形，当事船员因此单方解除合同的，也有权依据该法第 46 条之规定，[②]向派遣单位主张经济补偿金。[③]

2020 年《船员司法解释》对船员工资问题作出了明确规定。其第 11 条指出：“对于船员工资构成是否涵盖船员登船、在船工作、离船遣返期间的工作日加班工资、休息日加班工资、法定休假日加班工资，当事人有约定并主张依据约定确定双方加班工资的，应予支持。但约定标准低于法定最低工资标准的，不予支持。”该解释第 12 条强调：“标准工时制度下，船员就休息日加班主张加班工资，船舶所有人举证证明已做补休安排，不应按法定标准支付加班工资的，应予支持。综合计算工时工作制下，船员对综合计算周期内的工作时间总量超过标准工作时间总量的部分主张加班工资的，应予支持。船员就法定休假日加班主张加班工资，船舶所有人抗辩对法定休假日加班已做补休安排，不应支付法定休假日加班工资的，对船舶所有人的抗辩不予支持。双方另有约定的除外。”

除了上述问题外，对于海员看管船舶期间产生的工资，应视情况决定其受偿方式。若是船东要求海员看管船舶，则此种工资应视同船舶营运期间产生，其受到船舶优先权的担保。若是法院要

---

① 参见《劳动合同法》第 56 条。

② 《劳动合同法》第 46 条规定：“有下列情形之一的，用人单位应当向劳动者支付经济补偿：（一）劳动者依照本法第三十八条规定解除劳动合同的……”

③ 参见湖北省高级人民法院民事判决书，（2015）鄂民四终字第 00040 号。

求海员看管船舶,则可由相关海员申请将看管期间的工资纳入拍卖费用,无须经债权登记和确权诉讼。[①]

2016年3月1日起实施的《最高人民法院关于海事法院受理案件范围的规定》第24条将“船员劳动合同、劳务合同(含船员劳务派遣协议)项下与船员登船、在船服务、离船遣返相关的报酬给付及人身伤亡赔偿纠纷案件”以及“船员工资和其他报酬”为保险标的的“保险合同、保赔合同纠纷案件”定性为“海商合同纠纷案件”,并明确将此种案件划入海事法院的管辖范围。以下列举一系列相关的案件说明相关的法律应用。在上海海事法院审理的以南京连润运输贸易有限公司为被告的系列海员劳务合同纠纷案中,[②]上海海事法院就通过网络拍卖的方式将被告拥有的“连润6”轮予以拍卖,21名海员被拖欠的总计134万元的工资从拍卖款中得到了优先受偿。在厦门海事法院2015年审理的“于某涛等18名船员诉前申请扣押基里巴斯籍‘侨泰’轮案”中,[③]于某涛等18名海员被船东拖欠60余万元工资,其遂向厦门海事法院申请诉前扣船。厦门海事法院裁定扣船后,由于船东失联,该法院遂通过调解的方式说服该船的抵押权人交通银行舟山分行向海员支付被拖欠的工资,从而使这些海员的经济权益得到了迅速有效的保护。[④]

---

① 参见《关于船员劳务合同纠纷若干疑难问题的调研》,第34页,载宁波海事法院网,http://www.nbmc.gov.cn/,访问日期:2023年3月20日。相关问题讨论,另见王若瑶:《扣船期间的船舶管理法律问题研究》,复旦大学2021年硕士学位论文。

② 参见上海海事法院网,https://shhsfy.gov.cn/hsfyytwx/hsfyytwx/index.html?d=1733391105362,访问日期:2021年2月10日。

③ 参见厦门海事法院网,http://www.xmhsfy.gov.cn/,访问日期:2021年2月10日。

④ 参见厦门海事法院网,http://www.xmhsfy.gov.cn/,访问日期:2021年2月10日。

2016年8月,王某等15名在船船员因船东三友公司长期拖欠其工资,向宁波海事法院申请扣押巴拿马籍货轮“红杉晟龙”,并就涉案船员劳务合同纠纷对三友公司提起船员劳务合同纠纷诉讼,要求船东支付工资、伙食费、遣返费等共计人民币200万余元,并请求确认船舶优先权。法院通过扣押船舶,促使各方达成庭前和解,使涉案海员足额取得了被拖欠的薪酬。[①] 2020年,在“巴哈马籍‘辉煌’轮船员劳务纠纷系列案”中,上海海事法院认定原告船员与船东“钻石邮轮公司”建立了船员劳务合同关系,后者应承担支付劳动报酬并赔偿损失的违约责任。[②] 因此,法院确认原告船员对“辉煌”轮享有船舶优先权,并应其申请对“辉煌”轮启动司法拍卖。[③] 船员工资债务最终得到清偿。[④]

需要注意的是,由于海员工资请求在具有船舶优先权的海事请求中排在第一顺位,[⑤]因而其他债权人可能无法从船舶拍卖价款中得到足额受偿,故船舶所有人可能授意海员向法院提起虚假的工资诉讼,从而利用船舶优先权制度逃避其所拖欠的债务。

另外,浙江省高级人民法院和宁波海事法院在其联合调研报告中提出,[⑥]对于关于海员违法作业期间的劳动报酬,应依据具体

---

① 参见最高人民法院公布的《2016年海事审判十大典型案例》,载最高人民法院网,https://www.court.gov.cn/index.html,访问日期:2023年3月20日。

② 参见上海市高级人民法院:《上海法院涉船员权益保护海事审判典型案例》,载上海海事法院网,https://www.hshfy.sh.cn/css/2023/06/25/20230625153857626569.pdf。

③ 参见上海市高级人民法院:《上海法院涉船员权益保护海事审判典型案例》,载上海海事法院网,https://www.hshfy.sh.cn/css/2023/06/25/20230625153857626569.pdf。

④ 参见上海市高级人民法院:《上海法院涉船员权益保护海事审判典型案例》,载上海海事法院网,https://www.hshfy.sh.cn/css/2023/06/25/20230625153857626569.pdf。

⑤ 参见《海商法》第22条。

⑥ 参见《关于船员劳务合同纠纷案件若干法律问题的调研》,载宁波海事法院网,http://www.nbmc.gov.cn/,访问日期:2023年3月20日。

违法情节，根据当事人的职务和过错程度，视情况作出处理。[①] 例如，对于海员在明知的情况下故意违法出海捕捞，对其主张的劳动报酬不予保护；若其系基于强迫或欺骗出海作业，则可有条件地确认其劳动报酬请求权，但须依其过错程度酌情予以扣减。[②] 笔者赞同以上看法。2020 年《船员司法解释》第 14 条第 1 款对上述观点实际上也予以了认可，其规定，"船员因受欺诈、受胁迫在禁渔期、禁渔区或使用禁用的工具、方法捕捞水产品，或者捕捞珍稀、濒危海洋生物，或者进行其他违法作业，对船员主张的登船、在船工作、离船遣返期间的船员工资、其他劳动报酬，应予支持"，但"船舶所有人举证证明船员对违法作业自愿且明知的，对船员的上述请求不予支持"。

最后值得注意的是，船员劳务报酬优先权争议诉讼可能涉及外国法的适用。根据我国《涉外民事关系法律适用法》第 41 条，当事人可以协议选择合同适用的法律。根据《海商法》第 272 条，船舶优先权，适用受理案件的法院所在地法律。因此，对于我国法院审理的涉外船员劳务报酬纠纷，对于涉案报酬的具体数额，优先适用船员劳务合同约定的准据法；对于船舶优先权请求，则适用中国法。在"天使力量"（Angelic Power）轮船员劳务合同纠纷系列案件中，[③]广州海事法院认定，本案的劳务合同关系应适用船员雇佣合同中约定的菲律宾法律和希腊法律；15 名船员有关船舶优先权的请求则适用中国法律，并据以判决支持 15 名外籍船员有关劳务

---

① 参见《关于船员劳务合同纠纷案件若干法律问题的调研》，载宁波海事法院网，http://www.nbmc.gov.cn/，访问日期：2023 年 3 月 20 日。

② 参见《关于船员劳务合同纠纷案件若干法律问题的调研》，载宁波海事法院网，http://www.nbmc.gov.cn/，访问日期：2023 年 3 月 20 日。

③ 参见最高人民法院公布的《2021 年海事司法十大典型案例》，载最高人民法院网，https://www.court.gov.cn/index.html，访问日期：2023 年 3 月 22 日。

报酬等诉讼请求，同时确认上述海事请求具有船舶优先权，可在“天使力量”轮拍卖款中优先受偿。

4.2.2.3　相关国内外具有格式合同性质的文件中涉及海员工资的规定

笔者以下对中国海员工会与中国船东协会订立的《中国船员集体协议》、原对外贸易经济合作部下发的《海外雇主与外派海员雇佣协议范本》和《国内经营公司与外派海员外派协议范本》以及国际运输劳动者联盟制定的《国际运输劳动者联盟工资协议》等格式合同中有关海员工资的内容进行介绍。

4.2.2.3.1　《中国船员集体协议》中涉及海员工资的规定

2009年12月23日，中国海员建设工会和中国船东协会分别代表中国海员和中国船东签订了《中国船员集体协议》，该协议于2010年1月1日正式生效。该协议根据中国内国法律法规和国际劳工组织、国际海事组织通过的有关公约签订，其旨在“促进航运事业发展，建立协调稳定的劳动关系，保障中国船员的合法权益，促进中国船员体面劳动”，是中国第一个全国性的产业性集体协议。① 该协议适用于中国籍海员、中国船东协会的会员船东以及这些船东拥有或管理的中国籍国际航行海船。② 该协议第2条第2款还规定，如果中国船东在其所有或管理的方便旗船舶③上雇佣中国海员，也可选择适用该集体协议。自2010年起，该协议已经

---

① 参见《中国船员集体协议》第1条和第2条。

② 参见《中国船员集体协议》第2条第1款。

③ 《中国船员集体协议》第2条的脚注部分指出，这些方便旗国家包括“1. 安提瓜和巴布达；2. 巴哈马；3. 百慕大；4. 开曼群岛；5. 塞浦路斯；6. 直布罗陀；7. 洪都拉斯；8. 黎巴嫩；9. 利比里亚；10. 马耳他；11. 马绍尔群岛；12. 荷属安第列斯；13. 巴拿马；14. 圣文森特；15 斯里兰卡；16 瓦努阿图；等”。

续签了13次,现行有效的为2024年版协议。

2024年版《中国船员集体协议》第13条规定,海员的基本工资不得低于该协议附件1规定的标准,海员工资应当以货币形式按月支付,其工资应分为在船领取的工资和家汇工资两部分。[①] 其第11条规定,“船员在船连续工作期限一般不超过8个月”;因船舶停靠港口或者航行的航线不方便更换船员的,“工作期限可适当提前或延后2个月”;在船工作满10个月后未能下船的视为逾期;海员在船超期服务的,“船东从第11个月起应向船员支付额外的超期补贴”;“超期补贴按《劳动法》规定并参照国际惯例,不应低于船员基薪的100%”。该协议中的这些约定符合前述《海事劳工公约》规则2.2相关要求。

《中国船员集体协议》附件中的最低基本工资标准逐年上调。例如,2024年版协议将一等水手的最低基本工资定为每月717.76美元,[②]该数额与国际劳工组织联合海事委员会提出的有关建议标准一致。[③] 另外,值得注意的是,2017年6月,上海航运交易所向社会正式发布“中国(上海)海员薪酬指数”。[④] 该指数包括中国国际海员薪酬指数和中国沿海海员薪酬指数,涵盖了集装箱船、干散货船、油轮、化学品船4种船型,细分了船长、大副、二副、三副、轮机长、大管轮、二管轮、电机员、三管轮、水手长、机工长、水手、机工、电工、大厨、服务生等16个职位。[⑤] 该指数可以有效反映海员

---

① 参见《中国船员集体协议》第14条。

② 参见中国海员建设工会全国委员会网,https://hyjs.acftu.org/,访问日期:2023年3月20日。

③ 参见国际劳工组织网,https://www.ilo.org/,访问日期:2023年3月20日。

④ 参见上海航运交易所网,https://www.sse.net.cn/home,访问日期:2023年3月20日。

⑤ 参见上海航运交易所网,https://www.sse.net.cn/home,访问日期:2023年3月20日。

工资水平、海员市场供求状况以及薪酬变化趋势，还能为政府管理部门制定海员相关政策提供有价值的信息参考。[①] 2024年8月的薪酬指数显示，集装箱船水手的月薪为1411美元。[②] 该数高于2024年版《中国船员集体协议》确定的基本工资。当然，薪酬指数不具有任何法律约束力，仅反映了海员劳动力市场的实际供需情况。

《中国船员集体协议》并非由行政机关制定并发布，而是由政府参与协调，并由海员工会、船东协会作为劳资关系的主体双方共同签署。[③] 因此，该协议并非法律、行政法规或部门规章，也不是行政规范性文件。笔者认为，参考《劳动合同法》第51条至第55条的规定，[④]《中国船员集体协议》是由代表海员的海员工会与代表船东用人单位的船东协会通过平等协商订立的全国性海员行业集体合同，该集体合同对所有中国船东和所有中国籍海员均具有约束力。

① 参见上海航运交易所网，https://www.sse.net.cn/home，访问日期：2023年3月20日。

② 参见上海航运交易所网，https://www.sse.net.cn/home，访问日期：2023年3月20日。

③ 参见中国海员建设工会全国委员会网，https://hyjs.acftu.org/，访问日期：2023年3月20日。

④《劳动合同法》第51条规定："企业职工一方与用人单位通过平等协商，可以就劳动报酬、工作时间、休息休假、劳动安全卫生、保险福利等事项订立集体合同。集体合同草案应当提交职工代表大会或者全体职工讨论通过。集体合同由工会代表企业职工一方与用人单位订立；尚未建立工会的用人单位，由上级工会指导劳动者推举的代表与用人单位订立。"第52条指出："企业职工一方与用人单位可以订立劳动安全卫生、女职工权益保护、工资调整机制等专项集体合同。"第53条强调："在县级以下区域内，建筑业、采矿业、餐饮服务业等行业可以由工会与企业方面代表订立行业性集体合同，或者订立区域性集体合同。"第54条明确："集体合同订立后，应当报送劳动行政部门；劳动行政部门自收到集体合同文本之日起十五日内未提出异议的，集体合同即行生效。依法订立的集体合同对用人单位和劳动者具有约束力。行业性、区域性集体合同对当地本行业、本区域的用人单位和劳动者具有约束力。"第55条提出："集体合同中劳动报酬和劳动条件等标准不得低于当地人民政府规定的最低标准；用人单位与劳动者订立的劳动合同中劳动报酬和劳动条件等标准不得低于集体合同规定的标准。"

但是,《劳动合同法》第 53 条指出,行业性集体合同仅适用于“县级以下区域”;而《中国船员集体协议》却在全国范围内适用。因此《中国船员集体协议》又不完全符合《劳动合同法》对于集体劳动协议所作的限定,该协议的诞生可以被认为是“机制的创新和实践上的突破”。[①] 事实上,《中国船员集体协议》的诞生与《海事劳工公约》的规定紧密相关。《海事劳工公约》第 2 条第 6 款规定,就不从事国际航行的不满 200 总吨的船舶而言,“如果主管机关确定目前对悬挂该成员国旗帜的一艘船舶或特定类别船舶适用第六条第 1 款中所述守则的某些细节不合理或不可行”,在船东与海员组织进行协商后,“只要该事项由国家法律或条例或集体谈判协议或其他措施来处理,守则的有关规定将不适用”。该公约第 4 条第 5 款强调:“各成员国在其管辖范围内应确保本条上述各款所规定的海员就业和社会权利根据本公约的要求得以充分实施。除非本公约中另有专门规定,此种实施可通过国家法律或条例、通过适用的集体谈判协议或通过其他措施或实践来实现。”可见,《中国船员集体协议》不仅符合《海事劳工公约》对于海员权益保护的相关要求,其也有助于中国籍国际航行海船舶顺利通过《海事劳工公约》下的港口国检查。

4.2.2.3.2　原对外贸易经济合作部下发的《海外雇主与外派海员雇佣协议范本》和《国内经营公司与外派海员外派协议范本》中也有涉及海员工资的规定

《海外雇主与外派海员雇佣协议范本》是一份有关海员工资

---

① 《〈中国船员集体协议〉简介》,载中国工会网,https://hyjs. acftu. org/,访问日期:2023 年 3 月 20 日。

的格式合同。原对外贸易经济合作部于1999年10月22日发布了《对外贸易经济合作部办公厅关于印发外派海员协议范本的通知》[(1999)外经贸合字第30号,以下简称《协议范本通知》],其附件1为《海外雇主与外派海员雇佣协议范本》,附件2为该范本的英文文本,附件3为《国内经营公司与外派海员外派协议范本》。上述海员外派协议范本是作为《协议范本通知》的附件由原对外贸易经济合作部正式颁布的,它并非行政法规或部门规章,而是具有行政规范性文件的性质。

《海外雇主与外派海员雇佣协议范本》和《国内经营公司与外派海员外派协议范本》对海员外派合同中的中国籍海员的工资、工作时间、饮食、医疗、争议处理等问题作出了规定,中国国内的海员外派机构、海员和境外船东签订相关劳动、劳务合同时应“参照执行”①。《协议范本通知》附件1《海外雇主与外派海员雇佣协议范本》第2条第2款就明确指出,外派海员的工资分为船领薪和家汇两部分。该条款还指出,船领薪为在船领取的部分,由境外船东直接支付给外派海员,而家汇的部分则由境外船东支付给海员外派机构,再由海员外派机构支付给外派海员。

4.2.2.3.3　《国际运输劳动者联盟工资协议》中涉及海员工资的规定

国际运输劳动者联盟是一个由来自154个国家及地区的708个运输工会组成的国际运输工会联盟,该组织总部设在

① 参见《协议范本通知》正文部分。

伦敦。[1] 该联盟自称其代表了“国际劳工组织、国际海事组织与国际民用航空组织”等国际组织中运输工人的利益，其职能是“支持其工会成员，以及在全球经济中寻求维护运输工人利益的方式”[2]。

该联盟制定了具有格式合同性质的《国际运输劳动者联盟工资协议》。该协议适用于悬挂方便旗的船舶，其由“特别协议”、“劳资谈判协议”（Collective Bargaining Agreement，CBA）和“个人雇佣合同”三部分协议组成。[3] 其中，特别协议由国际运输劳动者联盟与航运公司签署，主要规定了航运公司雇佣海员时所适用的获得国际运输劳动者联盟批准的劳资谈判协议，并规定航运公司应当遵守该劳资谈判协议下的相关义务。[4] 劳资谈判协议由海运工会（该海运工会必须是国际运输劳动者联盟的同盟工会[5]）和航运公司（可以是船舶的受益所有人，也可以是船舶经营人或船舶管理人）签订，其对海员的工资、医疗、保险和其他雇佣条件作出了明确具体的规定。[6] 个人雇佣合同由航运公司与其所雇佣的特定海员订立，规定了适用于该特定海员的劳资谈判协议合同条款和雇

---

① 参见国际运输劳动者联盟网，https://ocean. cnss. com. cn/html/hdbd/，访问日期：2023 年 3 月 20 日。

② 参见国际运输劳动者联盟网，https://ocean. cnss. com. cn/html/hdbd/，访问日期：2023 年 3 月 20 日。

③ 参见国际运输劳动者联盟网，https://ocean. cnss. com. cn/html/hdbd/，访问日期：2023 年 3 月 20 日。

④ 参见国际运输劳动者联盟网，https://ocean. cnss. com. cn/html/hdbd/，访问日期：2023 年 3 月 20 日。

⑤ “同盟工会”为国际运输劳动者联盟网对“Affiliated Trade Union Organization of ITF”的官方译文，也可将其译为成员工会或附属工会。参见国际运输劳动者联盟网，https://ocean. cnss. com. cn/html/hdbd/，访问日期：2023 年 3 月 20 日。

⑥ 参见国际运输劳动者联盟网，https://ocean. cnss. com. cn/html/hdbd/，访问日期：2023 年 3 月 20 日。

佣条件。[①]

《国际运输劳动者联盟工资协议》有三种类型,即《标准集体协议》、《整船海员薪资总额协议》(Total Crew Cost,TCC)和《国际协商论坛协议》(International Bargaining Forum,IBF)。[②]《标准集体协议》是对船东而言成本最高的协议,一般是在"发生劳工运动或者发现公司违反先前协议的情况下签订的"[③]。《整船海员薪资总额协议》是最常用的协议类型,[④]而《国际协商论坛协议》只适用于"与国际运输劳动者联盟一起参与国际协商论坛的船主协会的船主会员"[⑤]。《国际运输劳动者联盟工资协议》对不同职位的海员的最低工资做出了具体的规定。例如,2015—2017 年度的《整船海员薪资总额协议》明确规定,船长工资应达到 5786 美元,大副工资应达到 3780 美元,轮机长为 5270 美元,一等水手为 1806 美元,二等水手为 1375 美元。[⑥]

国际运输劳动者联盟只是一个国际工会联盟,《国际运输劳动者联盟工资协议》只对入会工会的成员有约束作用,其对未入会工会的海员而言只是一个标准文本,因而并不具有法律约束力。尽

---

① 参见国际运输劳动者联盟网,https://ocean. cnss. com. cn/html/hdbd/,访问日期:2023 年 3 月 20 日。

② 参见国际运输劳动者联盟网,https://ocean. cnss. com. cn/html/hdbd/,访问日期:2023 年 3 月 20 日。

③ 国际运输劳动者联盟网,https://ocean. cnss. com. cn/html/hdbd/,访问日期:2023 年 3 月 20 日。

④ 参见国际运输劳动者联盟网,https://ocean. cnss. com. cn/html/hdbd/,访问日期:2023 年 3 月 20 日。

⑤ 国际运输劳动者联盟网,https://ocean. cnss. com. cn/html/hdbd/,访问日期:2023 年 3 月 20 日。

⑥ 参见国际运输劳动者联盟网,https://ocean. cnss. com. cn/html/hdbd/,访问日期:2023 年 3 月 20 日。

管如此,国际运输劳动者联盟制定的上述《标准集体协议》和《整船海员薪资总额协议》还是相当有影响力的。[①] 2016 年 4 月,丹麦航运巨头马斯基公司就明确表示,该公司将只租用与国际运输工人联盟签有海员集体协议的船舶。[②]

进入 21 世纪后,中国与国际运输劳动者联盟间的接触和交流不断增多,但由于对于海员薪酬水平等问题存在分歧,中国至今没有正式承认国际运输劳动者联盟,[③]中国海员建设工会没有加入国际运输劳动者联盟,[④]中国也未允许国际运输劳动者联盟在中国建立分支机构。[⑤] 因而该组织的任何规定以及上述国际运输劳动者联盟工资标准对中国船东都不具有法律上的约束力。但正如有学者所指出的,"由于国际运输劳动者联盟的活动不以承认其存在为条件,故船东不能无视其存在"[⑥]。随着中国近年来逐步提高海员工资,中国与国际运输劳动者联盟就海员工资产生的分歧正在逐渐缩小。因此,笔者赞同这样的观点,即中国有必要进一步加强与国际运输劳动者联盟的接触与合作,采取主动姿态与国际运输劳动者联盟进行沟通和协调,逐步在互信的基础上承认该组织的法律地位,以塑造中国作为一个负责的海员强国的形象。[⑦]

---

① 参见国际运输劳动者联盟网,https://ocean.cnss.com.cn/html/hdbd/,访问日期:2023 年 3 月 20 日。

② 参见中国水运网,https://www.zgsyb.com/,访问日期:2023 年 3 月 20 日。

③ 参见印绍周、王玉洋:《谈我国与国际运输工人联合会(ITF)的合作》,载《中国海事》2011 年第 2 期,第 67 ~ 68 页。

④ 参见印绍周、王玉洋:《谈我国与国际运输工人联合会(ITF)的合作》,载《中国海事》2011 年第 2 期,第 67 ~ 68 页。

⑤ 参见印绍周、王玉洋:《谈我国与国际运输工人联合会(ITF)的合作》,载《中国海事》2011 年第 2 期,第 67 ~ 68 页。

⑥ 司玉琢:《海商法专论》,中国人民大学出版社 2007 年版,第 108 页。

⑦ 参见印绍周、王玉洋:《谈我国与国际运输工人联合会(ITF)的合作》,载《中国海事》2011 年第 2 期,第 69 页。

4.3　获得劳动安全卫生保障的权利

《劳动法》第52条就对劳动安全卫生保障问题提出了总体要求："用人单位必须建立、健全劳动安全卫生制度，严格执行国家劳动安全卫生规程和标准，对劳动者进行劳动安全卫生教育，防止劳动过程中的事故，减少职业危害。"2021年修订的《安全生产法》也对生产经营单位提出了安全生产相关要求。另外，2021年修订的《海上交通安全法》第3条第2款规定："海上交通安全工作坚持安全第一、预防为主、便利通行、依法管理的原则，保障海上交通安全、有序、畅通。"上述原则性规定需要通过具体规定得到落实。笔者以下对此进行介绍。

4.3.1　生活设施保障

海员通常需要在与外界环境相对隔离的船舶上工作居住较长时间。船东不仅有责任为海员的身体健康和工作安全提供必要的生活设施，还须保证相关设施符合船舶检验规范的要求。①

4.3.1.1　《海事劳工公约》的规定

《海事劳工公约》的规则3.1第1款规定："各成员国应确保悬挂其旗帜的船舶向工作和(或)生活在船上的海员提供并保持与促进海员的健康和福利一致的体面起居舱室和娱乐设施。"该公约的标准A3.1对海员起居舱室的尺寸、②船上取暖

---

①　《船员条例》第22条第1款规定："船舶上船员生活和工作的场所，应当符合国家船舶检验规范中有关船员生活环境、作业安全和防护的要求。"

②　参见《海事劳工公约》的标准A3.1第4款(a)。另见2025年4月海事劳工公约下举行的第五次三方会议所审议的对海事劳工公约的新修订版导则B3.1第10款中的新规定，载国际劳工组织网，https://www.ilo.org/，访问日期：2025年5月17日。

和通风、[1]噪音和振动及其他环境因素、[2]卫生设施、[3]照明[4]和医务室[5]的最低标准设定了强制性的规定,并要求在船舶登记和船舶对起居舱室进行实质性改动后对船舶进行检查。

《海事劳工公约》的标准 A4.3 第 1 款要求船旗国通过法律和条例或其他措施对海员职业安全和健康的政策计划、职业事故和职业病的预防措施以及船上安全事故的检查报告等问题作出规定。标准 A4.3 还指出,在有 5 名或以上海员的船上应成立“船舶安全委员会”,该委员会的安全代表由选举或任命产生。[6]

《海事劳工公约》的导则 B4.3.1 第 2 款建议缔约国在国内立法中对有关海员职业安全和健康管理作出规定,这 18 个事项是:“(a)一般和基本规定;(b)船舶结构特征,包括出入通道和与石棉有关的风险;(c)机器;(d)海员可能会接触到的任何高温或低温表面的影响;(e)工作场所和船上起居舱室中的噪音影响;(f)工作场所和船上起居舱室中的振动影响;(g)工作场所和船上起居舱室内除(e)和(f)项中所述以外的环境因素的影响,包括吸烟的影响;(h)甲板上面和下面的特别安全措施;(i)装卸设备;(j)防火和灭火;(k)锚、锚链和绳索;(l)危险货物和压载;(m)海员个人保护设备;(n)在封闭处所工作;(o)疲劳对身心的影响;(p)毒品和酒精依赖的影响;(q)防止和预防艾滋病毒/艾滋病;以及(r)应急和事故反应。”要强调的是,这些事项全部被规定于该公约的导则

---

① 参见《海事劳工公约》的标准 A3.1 第 4 款(b)。
② 参见《海事劳工公约》的标准 A3.1 第 4 款(c)。
③ 参见《海事劳工公约》的标准 A3.1 第 4 款(d)。
④ 参见《海事劳工公约》的标准 A3.1 第 4 款(e)。
⑤ 参见《海事劳工公约》的标准 A3.1 第 4 款(f)。
⑥ 参见《海事劳工公约》的标准 A4.3 第 2 款(d)。

B4.3.1部分，其仅具有建议性质，对缔约国并没有强制约束力。[①]

包括国际劳工组织在内的多个国际组织对船舶噪声和振动对海员身心造成影响的问题也十分关注。国际标准化组织(International Standard Organization, ISO)曾经制定过建议性的《商船上振动全面评估导则》，并于2000年对该导则进行了更新。[②]为使船上人员免受噪声伤害，国际海事组织(国际海事组织)第91届海安会(MSC91)通过了关于《国际海上人命安全公约》修正案的决议(第338号)(该决议于2014年7月1日起生效)，该修正案在第Ⅱ-1章中新增了第3-12条，该条新增规定使2012年11月30日海安会MSC.337(91)决议通过的《船上噪声等级规则》成为该公约下的强制性规则。

4.3.1.2　中国国内立法的规定

国务院1993年颁布、2019年修订的行政法规《船舶和海上设施检验条例》对船舶设施的检验作出了规定。该规定第16条指出："海上设施经检验合格后，船舶检验机构应当按照规定签发相应的检验证书。"基于《船舶和海上设施检验条例》的规定，交通运输部海事局又相继颁布了《船舶检验工作管理暂行办法》(已失效)、《国际航行海船法定检验技术规则》(该规则经过了多次修订，最新版本为2023年修订版)、《国内航行海船法定检验技术规则》(该规则最新版本为2022年修订版)和《船舶检验管理规定》(该规定于2016年5月1日正式实施)。这些规则对船舶设施的检验作出了进一步的具体规范。以《国际航行海船法定检验技术

① 另见正在审议中的对《海事劳工公约》相关标准4.3第1款的修改，载国际劳工组织网，https://www.ilo.org/，访问日期：2025年5月17日。

② 参见国际标准化组织网，https://www.chinaiso.org.cn/，访问日期：2023年3月20日。

规则》为例，该规则对船舶上与船员生活和工作有关的硬件设施如卧室①，餐厅②，娱乐场所与办公处所③，卫生设备④，照明设备⑤，医务处所⑥，取暖、通风与噪声设备⑦、舱室、通道和出入口的布置与结构⑧，以及饮用水和淡水系统⑨应当符合的要求作出了具体规定。《船舶检验管理规定》强调，在建造新船、⑩对船舶进行“改变船舶主尺度、船舶类型、分舱水平、承载能力、乘客居住处所、主推进系统、影响船舶稳性等涉及船舶主要性能及安全的重大改建”⑪以及将外国籍船舶改为中国籍船舶⑫等情形下，船舶所有人、经营人均应向船舶检验机构申请检验。值得一提的是，《国际航行海船法定检验技术规则》第6篇“船员舱室设备”第2章

---

① 参见《国际航行海船法定检验技术规则》第6篇“船员舱室设备”的第2章“船员舱室设备与其他”的A部分“卧室”。

② 参见《国际航行海船法定检验技术规则》第6篇“船员舱室设备”的第2章“船员舱室设备与其他”的A部分“餐厅”。

③ 参见《国际航行海船法定检验技术规则》第6篇“船员舱室设备”的第2章“船员舱室设备与其他”的A部分“娱乐场所与办公处所”。

④ 参见《国际航行海船法定检验技术规则》第6篇“船员舱室设备”的第2章“船员舱室设备与其他”的A部分“卫生设备”。

⑤ 参见《国际航行海船法定检验技术规则》第6篇“船员舱室设备”的第2章“船员舱室设备与其他”的A部分“照明设备”。

⑥ 参见《国际航行海船法定检验技术规则》第6篇“船员舱室设备”的第2章“船员舱室设备与其他”的A部分“医务处所”。

⑦ 参见《国际航行海船法定检验技术规则》第6篇“船员舱室设备”的第2章“船员舱室设备与其他”的A部分“取暖、通风与噪声”。

⑧ 参见《国际航行海船法定检验技术规则》第6篇“船员舱室设备”的第2章“船员舱室设备与其他”的A部分“舱室、通道和出入口的布置与结构”。

⑨ 参见《国际航行海船法定检验技术规则》第6篇“船员舱室设备”的第2章“船员舱室设备与其他”的A部分“饮用水与淡水”。

⑩ 参见《船舶检验管理规定》第12条第1款第1项。

⑪ 《船舶检验管理规定》第12条第1款第2项。

⑫ 参见《船舶检验管理规定》第14条第1款第1项。

“船员舱室设备与其他”的C部分系2011年修订版新增部分，该部分规定“等效于《海事劳工公约》的标准A3.1和导则B3.1对起居舱室和娱乐设施的技术要求”。[①] 换言之，中国已通过国内立法的方式执行了《海事劳工公约》中有关国际航行船舶的船舶结构设施的相关强制性规定，中国内国法中有关国际航行船舶的起居舱室和娱乐设施法定检验的规定已经与《海事劳工公约》的要求相一致。

迄今为止，中国海事局规范性文件《国内航行海船法定检验技术规则》(2022年修订版)尚未纳入《海事劳工公约》的标准A3.1或导则B3.1中的相关内容。如前文所述，《海事劳工公约》适用于国际航行船舶以及已满200总吨[②]的从事国内沿海航行的海船。[③] 尽管中国籍国内航行船舶不会受到外国港口国的检查，但作为《海事劳工公约》的缔约国，中国应同时对国际航行船舶和已满200总吨的国内沿海航行船舶适用该公约的规定，以便正确履行公约。[④] 因此笔者认为，《国内航行海船法定检验技术规则》应将《海事劳工公约》的上述相关规定纳入检验规则。

船上生活设备还应包括通信设备。不可忽视的是，海员在船工作时，与家庭成员电话通信难度一直很大。究其原因，一是由于海上移动信号覆盖不佳，通常仅当船舶靠岸时才能连接到岸上通

---

① 《国际航行海船法定检验技术规则》第6篇第1章第1.4条。

② 200总吨以下的海船可以不适用该公约中守则部分的规定。参见《海事劳工公约》第2条第6款。

③ 参见《海事劳工公约》第2条第1款和第4款。

④ 参见《海事劳工公约》第2条第1款。

信基站;二是船上虽然有海事卫星电话,但费用较高。目前,部分国产手机已具备卫星电话功能,这个功能应该极大便利了海员与外界的通信联络。当然,如果海员因此而沉湎于手机而不能自拔,也可能对船舶航行安全造成负面影响。①

4.3.2　医疗服务保障

普通劳务合同很少涉及医疗服务问题。因为就陆上工作而言,医疗服务通常由第三方医疗机构来提供,用人单位通常无须为劳动者提供医疗服务。然而,船东却有义务在船上配备医疗设施,以便在航行过程中及时为海员提供相应的应急医疗服务,②从而使在船工作期间患病、受伤的海员得到及时救治。③ 一旦海员失踪或死亡时,船东应按照有关法律法规、集体合同和劳动合同的规定及时做好善后工作。④ 相关国际条约和中国内国法对这些问题作出了具体规定,笔者以下对此进行介绍。

4.3.2.1　相关国际公约的规定

经修正的《1965 年便利国际海上运输公约》和《海事劳工公约》⑤从不同的角度对海员的医疗保障权利问题作出了规定。

---

① 2020 年 7 月,毛里求斯近海发生日本籍货轮“若潮”号燃油泄漏事故,船上共有重油约 3800 吨,柴油约 200 吨。据船长等人称,该船为连接网络与家人通话而将货轮驶向了毛里求斯岛附近,从而触礁。载澎湃新闻网,https://www.thepaper.cn/,访问日期:2024 年 8 月 2 日。

② 参见《国际航行海船法定检验技术规则》第 6 篇“船员舱室设备”的第 2 章“船员舱室设备与其他”的 A 部分“医务处所”。

③ 参见《船员条例》第 22 条第 2 款。

④ 参见《船员条例》第 22 条第 3 款。

⑤ 在 2025 年 4 月举行的海事劳工公约下的三方会议所审议的对《海事劳工公约》的修订版中,对海员医疗保障权利又作了新规定,见导则 B4.1 第 1 款(2)和(4),载国际劳工组织网,https://www.ilo.org/,访问日期:2025 年 5 月 17 日。

4.3.2.1.1　经修正的《1965 年便利国际海上运输公约》的规定

《1965 年便利国际海上运输公约》于 1965 年 4 月 9 日通过，并于 1967 年 3 月 5 日正式生效。① 根据该公约前言，其旨在"尽量简化和减少从事国际航行船舶的抵达、逗留和离开的手续、文书要求和程序，以便利海上运输"。② 该公约经过多次会议讨论，国际海事组织便利委员会第 40 次会议于 2016 年 4 月 8 日通过了该公约最新的 2016 年修正案。③ 根据该公约第Ⅶ(2)(b)条关于修正案默认接受程序的规定，该修正案已于 2018 年 1 月 1 日起生效。④ 中国是《1965 年便利国际海上运输公约》的成员国，⑤且在上述修正案通过后未对其内容提出过任何反对意见，故该修正案对中国具有强制约束力。⑥

经修正的《1965 年便利国际海上运输公约》附则中的标准 2.17 规定：当船舶靠港的唯一目的是将生病或受伤船员、旅客或其他人员送上岸进行医疗急救时，公共管理当局则必须寻求同船舶所有人合作确保船长尽量将其目的通知公共管理当局，包括尽可能详细的病情或伤情以及所涉人员的身份和地位。该标准旨在强调港口国当局有义务与船东合作，采取方便的措施以方便生病或受伤的海员获得岸上的急救治疗。

---

① 参见国际海事信息网，https://www.imo.org/en/，访问日期：2021 年 5 月10 日。

② 参见《1965 年便利国际海上运输公约》第 1 条。

③ 经修正的《1965 年便利国际海上运输公约》的 2016 年修正案附件标准 1.3 之二要求，该公约缔约国须在该修正案通过后三年内建立有关货物、海员和旅客的电子信息交换系统。载国际海事信息网，https://www.imo.org/en/，访问日期：2023 年 3 月 20 日。

④ 参见《经修正的〈1965 年便利国际海上运输公约〉》的 2016 年修正案。

⑤ 参见国际海事信息网，https://www.imo.org/en/，访问日期：2023 年 3 月 20 日。

⑥ 参见上海海事局网，https://www.sh.msa.gov.cn/，访问日期：2023 年 3 月 20 日。

4.3.2.1.2 《海事劳工公约》的规定

《海事劳工公约》的标准 A4.1 第 1 款强调,海员所能得到的职业健康保护和医疗水平“尽可能相当于岸上工人”。该公约的标准 A4.1 的第 2 款、第 3 款和第 4 款对船上医疗设备和医疗物资和医生的配备要求作出了明确规定。根据该标准的要求,所有船舶应携带医药箱①;船上至少有 1 名海员负责医疗或急救;载员 100 人以上,通常从事 3 天以上国际航行的船舶须配备专职医生。② 该公约的标准 A4.1 第 1 款还特别强调了海员的牙科治疗问题。③

4.3.2.2 中国内国法的规定

《船员条例》第 22 条对船东的医疗保障责任作出了原则性规定,其指出,“船员用人单位应当为船员提供必要的生活用品、防护用品、医疗用品,建立船员健康档案,并为船员定期进行健康检查,防治职业疾病。船员在船工作期间患病或者受伤的,船员用人单位应当及时给予救治;船员失踪或者死亡的,船员用人单位应当及时做好相应的善后工作”。原交通部曾于 1990 年颁布《船舶医务室医疗设备、药品配备标准》,该标准是《船医管理办法》(交人劳字 119 号)的配套规定,其对船舶的“医疗设备、麻醉药品、急救药品、常用药品、消毒药品及外用药品”有具体的规范要求,为船舶提供医疗设施提供了依据。《船医管理办法》(交人劳字 119 号)于 2003 年被废止,《船舶医务室医疗设备、药品配备标准》随之失效。但是,交通运输部 2013 年出台的规范性文件《海员船上工作和生活条件管理办法》第 21 条至第 26 条对海员的医疗保障问题又作出了详细

① 参见《2006 海事劳工公约》的标准 A4.1 第 4 款(a)。

② 参见《2006 海事劳工公约》的标准 A4.1 第 4 款(b)、(c)。

③ 《海事劳工公约》的标准 A4.1 第 1 款规定,各成员国应确保采取措施向在悬挂其旗帜的船舶上工作的海员提供健康保护和医疗,包括必需的牙科治疗。

规定，[①]其内容与前述《海事劳工公约》标准 A4.1 的要求基本一致。故中国已通过国内法落实了《海事劳工公约》的相关规定。

4.4　获得职业培训的权利

《劳动法》第 66 条至第 69 条对一般劳动者有权获得的职业培训作出了具体的规定。[②]《海上交通安全法》第 13 条第 1 款指出："中国籍船员和海上设施上的工作人员应当接受海上交通安全以及

① 《海员船上工作和生活条件管理办法》第 21 条规定："船东应当采取积极、有效的预防和保障措施，防止海员在船工作期间发生与职业有关的事故和疾病。船东应当为海员提供职业安全、健康保护及事故预防的培训。"第 22 条规定："载员 100 人及以上并且航程在 3 天以上的国际航行船舶应当至少配备 1 名专职医生负责船上的医疗服务。无须配备医生的船舶，应当至少有 1 名海员负责船上的急救、医护和药品管理工作。其中负责船上急救工作的海员应当持有精通急救培训合格证，负责船上医护和药品管理工作的海员应当持有船上医护培训合格证。"第 23 条强调："船东应当根据船舶的类型、船上人员的数量、航次性质、目的地和航程，按照《船舶与海上设施法定检验规则》的要求为其船舶配备足够的医疗设施和设备，以及国际船舶医疗指南和能获得医疗指导的无线电台清单。船长或者负责医疗、急救和药品管理的海员应当妥善维护船上配备的医疗设施、设备和指南，每年对全部药品的标签、有效期、存放条件、用法用量以及医疗设备的功能等至少进行一次全面检查，并保持检查记录。"第 24 条指出："船东应当向在船工作的海员提供免费医疗和健康保护，包括基本的牙科治疗，并及时提供合理的就医便利。"第 25 条明确指出："船东应当保证船舶具有通过无线电或者卫星通信获得医疗指导的能力。"第 26 条提出："国家海事管理机构制定标准的中英文对照海员医疗报告表(附件 2)，供船长和相关的岸上和船上医疗人员使用。医疗报告表内容只限于对海员的疾病治疗，接触到医疗报告表的人员应当对内容予以保密。"

② 《劳动法》第 66 条规定："国家通过各种途径，采取各种措施，发展职业培训事业，开发劳动者的职业技能，提高劳动者素质，增强劳动者的就业能力和工作能力。"第 67 条指出："各级人民政府应当把发展职业培训纳入社会经济发展的规划，鼓励和支持有条件的企业、事业组织、社会团体和个人进行各种形式的职业培训。"第 68 条强调："用人单位应当建立职业培训制度，按照国家规定提取和使用职业培训经费，根据本单位实际，有计划地对劳动者进行职业培训。从事技术工种的劳动者，上岗前必须经过培训。"第 69 条明确："国家确定职业分类，对规定的职业制定职业技能标准，实行职业资格证书制度，由经备案的考核鉴定机构负责对劳动者实施职业技能考核鉴定。"

相应岗位的专业教育、培训。"《船员条例》第31条特别强调,接受培训是海员上船工作的前提条件。[①]《STCW公约》对缔约国实施海员培训的义务作出了统一规定,为履行该公约义务,中国交通运输部制定了2009年版《船员培训管理规则》和2011年版《海船船员适任考试和发证规则》。这两部规章对海员培训相关问题作出了详尽的规定。其中,2009年版《船员培训管理规则》分别于2013年、2017年、2019年、2025年四次修正或修订,而2011年版《海船船员适任考试和发证规则》分别于2013年、2017年、2020年和2022年进行了四次修正。目前,我国实施的是2020年发布的后经2022年修正的《海船船员适任考试和发证规则》。[②] 该规则第23条规定:"曾在内河船舶、海洋渔业船舶或者军事船舶上任职的人员,具备下列条件的,可以按照交通运输部海事局的规定申请相应的适任证书……"该规定表明,内河船船员、海洋渔船船员及军事船舶船员在一定条件下均可取得海船船员资质。

作为《国际海上人命安全公约》第7章组成部分的《国际海运危险货物规则》,其最新修正版(42－24修正案版)将于2026年1月1日成为强制性国际规则,其对所有《国际海上人命安全公约》的缔约国具有约束力。[③]《国际海运危险货物规则》近期有规定:需要对从事旨在通过海路运输危险货物的岸上操作人员进行培训,培训内容

---

① 《船员条例》第31条规定:"申请在船舶上工作的船员,应当按照国务院交通主管部门的规定,完成相应的船员基本安全培训、船员适任培训。在危险品船、客船等特殊船舶上工作的船员,还应当完成相应的特殊培训。"

② 在实施此规则时,有关证书(纸质或电子)的最低信息、格式和内容,还需适用《STCW公约》的已于2025年1月1日生效的2023年的修正案:MSC. 540(107)和MSC. 541(107),详见交通运输部2024年第60号公告,载交通运输部网,https://www.mot.gov.cn/,访问日期:2025年5月31日。

③ 该规则每3年修订1次,每次新修订的版本在生效1年后成为强制性规则。载国际海事信息网,https://www.imo.org/en/,访问日期:2025年7月30日。

包括对危险货物的规定和其对应的责任。[①] 当然,此种培训仅适用于岸上操作人员的培训,海员培训仍受《STCW 公约》的统一规范。

4.4.1　培训要求

接受符合《STCW 公约》要求的强制性培训是海员获取岗位适任证书的前提条件。[②]《海船船员适任考试和发证规则》第 11 条也明确规定,海员取得适任证书的条件之一是必须完成附件规定的适任培训。故参加培训是海员取得适任证书并上船工作的必要条件。该规则第 19 条[③]和第 20 条[④]还指出,参加相关培训是船长和

---

① 参见联运保赔协会网,https://www.chinapandi.com/index.php/cn/article-list-cn/5549-lp-31-2021,访问日期:2023 年 3 月 20 日。

② 《STCW 公约》第Ⅰ/2 条"证书和签注"第 13 款规定:"证书申请人须提供下列符合要求的证明:1. 身份;2. 年龄不小于有关申请证书的规则中规定的年龄;3. 符合《培训规则》第 A－Ⅰ/9 节规定的健康标准;4. 完成所申请证书规定的海上服务资历和相关强制性培训;并且 5. 达到这些规则为在证书的签注中指明的职务、职能和级别所规定的适任标准。"

③ 《海船船员适任考试和发证规则》第 19 条规定:"持有船长和高级船员适任证书者,满足下列条件之一,可以在适任证书有效期届满前 12 个月内或者届满后 3 个月内向有相应管理权限的海事管理机构申请适任证书再有效:(一)从申请之日起向前计算 5 年内具有与其适任证书所记载范围相应的不少于 12 个月的海上服务资历,且任职表现和安全记录良好。其中,无限航区的船员不少于 6 个月是在无限航区的船舶上任职;船长、轮机长担任大副、大管轮或者二副、二管轮担任三副、三管轮的,可以作为原职务适任证书再有效的海上任职资历。(二)从申请之日起向前计算 6 个月内具有与其适任证书所记载范围相应的不少于 3 个月的海上服务资历,且任职表现和安全记录良好。"

④ 《海船船员适任考试和发证规则》第 20 条规定:"未满足本规则第十九条规定的船长和高级船员,申请适任证书再有效的,应当符合下列规定:(一)未满足第十九条规定,或者适任证书过期 3 个月以上 5 年以下的,应当参加模拟器培训和知识更新培训,并通过相应的抽查项目的评估;(二)适任证书过期 5 年及以上 10 年以下的,应当参加模拟器培训和知识更新培训,并通过相应的抽查科目的理论考试和项目的评估;(三)适任证书过期 10 年及以上的,应当参加模拟器培训和知识更新培训,通过相应的抽查科目的理论考试和项目的评估,并在适任证书记载的相应航区、等级范围内按照《船上见习记录簿》规定完成不少于 3 个月的船上见习。"另见交通运输部海事局 2024 年 10 月 18 日发布的《关于海船船员适任证书及培训合格证书再有效有关事项的通知》(海船员〔2024〕143 号),其第 6 条规定:"对适任证书过期 10 年以下的船员,其再有效后证书有效期的截至日期不得超过最后通过考试或者评估之日后 5 年(如某船员 2017 年 1 月 1 日通过考试或者评估,其再有效后证书有效期的截至日期不得超过 2021 年 12 月 31 日)。对适任证书过期 10 年及以上的船员,其再有效后证书有效期的截至日期不得超过完成船上见习之日后 5 年(如某船员 2017 年 1 月 1 日完成船上见习,其再有效后证书有效期的截至日期不得超过 2021 年 12 月 31 日)。"

高级海员申请适任证书“再有效”的前提条件。所谓“再有效”是指在海员适任证书有效期届满前申请续展其有效期或者在适任证书过期后申请恢复有效。另外，适当的培训和持有相关适任证书也是海上货物运输中船舶适于航行的要求中的重要内容。①

4.4.2 海员培训的内容

交通运输部《船员培训管理规则》对海员培训工作作出了具体的规定。其2019年修订的版本在原规则基础上新增了厨师和膳食服务辅助人员的适任培训项目，②并强调航运公司应当建立船员培训制度，开展职业技能、职业道德、法治观念、安全责任和权益保护等方面培训。③ 依据该规则第6条的规定，海员培训分为“基本安全培训”“船员适任培训”“特殊培训”。具体培训内容及项目④可参见表4-2。

表4-2 海员培训内容及项目

培训内容		培训项目
基本安全培训		个人求生技能、消防、基本急救以及个人安全和社会责任。(第7条)
船员适任培训	岗位适任培训	(一)船长;(二)轮机长;(三)大副;(四)大管轮;(五)三副;(六)三管轮;(七)电子电气员;(八)值班机工;(九)值班水手;(十)电子技工;(十一)全球海上遇险和安全系统(GMDSS)操作员;(十二)引航员;(十三)非自航船舶船员;(十四)地效翼船船员;(十五)游艇操作人员;(十六)摩托艇驾驶员。(第8条第2款)
	专业技能适任培训	(一)精通救生艇筏和救助艇;(二)精通快速救助艇;(三)高级消防;(四)精通急救;(五)船上医护;(六)保安意识;(七)负有指定保安职责船员;(八)船舶保安员;(九)船上厨师和膳食服务辅助人员。(第8条第4款)

① 参见《海商法》第47条，《海牙—维斯比规则》第3条第1款。

② 参见《船员培训管理规则》第8条。

③ 参见《船员培训管理规则》第34条第3款。

④ 参见《船员培训管理规则》第6条。

续表

培训内容	培训项目
特殊培训	(一)油船和化学品船货物操作基本培训;(二)油船货物操作高级培训;(三)化学品船货物操作高级培训;(四)液化气船货物操作基本培训;(五)液化气船货物操作高级培训;(六)客船船员特殊培训;(七)大型船舶操纵特殊培训;(八)高速船船员特殊培训;(九)船舶装载散装固体危险和有害物质作业特殊培训;(十)船舶装载包装危险和有害物质作业特殊培训;(十一)使用气体或者其他低闪点燃料船舶船员基本培训;(十二)使用气体或者其他低闪点燃料船舶船员高级培训;(十三)极地水域船舶操作船员基本培训;(十四)极地水域船舶操作船员高级培训;(十五)水上飞机驾驶员特殊培训。(第9条)

以上三种培训互相衔接,其内在关联性体现在以下几个层面。首先,海员的基本安全培训是海员为了保证自身安全所必须掌握的基本安全知识和自救能力的培训。[①] 其次,适任培训旨在使海员能够担任船上航行或者轮机岗位中的各种相应职务。最后,通过特殊培训,海员可以扩大其所担任职务的船舶种类的范围,实现职业生涯的发展。这三种培训前后衔接,适应了海员在其职业发展生涯的不同阶段中对于相应职业培训的需求。

表4-2中有以下几点需要特别注意。第一,基本安全培训证书、专业技能适任培训证书和特殊培训证书属于《STCW 公约》规定的与"培训、适任或海上服务资历相关要求"有关的培训合格证。[②] 基本安全培训合格证、专业技能适任培训合格证和特殊培

---

① 依据《船员条例》第5条第2款,参加基本安全培训并获得证书是申请人获得海员注册的前提条件。

② 参见《海船船员培训合格证书签发管理办法》第5条。

训合格证统称为海船船员培训合格证书。[①] 海船船员培训合格证书的考试与签发办法适用《海船船员培训合格证书签发管理办法》的特别规定。[②] 第二,海员岗位适任培训证书的考试与签发适用的是交通运输部《海船船员适任考试和发证规则》的相关规定。[③] 海船船员需根据其所申请的具体职务完成相应的合格证培训和岗位适任培训,并分别通过相应的合格证考试和岗位适任考试。此后,海员方可取得海船船员培训合格证书和相应的岗位适任考试合格证明,并申请相应的海船船员岗位适任证书。[④] 第三,依据《海船船员培训合格证书签发管理办法》的规定,[⑤]一部分培训合格证(船舶保安员培训合格证、高速船船员特殊培训合格证、大型船舶操纵特殊培训合格证)要求海员在参加合格证培训前具备一定的海上任职资历;还有一部分培训合格证(精通救生艇筏和救助艇培训合格证、油船货物操作高级培训合格证、化学品船货物操作高级培训合格证、液化气船货物操作高级培训合格证、高速船船员特殊培训合格证)要求海员在申请培训合格证时(而不是参加合格证培训前)具备一定的海上任职资历或完成船上见习。依据《海船船员适任考试和发证规则》的规定,[⑥]就申请海船船员岗位适任证书而言,除了全球海上遇险与安全系统(Global Maritime Distress and Safety System,GMDSS)限用操作员和全球海上遇险

---

① 参见《海船船员培训合格证书签发管理办法》第6条。

② 参见《海船船员培训合格证书签发管理办法》第2条。

③ 参见《海船船员适任考试和发证规则》附件《申请海船船员适任证书的培训、海上任职资历和适任考试要求》。

④ 参见《海船船员适任考试和发证规则》第11条。

⑤ 参见《海船船员培训合格证书签发管理办法》第10条和第13条。

⑥ 参见《海船船员适任考试和发证规则》表注1。

与安全系统通用操作员[①]外，所有职务都要求申请人具备一定的海上任职资历，且此种海上任职资历均必须在该申请人参加岗位适任培训前（而不是申请培训合格证时）就已取得。[②]

就取得岗位适任证书的条件而言，现行《海船船员适任考试和发证规则》相对于原规则放宽了学历要求。受过航海教育的中职、中专学生以及岗位适任培训的学员在满足一定条件的情况下均可申请相应职位的岗位适任考试，[③]这样就为不同学历层次的人员通过接受航海教育和培训走上海员的工作岗位提供了机会。另外，《海船船员适任考试和发证规则》十分注重航海实践教学。鉴于目前航海类教育存在重理论教学、轻实际操作的问题，该规则附件部分明确提出，只有完成全部的理论和实践教学内容的海员才能申请相应的适任考试。

4.4.3　海员培训机构

我国目前采用许可制对海员培训进行管理。《船员条例》对海员培训机构的硬件、师资、管理和安全防护制度以及质量体系作出了总的规定，即："依法设立的培训机构从事船员培训，应当符合下列条件：（一）有符合船员培训要求的场地、设施和设备；（二）有与船员培训相适应的教学人员、管理人员；（三）有健全的船员培

① 全球海上遇险与安全系统限用操作员是指适用于A1海区的船舶、近海移动装置、海上平台或设施上的全球海上遇险与安全系统无线电操作人员；而全球海上遇险与安全系统通用操作员是指适用于A1、A2海区的船舶、近海移动装置、海上平台或设施上的全球海上遇险与安全系统无线电操作人员；或者A3、A4海区配备双套全球海上遇险与安全系统设备的船舶、近海移动装置、海上平台或设施上的全球海上遇险与安全系统无线电操作人员。参见《船舶最低安全配员规则》附件2《海船无线电人员最低安全配员表》。

② 参见《海船船员适任考试和发证规则》附件《申请海船船员适任证书的培训、海上任职资历和适任考试要求》。

③ 参见《海船船员适任考试和发证规则》表注4。

训管理制度、安全防护制度;(四)有符合国务院交通主管部门规定的船员培训质量控制体系。"[①]另外,2019年修正的交通运输部《船员培训管理规则》取消了原规则对培训机构资质条件的具体规定,将相关许可条件指向了《海事行政许可条件规定》。[②] 2021年9月1日起实施的《海事行政许可条件规定》指出,从事船员或引航员培训,应当符合的条件包括:"(一)有符合交通运输部规定的与培训类别和项目相匹配的具体技术要求的场地、设施和设备。(二)有符合交通运输部规定的与培训类别和项目相匹配的具体技术要求的教学人员,教学人员的80%应当通过中华人民共和国海事局组织的考试,并取得相应证明。(三)有与船员培训项目相适应的管理人员:1. 配备专职教学管理人员、教学设施设备管理人员、培训发证管理人员和档案管理人员;2. 教学管理人员至少2人,具有航海类中专以上学历或者其他专业大专以上学历,熟悉相关法规,熟悉所管理的培训项目;3. 教学设施设备管理人员至少1人,具有中专以上学历,能够熟练操作所管理的设施、设备。(四)有健全的船员培训管理制度,具体包括学员管理制度、教学人员管理制度、培训课程设置制度、培训证明发放制度、教学设施设备管理制度和档案管理制度。(五)有健全的安全防护制度,具体包括人身安全防护制度和突发事件应急制度等。(六)有符合交通运输部规定的船员培训质量控制体系。"

2019年10月1日施行的交通运输部规章《船员培训和船员管理质量管理规则》第3条强调,海员培训机构必须实施质量管理体系,且须通过"审核机构组织的质量管理体系审核"。质量管理

---

① 参见《船员条例》第32条。

② 参见《船员培训管理规则》第11条。

体系审核包括内部审核和外部审核。就内部审核而言,《船员培训和船员管理质量管理规则》第 16 条第 2 款指出,“内部审核主要是检查质量管理体系的符合性,确定质量管理体系是否有效、连续实施,内部审核应由具有资格的审核员组成的审核组具体实施。内部审核至少应每年进行 1 次”。除了内部审核,另根据第 16 条第 3 款规定,管理评审至少应每年进行 1 次。第 16 条第 4 款指出,内部审核和管理评审过程应明确记录并予以保持。就外部审核而言,该规则第 36 条第 3 款规定:“外部审核由审核机构组织实施,分为初次审核、中间审核、换证审核、附加审核和跟踪审核。”该规则第 44 条第 1 款规定:“审核机构根据审核结论及不符合项纠正情况,在审核结束之日起 3 个月内决定是否颁发质量管理体系证书或做相应的签注。”该规则第 44 条第 2 款规定:“质量管理体系证书有效期不超过 5 年,其有效性服从于有效期内各次外部审核的结果。”

另外,《鼓励外商投资产业指导目录(2022 年版)》将“非学历类职业培训机构”纳入鼓励外商投资的产业。依据前述分析,海员培训机构应当属于此类机构。这表明,我国目前对于海员职业培训机构中的外资占比已不作限制,允许设立外商独资的海员培训机构。

4.4.4 中国应对《〈1978 年海员培训、发证和值班标准国际公约〉的马尼拉修正案》的举措

《〈1978 年海员培训、发证和值班标准国际公约〉的马尼拉修正案》于 2012 年 1 月 1 日生效,从生效之日起至 2016 年 12 月 31 日为履约过渡期,而从 2017 年 1 月 1 日起,所有海员都必须持新版适任证书和培训合格证上船任职。① 就过渡期的海员适任证书

① 参见《STCW 公约马尼拉修正案过渡规定实施办法》(海船员〔2012〕172 号)第 4 条。

的培训、考试和发证工作而言,《〈1978 年海员培训、发证和值班标准国际公约〉的马尼拉修正案》第Ⅰ/15 条"过渡性条款"指出:"在 2017 年 1 月 1 日之前,缔约国可按照本公约在 2012 年 1 月 1 日之前适用的规定,对在 2013 年 7 月 1 日之前开始了经认可的海上服务资历、经认可的教育和培训计划或经认可的培训课程的海员,继续签发、承认和签注其证书。"就过渡期的海员适任证书的再有效工作而言,该修正案第Ⅰ/15 条规定:"在 2017 年 1 月 1 日之前,缔约国可按照本公约在 2012 年 1 月 1 日之前适用的规定,继续更新证书和签注及使证书和签注再有效。"

为做好过渡期的海员培训、考试和发证工作,中国海事局专门下发《关于做好 STCW 公约马尼拉修正案履约准备工作有关事项的通知》(已失效),该通知对经调整的适任培训的场地、设施、设备标准和教学人员提出了具体的要求。[①] 随后,中国海事局又印发了《STCW 公约马尼拉修正案过渡规定实施办法》,该办法为过渡时期的履约准备工作作出了更细致的规划。按照该办法中"过渡性条款"的规定,中国对"在 2012 年 3 月 1 日前已从事海员职业人员"以及"在 2013 年 7 月 1 日前已接受海员教育和培训,但其所接受的教育和培训未满足《〈1978 年海员培训、发证和值班标准国际公约〉的马尼拉修正案》要求的人员"这两类人员在过渡期期间的培训、发证以及上岗工作作出了符合该公约规定的安排。另外,2011 年 10 月 29 日,中国海事局颁布《关于做好 STCW 马尼拉修正案履约准备工作有关事项的通知》(海船员〔2011〕923 号),对《〈1978 年海员培训、发证和值班标准国际公约〉的马尼拉修正案》新增的"电子海图显示与信息系统(Electronic Chart

---

① 参见《关于做好 STCW 公约马尼拉修正案履约准备工作有关事项的通知》附件,载交通运输部网,https://www.mot.gov.cn/,访问日期:2023 年 3 月 20 日。

Display and Information System, ECDIS）培训、驾驶台资源管理（Bridge Resources Management, BRM）培训和机舱资源管理（Engineroom Resource Management, ERM）培训”“电子电气员、电子技工、高级值班水手和高级值班机工适任培训”“保安意识和负有指定保安职责培训”及经过调整后的“油船和化学品船货物操作基本培训”、“油船货物操作高级培训”和“客船培训”的培训场地、设施、设备标准和教学人员等内容提出了新的要求。①

《STCW 公约马尼拉修正案过渡规定实施办法》和《关于海船船员培训考试和发证工作有关事项的通知》（海船员〔2013〕266号）还就 2004 年版《海船船员适任考试、评估和发证规则》和《海船船员适任考试和发证规则》下的海员岗位适任证书的转换衔接工作以及持有旧版的《专业培训合格证书》和旧版的《特殊培训合格证书》的海员申请换发新版培训合格证的条件作出了详细的安排。随着中国履约进程不断推进以及《〈1978 年海员培训、发证和值班标准国际公约〉的马尼拉修正案》规定的过渡期的结束，中国交通运输部和海事局发布了一系列规定。现行有效的规定是交通运输部于 2020 年 7 月发布的《海船船员适任考试和发证规则》（2022 年修正）②，同年 10 月中国海事局颁布了《〈中华人民共和国海船船员适任考试和发证规则〉实施办法》，对《海船船员适

① 参见《STCW 公约马尼拉修正案过渡规定实施办法》第 8 条、《关于做好 STCW 公约马尼拉修正案履约准备工作有关事项的通知》（已失效）第 1 条。

② 此规则在 2022 年进行了一次修正，主要涉及第 65 条第 1 款相关海船进入内河航行的补充考核船上相关人员问题。参见《交通运输部关于修改〈中华人民共和国海船船员适任考试和发证规则〉的决定》（2022 年第 15 号）。但是配套的实施办法没有新的修改版。

任考试和发证规则》的相关内容进行了一定调整和优化，对考试地点、考试科目、补考次数、成绩转换、见习资历等培训考试事项作出了规定，[①]但此实施办法有效期为5年，其将于2025年10月30日失效。[②] 综上，虽然《〈1978年海员培训、发证和值班标准国际公约〉的马尼拉修正案》规定的过渡期早已经结束，但作为《STCW公约》在中国实施过程中的一个重要节点，有必要在本书用一节介绍一下这个过渡历程。

4.5 获得社会保险和社会福利的权利

社会保险是指由国家建立、旨在"保障公民在年老、疾病、工伤、失业、生育等情况下依法从国家和社会获得物质帮助的权利"的包括"基本养老保险、基本医疗保险、工伤保险、失业保险、生育保险"在内的保险制度。[③] 社会福利主要指由国家负责发展、为劳动者提供的休息、休养和疗养等待遇。[④] 社会保险和社会福利的区分可以作如下总结：社会保险旨在满足社会成员的基本生活需要，而社会福利旨在提高社会成员的生活质量，满足社会成员的发展需要。[⑤] 笔者以下将依据中国内国法和相关国际公约的规定对海员应当获得的社会保险和社会福利进行详细讨论。

---

① 参见《〈中华人民共和国海船船员适任考试和发证规则〉实施办法》第3条、第5条、第17条。

② 参见《〈中华人民共和国海船船员适任考试和发证规则〉实施办法》第30条。

③ 参见《社会保险法》第2条。

④ 参见《劳动法》第76条。

⑤ 参见田北海：《社会福利概念辨析——兼论社会福利与社会保障的关系》，载《学术界》2008年第2期，第278页。

4.5.1 社会保险

中国《宪法》和《劳动法》对劳动者有权享受社会保险作出了原则性的规定，其强调中国的劳动者有权在年老、疾病、工伤、失业、生育或丧失劳动能力的情况下获得帮助和补偿。① 除此之外，1995年1月1起施行的《企业职工生育保险试行办法》、2019年3月24日起施行的《社会保险费征缴暂行条例》、1999年1月22日起施行的《失业保险条例》、2011年1月1日起施行的《工伤保险条例》和2018年12月29日起施行的《社会保险法》等一系列法律法规均适用于海员的社会保险权益保护。《船员条例》第21条第1款亦明确规定："船员用人单位和船员应当按照国家有关规定参加工伤保险、医疗保险、养老保险、失业保险以及其他社会保险，并依法按时足额缴纳各项保险费用。"

4.5.1.1 《海事劳工公约》中有关社会保险的规定

各国由于经济发展水平、社会制度的不同，其社会保障很难在国际层面达成统一。因此，《海事劳工公约》的规则4.5提出，各成员国可以根据本国现有情况采取措施，逐步为海员提供"全面的社会保障"。该公约的标准A4.5第1款列举了"全面的社会保障"所涉及的9个分项，即医疗、疾病津贴、失业津贴、老年津贴、工伤津贴、家庭津贴、生育津贴、病残津贴和遗属津贴。该公约的标准A4.5第2款要求缔约国在国内法层面为本国的海员提供该款所列举的9种社会保障项目中的至少3种社会保障，并须向国际劳工局报告该国海员享受的是9类社会保障中的哪3种社会保障。该公约的规则A4.5第3款还特别强调，缔约国给予"受其社会保障法律管辖"的海员的保护"不得低于"该国岸上工作居民享受的社会保障待

① 参见《宪法》第45条和《劳动法》第70条。

遇。根据国际劳工组织出版的《〈海事劳工公约〉常见问题回答》C4.5.a段和C4.5.b段的解释,该标准中的社会保障指的是:对病痛、残疾、生育、工伤、失业、年老、家庭成员死亡所导致的工作收入损失,无法负担医疗、无法为受赡养人提供支持以及处于贫穷状态、受到社会排挤的海员,海员居住国应以现金或其他方式给予保障。①

国际劳工组织《〈海事劳工公约〉常见问题回答》C4.5.e段针对该公约的规则4.5解释称,②如果缔约国国内已有的社会保障体系已将作为"普通居民"(ordinary resident)的海员及其受赡养人涵盖在内,则该缔约国在实施《海事劳工公约》时几乎不需要对国内法作大的修改,因为对于陆上劳动者能够享受的社会保险待遇,海员及其受赡养人也同样能够享受。③ 换言之,该缔约国只需要不断扩大该国社会保障体系,以力求全面覆盖标准A4.5所列举的9个分项。《〈海事劳工公约〉常见问题回答》又解释称,④若一缔约国已经建立社会保障体系,而作为该国普通居民的海员并没有为该社会保障体系所涵盖,该缔约国就应将海员及其受赡养人囊括进该国的社会保障体系中,并确保海员及其受赡养人享受的待遇不低于岸上工作人员。此外,《〈海事劳工公约〉常见问题回答》就该公约的规则4.5解释称,若海员在悬挂非居住国船旗的船舶上工作,海员居住国和船旗国可以通过双边、多边或其他形式合作,确保海员能够获得相应的社会保障保护。⑤

同时,《海事劳工公约》的标准A4.5第10款指出,"各成员国

① 参见国际劳工组织网,https://www.ilo.org/,访问日期:2023年3月20日。
② 参见国际劳工组织网,https://www.ilo.org/,访问日期:2023年3月20日。
③ 参见国际劳工组织网,https://www.ilo.org/,访问日期:2023年3月20日。
④ 参见国际劳工组织网,https://www.ilo.org/,访问日期:2023年3月20日。
⑤ 参见国际劳工组织网,https://www.ilo.org/,访问日期:2023年3月20日。

在批准公约时应明确指出其根据本标准第 2 款所提供保护的分项险种”。全国人大常委会在《关于批准〈2006 年海事劳工公约〉的决定》中声明，中国提供的社会保障包括五项，即“养老保险、医疗保险、工伤保险、失业保险和生育保险”。①

4.5.1.2　中国内国法的规定

《劳动法》第 72 条强调：“用人单位和劳动者必须依法参加社会保险，缴纳社会保险费。”可见，参加社会保险既是每个劳动者应该享有的权利，也是劳动者必须承担的义务。

从保险类型看，中国的社会保险分为基本养老保险、基本医疗保险、工伤保险、失业保险和生育保险五种。②

从征缴范围看，基本医疗保险费的征缴范围最广，其包括“国有企业、城镇集体企业、外商投资企业、城镇私营企业和其他城镇企业及其职工，国家机关及其工作人员，事业单位及其职工，民办非企业单位及其职工，社会团体及其专职人员”③。可见基本医疗保险费的征缴范围既涵盖了国家机关及其职工，又涵盖了企事业单位和社会团体及其职工和专职人员。

基本养老保险费的征缴范围包括“国有企业、城镇集体企业、外商投资企业、城镇私营企业和其他城镇企业及其职工，实行企业化管理的事业单位及其职工”④。换言之，国家机关及其工作人

---

① 除这五项外，就收入税而言，在 2027 年底前，如果远洋船员在船时间在一个纳税年度里超过 183 天，“其取得的工资薪金收入减按 50% 计入应纳税所得额，依法缴纳个人所得税。”参见财政部、税务总局《关于延续实施远洋船员个人所得税政策的公告》（财政部、税务总局公告 2023 年第 31 号），载国家税务总局网，http://www.chinatax.gov.cn，访问时间：2025 年 7 月 30 日。

② 《社会保险法》第 2 条规定：“国家建立基本养老保险、基本医疗保险、工伤保险、失业保险、生育保险等社会保险制度，保障公民在年老、疾病、工伤、失业、生育等情况下依法从国家和社会获得物质帮助的权利。”

③ 《社会保险费征缴暂行条例》第 3 条第 2 款。

④ 《社会保险费征缴暂行条例》第 3 条第 1 款。

员、非实行企业化管理的事业单位及其职工、民办非企业单位及其职工以及社会团体及其专职人员并不属于基本养老保险费的征缴范围,但需要注意以下几点。

第一,《社会保险法》第10条第3款指出:“公务员和参照公务员法管理的工作人员养老保险的办法由国务院规定。”《公务员法》第112条指出:“法律、法规授权的具有公共事务管理职能的事业单位中除工勤人员以外的工作人员,经批准参照本法进行管理。”因此,就公务员和非实行企业化管理的事业单位而言,其参加基本养老保险的办法并不适用《社会保险法》的相关规定,而应当根据国务院的其他规定办理。

第二,原劳动和社会保障部答复黑龙江省劳动和社会保障厅的《劳动和社会保障部办公厅关于对社会力量所办学校等民办非企业单位参加城镇企业职工养老保险的复函》(劳社厅函〔2003〕317号)指出:“各地在扩大基本养老保险覆盖面工作中,可结合本地区的实际情况,将社会力量所办学校等民办非企业单位纳入当地企业职工基本养老保险,执行企业职工基本养老保险制度。”可见,民办非企业单位及其职工是可以参加基本养老保险的。

第三,民政部和原劳动和社会保障部于2008年3月28日颁布的《关于社会组织专职工作人员参加养老保险有关问题的通知》(劳社部发〔2008〕11号)明确提出:“凡依法在各级民政部门登记的社会团体(包括社会团体分支机构和代表机构)、基金会(包括基金会分支行机构和代表机构)、民办非企业单位、境外非政府组织驻华代表机构及其签订聘用合同或劳动合同的专职工作人员(不包括兼职人员、劳务派遣人员、返聘的离退休人员和纳入行政事业编制的人员),应当参加当地企业职工基本养老保险。”因此,社会团体及其职工也是可以参加基本养老保险的。

失业保险费的征缴范围包括“国有企业、城镇集体企业、外商投资企业、城镇私营企业和其他城镇企业及其职工，事业单位及其职工"[①]。此外，省、自治区和直辖市人民政府"根据当地实际情况"，可以规定"将社会团体及其专职人员、民办非企业单位及其职工以及有雇工的城镇个体工商户及其雇工纳入失业保险的范围"[②]。而且《社会保险法》、《社会保险费征缴暂行条例》和 1999 年 1 月 22 日施行的国务院《失业保险条例》[③]均未将公务员纳入失业保险费的征缴范围。

工伤保险的范围包括了"中华人民共和国境内的企业、事业单位、社会团体、民办非企业单位、基金会、律师事务所、会计师事务所等组织和有雇工的个体工商户"[④]。同样，尽管《工伤保险条例》规定的征缴范围极其广泛，但是公务员仍未被纳入工伤保险费的征缴范围。值得注意的是，在"齐某国、牛某香船员劳务合同纠纷案"中，[⑤]福建省高级人民法院指出，相关社会保险行政部门对工伤性质作出认定后，船员方可就相关工伤保险待遇争议向法院提起诉讼。

依照原劳动部颁布的 1995 年 1 月 1 日起施行的规章《企业职工生育保险试行办法》第 2 条，生育保险仅涵盖了"城镇企业及其职工"。2018 年修正的《社会保险法》第 64 条第 1 款明确规定，"基本医疗保险基金与生育保险基金合并"。2019 年，国务院办公厅颁布《关于全面推进生育保险和职工基本医疗保险合并实施的

① 《社会保险费征缴暂行条例》第 3 条第 3 款。

② 《社会保险费征缴暂行条例》第 3 条第 4 款。

③ 《失业保险条例》第 2 条规定了失业保险费的征缴范围，该条指出："城镇企业事业单位、城镇企业事业单位职工依照本条例的规定，缴纳失业保险费。城镇企业事业单位失业人员依照本条例的规定，享受失业保险待遇。本条所称城镇企业，是指国有企业、城镇集体企业、外商投资企业、城镇私营企业以及其他城镇企业。"

④ 《工伤保险条例》第 2 条。

⑤ 参见福建省高级人民法院民事裁定书，(2017)闽民终 352 号。

意见》(国办发〔2019〕10 号),明确规定“生育保险基金并入职工基本医疗保险基金,统一征缴,统筹层次一致”。生育保险纳入基本医疗保险基金范畴。

从缴费主体看,基本养老保险费、基本医疗保险费和失业保险费是由用人单位和职工共同缴纳的;而工伤保险费和生育保险费仅由用人单位缴纳,而职工并不缴纳。[①] 值得注意的是,“无雇工的个体工商户、未在用人单位参加基本养老保险的非全日制从业人员以及其他灵活就业人员”可以参加基本养老保险和基本医疗保险,由个人缴纳养老保险费和医疗保险费。[②] 此外,省、自治区和直辖市人民政府“根据当地实际情况”,可以规定“将社会团体及其专职人员、民办非企业单位及其职工以及有雇工的城镇个体工商户及其雇工纳入失业保险的范围”。[③] 从缴费形式来看,社会保险费以货币形式全额缴纳,其中职工应当缴纳的费用由用人单位从其工资中代扣代缴。[④]

船东与作为其职工的海员应依法按照上述《劳动法》《社会保险法》和国务院颁布的《社会保险费征缴暂行条例》《工伤保险条

---

① 《社会保险法》第 10 条第 1 款规定:“职工应当参加基本养老保险,由用人单位和职工共同缴纳基本养老保险费。”第 23 条第 1 款明确:“职工应当参加职工基本医疗保险,由用人单位和职工按照国家规定共同缴纳基本医疗保险费。”第 33 条指出:“职工应当参加工伤保险,由用人单位缴纳工伤保险费,职工不缴纳工伤保险费。”第 44 条提出:“职工应当参加失业保险,由用人单位和职工按照国家规定共同缴纳失业保险费。”第 53 条强调:“职工应当参加生育保险,由用人单位按照国家规定缴纳生育保险费,职工不缴纳生育保险费。”

② 参见《社会保险法》第 10 条以及第 23 条第 2 款。

③ 参见《社会保险费征缴暂行条例》第 3 条第 4 款。

④ 《社会保险费征缴暂行条例》第 12 条指出:“缴费单位和缴费个人应当以货币形式全额缴纳社会保险费。缴费个人应当缴纳的社会保险费,由所在单位从其本人工资中代扣代缴。社会保险费不得减免。”

例》《失业保险条例》等行政法规和原劳动部颁布的《企业职工生育保险试行办法》的要求参加基本养老险、基本医疗保险、失业保险、工伤保险和生育保险。因而就社会保障而言，中国内国法的规定实际上已满足了《海事劳工公约》的相关要求。

但如前文所述，在海员与船东签订雇佣合同的情况下，双方不存在劳动关系，而是平等的民事主体，故船东无须参加社会保险，也无须为海员缴纳社会保险费。当然，正如上文所述，“无雇工的个体工商户、未在用人单位参加基本养老保险的非全日制从业人员以及其他灵活就业人员”可以参加基本养老保险和基本医疗保险，由个人缴纳养老保险费和医疗保险费，[①]因而这类海员可以自行缴费参加基本养老保险和基本医疗保险。但与船东建立雇佣关系的中国籍海员仍无法参加工伤保险、生育保险和失业保险，而这似乎违背了全国人大常委会在批准《海事劳工公约》时所作的有关中国向海员提供工伤、生育、失业、养老和医疗保险五种社会保险的承诺声明。当然，从另一个角度看，《海事劳工公约》的标准A4.5第3款强调的是，海员及其被赡养人有权享受“不低于”岸上工作人员的社会保障待遇。该项规定并未要求海员及其被赡养人的社会保障待遇高于岸上工作人员。按照上述中国内国法的规定，在仅订立雇佣合同的情况下，岸上的受雇人员也只能通过自行缴费的方式获得基本养老保险和基本医疗保险。可见，与船东订立雇佣合同的海员通过自行缴费参加养老保险和医疗

① 《社会保险法》第10条第2款规定：“无雇工的个体工商户、未在用人单位参加基本养老保险的非全日制从业人员以及其他灵活就业人员可以参加基本养老保险，由个人缴纳基本养老保险费。”第23条第2款指出：“无雇工的个体工商户、未在用人单位参加职工基本医疗保险的非全日制从业人员以及其他灵活就业人员可以参加职工基本医疗保险，由个人按照国家规定缴纳基本医疗保险费。”

保险这一情况实际上并未违背《海事劳工公约》的标准 A4.5。但无论如何，这一情况仍可能与全国人大常委会批准该公约时所作的承诺发生冲突。故笔者认为，人力资源和社会保障部应当同国家海事行政主管部门就此问题进行协商，依照《海事劳工公约》的规定对雇佣关系下的海员所能获得的社会保险项目作出明确规定。

4.5.2　公共福利

本书之前的章节已就海员有权享受的职工福利待遇进行了详细讨论，此处不再赘述。以下主要对海员工会以及海员有权获得的福利设施与服务作一扼要介绍。

4.5.2.1　海员工会

《海事劳工公约》中没有关于海员工会的规定。中国《工会法》第 3 条第 1 款则明确提出："在中国境内的企业、事业单位、机关、社会组织（以下统称用人单位）中以工资收入为主要生活来源的劳动者，不分民族、种族、性别、职业、宗教信仰、教育程度，都有依法参加和组织工会的权利。任何组织和个人不得阻挠和限制。"

中国《工会法》《劳动法》《劳动合同法》都对工会的职责作出了规定。《工会法》第 6 条指出："维护职工合法权益、竭诚服务职工群众是工会的基本职责。"《劳动法》第 7 条规定："劳动者有权依法参加和组织工会。工会代表和维护劳动者的合法权益，依法独立自主地开展活动。"《劳动合同法》第 78 条规定："工会依法维护劳动者的合法权益，对用人单位履行劳动合同、集体合同的情况进行监督。用人单位违反劳动法律、法规和劳动合同、集体合同的，工会有权提出意见或者要求纠正；劳动者申请仲裁、提起诉讼的，工会依法给予支持和帮助。"可见，中国工会的主要职责是维护职工的合法权益。

《工会法》第11条第4款规定："同一行业或者性质相近的几个行业,可以根据需要建立全国的或者地方的产业工会。"中国海员建设工会正是在中华全国总工会领导下的全国性产业工会组织,是海员合法权益的代表者和维护者,①其职责是维护海员职工的合法权益。《船员条例》第28条特别强调,船员工会组织有责任"加强对船员合法权益的保护,指导、帮助船员与船员用人单位订立劳动合同"。

根据上述规定可知,海员工会有责任依法代表海员与海员用人单位就合同条款进行平等协商,通过签订集体合同的方式来维护海员群体的合法权益。同时,海员工会也应对海员签订劳动合同提供相应的指导,从而有效维护海员的个体合法权益。

4.5.2.2　海员有权获得的岸上福利设施与服务

享受岸上福利设施对海员的健康福利十分重要。根据《海事劳工公约》的规则4.4第1款,岸上福利设施主要包括必要的会议室和娱乐室、运动设施和户外活动设施、教育设施、举行宗教仪式和个人咨询的设施。该公约的规则4.4第1款指出:"各成员国应确保如果存在岸上福利设施,应易于供海员使用。成员国还应促进在指定的港口发展本守则中所列的福利设施,为挂靠其港口的船舶上的海员提供充分的福利设施与服务。"除了这项原则性规定外,《海事劳工公约》的标准A4.4要求缔约国确保海员能够公平

---

① 参见中国海员建设工会网,https://hyjs.acftu.org/,访问日期:2023年3月20日。

地享受缔约国港口的设施,[①]要求缔约国发展港口福利设施,[②]还要求缔约国设立福利委员会对港口福利设施进行定期检查。[③] 该公约的导则 B4.4 还对港口福利设施与服务的提供主体、内容,福利委员会、福利设施的资金来源作出了建议性规定。另外,经修正的《1965 年国际便利海上运输公约》的 2016 年修正案明确提出,[④]港口国不得因海员的"国籍、种族、肤色、性别、宗教、政治见解或社会出身"限制其上岸权利。[⑤] 此规定也在最近国际劳工组织举行的海事劳工公约下的第五次三方会议所审议的对海事劳工公约的修改中得到反映。[⑥] 此外,如对海员使用岸上港口福利设施作出任何歧视性规定和拒绝其上岸申请,相关部门应向船长或海员进行解释。[⑦]

相比而言,除《劳动法》的原则性规定外,[⑧]中国国内其他的法律法规并未对港口福利设施作出任何具体规定。

---

① 参见《海事劳工公约》的标准 A4.4 第 1 款。

② 参见《海事劳工公约》的标准 A4.4 第 2 款。

③ 参见《海事劳工公约》的标准 A4.4 第 3 款。

④ 参见 Res. FAL. 12(40),此修正案已于 2018 年 1 月 1 日生效,载国际海事信息网,https://www.imo.org/en/,访问日期:2021 年 2 月 10 日。

⑤ 此公约之后又经历了两次有关其他内容的修改,它们分别是:(1)2022 年的修正案(已于2024 年1 月1 日生效);(2)2023 年的修改(已于2025 年1 月1 日生效)。载国际海事组织网,https://www.imo.org/,访问日期:2025 年 5 月 31 日。

⑥ 参见《海事劳工公约》修改版规则 2.5 第 1 款(10)。此修改版如在 2025 年 6 月举行的最后审议汇总通过,其将于 2027 年生效,载国际劳工组织网,https://www.ilo.org/,访问日期:2025 年 5 月 17 日。

⑦ 参见《国际便利海上运输公约》2016 年修正案附则第 3 节 G。

⑧ 《劳动法》第 3 条第 1 款规定:"劳动者享有平等就业和选择职业的权利、取得劳动报酬的权利、休息休假的权利、获得劳动安全卫生保护的权利、接受职业技能培训的权利、享受社会保险和福利的权利、提请劳动争议处理的权利以及法律规定的其他劳动权利。"该法第 76 条强调:"国家发展社会福利事业,兴建公共福利设施,为劳动者休息、休养和疗养提供条件。用人单位应当创造条件,改善集体福利,提高劳动者的福利待遇。"

4.6　得到遣返的权利

在海员协议到期、海员或船东终止就业协议以及海员失去履行职责的能力等情况下，如果相关海员得不到及时遣返，就等同于遭到了遗弃。被遗弃海员的权利会受到严重损害，在某些个案中甚至可能连基本的人权都得不到保障。如在2007年的"'客舍尼斯(Khersones)轮'海员遗弃案"中，"客舍尼斯"轮因拖欠港口规费被港口当局扣押，但船东无从得知该情况，导致5名海员被遗弃在巴林港的"客舍尼斯"轮上长达10个月，由于该轮没有上岸的权利，船上5名海员实际上相当于被囚禁在船上长达10个月。①

《海事劳工公约》的规则2.5指出，遣返目的是"确保海员能够回家"。结合《船员条例》第27条，②笔者认为"遣返"应当指海员在法定的情形下被送回其国籍国、居住国、接受雇佣的地点、船舶开航的港口或与船东协议确定的其他地点。

4.6.1　海员遣返的情形

《海事劳工公约》的标准A2.5第1款规定了三种海员有权获得遣返的情形。在海员在船上的服务期限达到缔约国国内法规定的要求（服务期最长不超过12个月）的情况下，③一旦出现下述三种情形中的一种，海员就有权得到遣返。第一种情况是海员身处国外(abroad)时就业协议终止。"国外"的含义并不明确，根据该

---

① See Let Us Remember Forgotten Crews, TradeWinds, https://www.tradewindsnews.com, Last Visited: March 20th, 2023.

② 参见《船员条例》第27条。

③ 参见《海事劳工公约》的标准A2.5第2款(b)。

公约的导则 B2.5 对遣返目的地的解释,“国外”应该指除海员同意接受雇佣的地点、集体协议规定的地点、海员的居住国或其他聘用时双方同意的地点以外的地点。[①] 第二种情况是协议提前终止时,且原因是被船东终止,或被海员出于合理的理由终止。[②] 第三种情况是海员不再具备履行职责的能力或具体情形下不能指望海员履行职责。[③] 需要注意的是,《海事劳工公约》上述规定是对作为公约缔约国的船旗国施加的义务。

《海上交通安全法》第 14 条第 1 款规定,所有人、经营人或者管理人应当为其国际航行船舶申请取得海事劳工证书,其已就船员遣返费用以及在船就业期间发生伤害、疾病或者死亡依法应当支付的费用提供相应的财务担保或者投保相应的保险也是取得上述证书的条件之一。国务院《船员条例》第 31 条列明了海员有权要求遣返的情形,包括“劳动合同终止或者依法解除”、海员“不具备履行船上岗位职责能力”、“船舶灭失”、未经海员同意“船舶驶往战区、疫区”以及船东“由于破产、变卖船舶、改变船舶登记或者其他原因”不能继续履行对海员的法定或者约定义务。[④] 可见,《船员条例》所规定的海员有权获得遣返的情形多于《海事劳工公约》的规定。故中国内国法就此所作的规定已达到甚至超出了该公约设定的标准。

4.6.2　遣返目的地

《海事劳工公约》的标准 A2.5 的第 2 款指出,该公约成员国可以通过国内立法对遣返目的地作出具体规定。该公约中不具

① 参见《海事劳工公约》的导则 B2.5 第 6 款。

② 参见《海事劳工公约》的标准 A2.5 第 1 款(b)。

③ 参见《海事劳工公约》的标准 A2.5 第 1 款(c)。

④ 参见《船员条例》第 27 条。

有强制约束力的导则 B2.5.1 的第 6 款进一步列举了可供海员选择的遣返目的地,包括:"(a)海员同意接受雇用的地点;(b)集体协议规定的地点;(c)海员的居住国;或(d)可能在聘用时双方同意的其他地点。"国务院《船员条例》第 28 条列举了可供海员选择的遣返目的地,包括"船员接受招用的地点或者上船任职的地点""船员的居住地、户籍所在地或者船籍登记国""船员与船员用人单位或者船舶所有人约定的地点"。该规定完全符合《海事劳工公约》的要求。

4.6.3　遣返费用的负担

《海事劳工公约》指出,海员本人不负担遣返的费用,[①]除非根据国家法律或条例或其他措施或适用的集体谈判协议,海员出现严重失职而被遣返[②]。该公约的标准 A2.5 第 5 款进一步指出,若船东未能为海员安排遣返或负担遣返费用,船旗国的主管当局应当安排有关海员的遣返。[③] 如果船旗国的主管当局未能安排海员遣返,海员将被遣返的起程国家或海员国籍国可以安排该海员的遣返,并向船旗国收回费用。[④] 在上述情况下,船旗国可以向船东追索遣返海员的费用。[⑤] 笔者认为,《海事劳工公约》不对遣返启程国和海员国籍国的遣返义务作强制性规定的原因之一可能在于,当这两个国家并非该公约成员国时,该公约强制规定其安排海

① 参见《海事劳工公约》的规则 2.5 第 1 款。

② 参见《海事劳工公约》的标准 A2.5 第 3 款。

③ 《海事劳工公约》的标准 A2.5 第 5 款规定:"如船东未能为有权得到遣返的海员安排遣返或负担其遣返费用:(a)船舶有权悬挂其旗帜的成员国的主管当局应安排有关海员的遣返;如果它未能这样做,海员将被遣返起程的国家或海员为其国民的国家可安排该海员的遣返,并向船舶所悬旗帜的成员国收回费用;(b)船舶所悬旗帜的成员国应能够向船东索回遣返海员发生的费用;(c)不论何种情况,均不得向海员收取遣返费用,本标准第 3 款规定的情况除外。"

④ 参见《海事劳工公约》的标准 A2.5 第 5 款(a)。

⑤ 参见《海事劳工公约》的标准 A2.5 第 5 款(b)。

员遣返并不具有太大的可执行性。

为确保船东支付海员的遣返费用,《海事劳工公约》的规则2.5第2款规定船旗国应要求船东提供财务担保。为落实该款规定,2014年《〈海事劳工公约〉修正案》(该修正案于2014年4月11日得到通过,并已于2017年1月生效)新增了标准A2.5.2,该标准要求缔约国为悬挂该国旗帜的船舶建立财务担保体系,以便海员在遭到遗弃时可以迅速有效地从该体系中取得遣返费用。[①]该标准还指出,此种财产担保体系可以采用社会保障计划、社会保险或国家基金的形式,[②]且船上应有此种财产担保证书的复印件以备检查。[③] 事实上,鉴于该公约的规则2.5之规定,国际保赔协会集团的13个成员早在2013年便已一致决定扩大承保范围,将船东破产以及《海事劳工公约》所规定的其他海员有权得到遣返的情况列入承保范围。[④] 该项承保范围的扩大已经于2013年8月20日即《海事劳工公约》正式生效之日起生效,如国际保赔协会集团将向船东会员签发协会《入会证书》(Certificate of Entry),该证书可以作为该船东会员符合《海事劳工公约》财务担保规定的证明。[⑤] 2017年1月18日,该修正案正式生效。为保障我国国际航行船舶正常营运,交通运输部经与中国海员建设工会、中国船东协会协商,印发了《关于我国履行〈2006年海事劳工公约〉第一修正

---

① 参见2014年《〈海事劳工公约〉修正案》的标准A2.5.2第4款。

② 参见2014年《〈海事劳工公约〉修正案》的标准A2.5.2第3款。

③ 参见2014年《〈海事劳工公约〉修正案》的标准A2.5.2第6款。

④ See Notice to Members No. 4 2013/2014 ,West,www. westpandi. com.

⑤ 参见汽船互保协会2013年3月通讯——《〈2006年海事劳工公约〉生效》,载中国船东互保协会网,https://www. chinapandi. com/index. php/cn/knowledge-bank-cn/multimedia-information-cn/42-category-cn/about-cpi/directors-cn/94-board-members-cn,访问日期:2023年3月20日。

案有关事项的通知》。该通知指出，在我国立法准备期间，中国籍国际航行船舶可暂时采取商业保险或其他类似担保形式，来满足公约财务担保修正案的要求。该通知明确认可了两种符合《海事劳工公约》修正案的担保形式：一是中国船东互保协会或国际保赔协会集团成员出具的财务担保证书，[①]二是我国合法商业保险公司、银行或其他金融机构出具的财务担保证书或证明文件。[②] 另外，在2025年4月国际劳工组织举行的《海事劳工公约》下的第五次三方会议上，正在审议的《海事劳工公约》的修正版本又对船员遣返费用作出了新的规定。[③]

值得注意的是，2023年3月27日至31日，国际海事组织召开法律委员会（LEG）第110届会议，就海员遗弃案件及受害海员遣返进行了专门讨论，指出2022年全年报告了109起新案件，其中仅41起案件得到解决。[④] 据此，该委员会敦促船旗国和港口国采取行动，确保前述财务担保修正案得到全面有效执行，并批准了国际海事组织/国际劳工组织三方工作组于2022年12月制定的具有建议性质的《港口国和船旗国处理海员被遗弃案件的导则》。[⑤] 该导则明确了在船东未履行其遣返义务的情况下，船旗国和港口国彼此协作，为受害船员提供帮助并协助其遣返的具体程序。[⑥]

---

① 参见《关于我国履行〈2006年海事劳工公约〉第一修正案有关事项的通知》第1条，载交通运输部网，https://www.mot.gov.cn/，访问日期：2025年5月30日。

② 参见《关于我国履行〈2006年海事劳工公约〉第一修正案有关事项的通知》第1条，载交通运输部网，https://www.mot.gov.cn/，访问日期：2025年5月30日。

③ 参见标准A2.5第1款（3）和导则B2.5第1款（3），载国际劳工组织网，https://www.ilo.org/，访问日期：2025年5月17日。

④ 参见国际海事组织网，https://www.imo.org/en/MediaCentre/MeetingSummaries/Pages/LEG-110th-.aspx，访问日期：2023年7月1日。

⑤ See LEG 108/4(d).

⑥ 参见《港口国和船旗国处理海员被遗弃案件的导则》第6段至第21段。

在中国内国法方面,《船员条例》第29条明确指出,遗返费用由海员用人单位支付,遣返费用包括“船员乘坐交通工具的费用、旅途中合理的食宿及医疗费用和30公斤行李的运输费用”。该条例第30条强调,若海员遣返权利遭受侵害,海员当时所在地的民政部门或中国驻境外领事机构应向其提供援助,在必要时可以垫付费用直接安排海员遣返。海员用人单位则应当及时将垫付费用返还安排海员遣返的民政部门或中国驻境外领事机构。该条例并未依据前述《海事劳工公约》的规则2.5和标准A2.5.2的要求对有关海员遣返费用的财务担保问题作出任何规定,但前述《对外劳务合作管理条例》有关劳务合作备用金的规定可认为在一定程度上满足了公约要求。

综上,国务院《船员条例》关于海员遣返的规定基本符合《海事劳工公约》的要求,但该条例仍有必要依据公约2014年修正案的规定对遣返费用的财产担保问题作出明确规定,否则中国参加的《海事劳工公约》在可适用的情况下也可优先适用。

4.7 获得招募安置的权利

依照《海事劳工公约》的规则4.1第1款的规定,招募安置(recruitment and replacement)是指将海员安排至船上就业。笔者已在本书第三章的“3.2.3 海员派遣机构”一小节对此问题进行了一定说明,故笔者以下仅对该公约的规定和中国内国法中的相关规定作一简要介绍。

4.7.1 海员招募安置机构

《海事劳工公约》的标准A1.4主要规定了三种海员招募安置

机构:公共的招募安置机构、私营的招募安置机构以及由海员组织运营的招募安置机构。《海事劳工公约》的标准 A1.4 强制要求缔约国设立公共海员招募和安置服务机构,[①]并以行政许可等方式对国内私营的海员安置与招募机构进行有效控制和管理。[②] 由海员组织经营的海员服务机构除了应依照私营海员服务机构的开办标准申领相应的执照或证件外,[③]此类机构还应满足四个额外条件,即该机构应"根据该组织与船东之间的集体谈判协议运营"[④],"海员组织和船东均设立于成员国的领土之内"[⑤],"该成员国有国家法律或条例或程序对允许运营招募和安置服务机构的集体谈判协议进行授权或登记"[⑥],以及该机构应当以有序方式运营,并且应当具备与该公约所规定相当的"保护和促进海员就业权利的措施"[⑦]。

《海事劳工公约》的标准 A1.4 第 9 款强调,缔约国的船东在利用非缔约国或该公约不适用的领土内设立的机构招募海员时,该船东应当尽可能确保这些机构符合该公约标准 A1.4 的要求。此项规定一方面可以防止船东规避该公约对海员服务机构所设定的标准,另一方面则可以认为变相扩张了《海事劳工公约》的适用范围。换言之,在非《海事劳工公约》缔约国内或该公约不适用的

① 参见《海事劳工公约》的标准 A1.4 第 1 款。此条也在对《海事劳工公约》的新修订版的审议中被修改了,详见《海事劳工公约》下的第五次三方会议内容,载国际劳工组织网,https://www.ilo.org/,访问日期:2025 年 5 月 17 日。

② 参见《海事劳工公约》的标准 A1.4 第 2 款。

③ 参见《海事劳工公约》的标准 A1.4 第 3 款。

④ 《海事劳工公约》的标准 A1.4 第 3 款(a)。

⑤ 《海事劳工公约》的标准 A1.4 第 3 款(b)。

⑥ 《海事劳工公约》的标准 A1.4 第 3 款(c)。

⑦ 《海事劳工公约》的标准 A1.4 第 3 款(d)。

领土内设立的海员服务机构也不得不尽量将自身标准提高至该公约所设定的标准,如此才能使此种机构提供的配员服务得以被尽可能多的缔约国船东所接受。

笔者认为,在中国内国法下,海员服务(包括职业中介)机构、海员劳务派遣机构、海员外派机构实际上扮演了《海事劳工公约》所称的海员安置招募机构的角色。故中国对相关机构的管理实质上就是履行《海事劳工公约》下管控海员安置招募机构的义务。本书已在第三章对海员服务(包括职业中介)机构、海员劳务派遣机构和海员外派机构进行了详细讨论,此处不再重复。总体上看,根据《劳动合同法》①、《劳务派遣行政许可实施办法》②和《就业服务与就业管理规定》③有关规定,中国对海员安置和招募机构实施了有效管控,符合前述《海事劳工公约》的要求。

4.7.2 海员招募安置的费用承担

《海事劳工公约》的标准 A1.4 第 5 款(b)要求缔约国通过国内立法,规定无论是何种类型的海员服务机构,其均不得因提供招募、安置或就业服务而直接或间接、全部或部分地向海员收取除“海员取得国家法定体检证书、国家海员服务簿、护照或其他类似个人旅行证件”之外的任何费用。换言之,私营的海员服务机构也只能向船东而不能向海员收取相关的服务费用,即无论为海员提供服务的是公共机构还是私营机构,海员获得的均是免费服务。

---

① 参见《劳动合同法》第 57 条和第 92 条。

② 参见《劳务派遣行政许可实施办法》第 6 条、第 13 条、第 14 条、第 18 条、第 22 条、第 24 条、第 25 条、第 26 条。

③ 参见《就业服务与就业管理规定》第 48 条。

《劳动合同法》第60条第3款规定："劳务派遣单位和用工单位不得向被派遣劳动者收取费用。"交通运输部《海员外派管理规定》第29条第1款指出："海员外派机构不得因提供就业机会而向外派海员收取费用。"由此可见，中国内国法律法规基本符合《海事劳工公约》的标准A1.4第5款(b)的规定。当然，海员上船工作的途径并不仅限于劳务派遣和海员外派两种。《就业促进法》中尽管有公共就业服务机构不得从事营利性活动之规定，[1]但该法并未明确禁止营利性就业服务机构向求职者收费。[2] 鉴于《海事劳工公约》的标准A1.4第5款(b)的要求，《船员条例》等中国内国法应当明确规定，海员服务机构在任何情况下都不得因提供就业中介服务而向海员收费。

综上所述，就海员安置和招募机构的管理而言，中国内国法的相关规定已基本达到了《海事劳工公约》的要求，但前述该公约的标准A1.4第3款中有关海员招募安置机构应"根据该组织与船东之间的集体谈判协议运营"[3]以及该公约成员国应依法"对允许运营招募和安置服务机构的集体谈判协议进行授权或登记"[4]之规定尚未在中国内国法中得到体现。

---

① 参见《就业促进法》第63条。

② 《就业促进法》第39条仅规定："从事职业中介活动，应当遵循合法、诚实信用、公平、公开的原则。用人单位通过职业中介机构招用人员，应当如实向职业中介机构提供岗位需求信息。禁止任何组织或者个人利用职业中介活动侵害劳动者的合法权益。"

③ 《海事劳工公约》的标准A1.4第3款(a)。

④ 《海事劳工公约》的标准A1.4第3款(c)。

4.8　获得人身伤亡损害赔偿的权利

海员人身伤亡损害赔偿主要指船舶在海上或者通海水域进行航运、作业过程中，海员遭受与其在船服务有关的生命、健康、身体损害，从而在受害海员和侵害人之间产生的请求赔偿权利和给付赔偿义务的债权债务关系。[①] 在上海海事法院审理的“永进公司诉天安财险海上保险合同纠纷案”中，法院明确指出，船上工作区域和生活区域在空间上高度重叠；船员从上船到下船期间均处于工作场所和工作时间，在此期间发生的人身伤亡属于海员人身伤亡范畴。[②]

中国曾将海上人身伤亡损害赔偿案件分为涉外与非涉外两类，对两者分别适用不同的审判规则。其中，涉外案件的审理适用最高人民法院于1992年颁布的《关于审理涉外海上人身伤亡案件损害赔偿的具体规定（试行）》（法发〔1992〕16号，以下简称《涉外人身损害赔偿规定》），非涉外案件的审理则适用最高人民法院于2004年颁布的《关于审理人身损害赔偿案件适用法律若干问题的解释》（法释〔2003〕20号，以下简称《人身损害赔偿司法解释》）。2013年1月，最高人民法院颁行《关于废止1980年1月1日至1997年6月30日期间发布的部分司法解释和司法解释性质文件

---

① 参见最高人民法院原《关于审理涉外海上人身伤亡案件损害赔偿的具体规定（试行）》（法发〔1992〕16号）第1条。

② 参见上海市高级人民法院：《上海法院涉船员权益保护海事审判典型案例》，载上海海事法院网，https://www.hshfy.sh.cn/css/2023/06/25/202306251538576265694.pdf。

(第九批)的决定》(法释〔2013〕2 号),将《涉外人身损害赔偿规定》废止。此后,海员人身伤亡损害赔偿案件的审理统一适用《人身损害赔偿司法解释》。2020 年 12 月、2022 年 2 月,最高人民法院先后两次对 2003 年版《人身损害赔偿司法解释》进行了修订,最新版司法解释自 2022 年 5 月 1 日起施行。

4.8.1　海员人身伤亡损害赔偿的归责原则与诉因选择

笔者以下结合国内法和相关国际公约,对海员人身伤亡相关法律问题进行探讨。

4.8.1.1　归责原则

《海事劳工公约》的标准 A4.2 第 1 款规定,船东须对海员在船工作期间发生的人身伤亡承担严格责任。该公约的标准 A4.2 第 5 款指出,缔约国国内立法仅可在三种情况下排除船东的赔偿责任:一是在船舶服务之外发生的其他伤害,①二是患病、人身伤亡系受害海员“故意不当行为”(willful misconduct)所致,②三是海员受雇时故意隐瞒疾病或病症。③ 这两款规定旨在强调,船东一般应对海员因工作遭受的人身伤亡承担严格责任,但该规定并未明确规定海员人身损害赔偿之诉属于违约之诉还是侵权之诉。国务院《船员条例》第 26 条第 3 款仅规定,若海员在船工作期间受伤或患病,船东应予以及时救治,但其亦未就人身损害赔偿问题作出任何特别规定。笔者认为,就海员人身损害赔偿案件而言,应分侵权和违约两种情况对船东的赔偿责任进行讨论。

根据《民法典》第 3 条,侵权行为是指侵害他人人身权利、财产

---

① 参见《海事劳工公约》的标准 A4.2 第 5 款(a)。
② 参见《海事劳工公约》的标准 A4.2 第 5 款(b)。
③ 参见《海事劳工公约》的标准 A4.2 第 5 款(c)。

权利以及其他合法权益的行为。依照《民法典》第1165条和第1166条的规定,侵权行为主要采用过错责任原则,并以无过错责任原则和公平责任原则为补充。《人身损害赔偿司法解释》第3条规定,在劳动关系中,如果劳动者向用人单位提起人身损害赔偿诉讼,法院应告知其“按《工伤保险条例》的规定处理”。该规定似乎表明劳动者不得向用人单位提起侵权之诉。但《安全生产法》第56条第2款明确指出:“因生产安全事故受到损害的从业人员,除依法享有工伤保险外,依照有关民事法律尚有获得赔偿的权利的,有权提出赔偿要求。”该规定表明,劳动者在获取工伤保险赔付后有权就未能填补的差额部分向用人单位提起侵权之诉。当然,在法律未作特别规定的情况下,这种侵权诉讼只能适用过错责任原则。2016年11月30日,最高人民法院发布的《第八次全国法院民事商事审判工作会议(民事部分)纪要》第9条指出,“被侵权人有权获得工伤保险待遇或者其他社会保险待遇的,侵权人的侵权责任不因受害人获得社会保险而减轻或者免除”,其“有权请求工伤保险基金或者其他社会保险支付工伤保险待遇或者其他保险待遇”。该纪要的规定充分证明了前述观点。

《民法典》第1192条第1款就劳务关系指出:“个人之间形成劳务关系,提供劳务一方因劳务造成他人损害的,由接受劳务一方承担侵权责任。接受劳务一方承担侵权责任后,可以向有故意或者重大过失的提供劳务一方追偿。提供劳务一方因劳务受到损害的,根据双方各自的过错承担相应的责任。”该规定体现了“利之所在,损之所归”①的原则,即接受他人提供劳务的一方应当承担

① 唐静:《论雇员受害赔偿纠纷中的雇主责任》,载王利明、公丕祥主编:《人身损害赔偿司法解释若干问题释评》,人民法院出版社2005年版,第253页。

相应的损害赔偿责任。这个原则比较合理。因为雇员的劳动条件由雇主提供,其工作程序由雇主安排,[①]一旦雇员在为雇主利益服务过程中遭受人身伤害,除非是其自身故意或者重大过失所致,否则雇主就应承担赔偿责任。[②]

依据《民法典》第 577 条,违约行为是指"当事人一方不履行合同义务或者履行合同义务不符合约定"。有观点认为,一般情况下,违约责任是无过错责任,不以违约方的过错作为其承担责任的前提,[③]但《民法典》也规定了部分采用过错责任原则的情形,如该法第 714 条[④]规定的承租人保管责任、第 784 条[⑤]规定的承揽人保管责任以及第 374 条[⑥]规定的保管人责任等。依据《劳动法》第 16 条,劳动合同是"劳动者与用人单位确立劳动关系、明确双方权利和义务的协议"。在劳动合同关系中,用人单位作为劳动力的使用者和劳动安全条件的提供者,负有保护劳动者在劳动过程中的安全和健康的法定义务。[⑦] 如果因用人单位违约而导致海员人身伤

---

① 参见赵振华:《海上人身伤亡损害赔偿法律问题研究》,西南政法大学 2007 年硕士学位论文,第 54 页。

② 参见赵振华:《海上人身伤亡损害赔偿法律问题研究》,西南政法大学 2007 年硕士学位论文,第 54 页。

③ 参见王利明、房绍坤、王轶:《合同法》(第 3 版),中国人民大学出版社 2009 年版,第 229 页。

④ 《民法典》第 714 条规定:"承租人应当妥善保管租赁物,因保管不善造成租赁物毁损、灭失的,应当承担赔偿责任。"

⑤ 《民法典》第 784 条规定:"承揽人应当妥善保管定作人提供的材料以及完成的工作成果,因保管不善造成毁损、灭失的,应当承担赔偿责任。"

⑥ 《民法典》第 897 条规定:"保管期内,因保管人保管不善造成保管物毁损、灭失的,保管人应当承担赔偿责任。但是,无偿保管人证明自己没有故意或者重大过失的,不承担赔偿责任。"

⑦ 参见尹飞:《用人者责任之研究——〈最高人民法院关于审理人身损害赔偿案件适用法律若干问题的解释〉相关规定的检讨和展望》,载王利明、公丕祥主编:《人身损害赔偿司法解释若干问题释评》,人民法院出版社 2005 年版,第 253 页。

亡事故,该用人单位就应当承担无过错责任。换言之,无论用人单位对事故的发生是否存在主观过错,其都应对劳动者的损失承担违约责任。

《民法典》并无“雇佣合同”这一类合同,故该法自不会对雇佣合同下违约责任的归责原则作出特别规定。笔者认为,雇佣合同应适用关于违约责任的一般性归责原则即无过错责任。在武汉海事法院审判的“龚某平、章某妹、刘某、龚某1、龚某2与被告江苏百家多式联运有限公司、被告南京长航新凤凰交通科技有限公司、被告洋浦中柏海运有限公司、被告苏美达国际技术贸易有限公司和被告冀东发展集团国际贸易有限公司海上、通海水域人身损害责任纠纷案”[1]中,法院认定,当时船舶“皖姥下河××××”轮船舶所有人未经船舶检验机构同意,擅自在压载舱与货舱之间的舱壁上开挖贯通孔洞,导致船载煤炭产生的有毒气体硫化氢从货舱进入压载水舱,造成其所雇用的当事船员中毒身亡,应承担侵权责任。[2]

4.8.1.2 诉因选择

在海员人身伤亡损害赔偿案件中通常会出现侵权责任和违约责任诉因竞合的情况。关于侵权责任和违约责任的竞合问题,《民法典》第186条规定:“因当事人一方的违约行为,损害对方人身权益、财产权益的,受损害方有权选择请求其承担违约责任或者侵权责任。”所以,如果出现了侵权责任和违约责任竞合的情形,受害海员可以根据自己的实际情况,选择以侵权责任或者违约责任提起诉讼。

---

① 参见武汉海事法院民事判决书,(2020)鄂72民初51号。

② 参见武汉海事法院民事判决书,(2020)鄂72民初51号。

在责任竞合情况下，诉因的选择十分重要，因为它直接关系到受害人权益能否得到切实的保护。根据《最高人民法院关于适用〈中华人民共和国民事诉讼法〉的解释》第247条，“当事人就已经提起诉讼的事项在诉讼过程中或者裁判生效后再次起诉，同时符合下列条件的，构成重复起诉：（一）后诉与前诉的当事人相同；（二）后诉与前诉的诉讼标的相同；（三）后诉与前诉的诉讼请求相同，或者后诉的诉讼请求实质上否定前诉裁判结果。当事人重复起诉的，裁定不予受理；已经受理的，裁定驳回起诉，但法律、司法解释另有规定的除外”。在“大通县民族贸易有限责任公司与青海金成房地产开发有限公司合资、合作开发房地产合同纠纷案”中[①]，最高人民法院强调，当事人若已选择违约或侵权之一诉因提起诉讼，其诉讼主张经法院审理后，不得再以另一诉因重复起诉。

以赔偿范围和准据法的适用为例，侵权之诉和违约之诉存在以下几方面差别：

从赔偿范围看，《民法典》第584条规定：“当事人一方不履行合同义务或者履行合同义务不符合约定，造成对方损失的，损失赔偿额应当相当于因违约所造成的损失，包括合同履行后可以获得的利益；但是，不得超过违约一方订立合同时预见到或者应当预见到的因违约可能造成的损失。”依据《民法典》第1179条[②]、第1183条[③]

① 参见最高人民法院民事裁定书，(2018)最高法民申2363号。

② 《民法典》第1179条规定：“侵害他人造成人身损害的，应当赔偿医疗费、护理费、交通费、营养费、住院伙食补助费等为治疗和康复支出的合理费用，以及因误工减少的收入。造成残疾的，还应当赔偿辅助器具费和残疾赔偿金；造成死亡的，还应当赔偿丧葬费和死亡赔偿金。”

③ 《民法典》第1183条第1款规定：“侵害自然人人身权益造成严重精神损害的，被侵权人有权请求精神损害赔偿。”

和《人身损害赔偿司法解释》第6条至第15条和第17条的规定,[①]人身侵权责任的赔偿范围一般包括医疗费、护理费、交通费、误工费、残疾生活辅助具费、残疾赔偿金、丧葬费、死亡赔偿金和精神损害赔偿金等。可见,人身伤亡侵权责任的赔偿范围比人身伤亡违约责任的赔偿范围宽泛,且赔偿数额明显较高。故倘若受害人有充分的证据证明对方存在过错,选择侵权之诉对其较为有利。[②] 如果受害人举证困难,其也可以选择合同之诉。要注意的是,依据《民法典》第180条,[③]如果海员的人身伤亡是由于船舶航

① 《人身损害赔偿司法解释》第6条规定:"医疗费根据医疗机构出具的医药费、住院费等收款凭证,结合病历和诊断证明等相关证据确定……"第7条规定:"误工费根据受害人的误工时间和收入状况确定……"第8条规定:"护理费根据护理人员的收入状况和护理人数、护理期限确定……"第9条规定:"交通费根据受害人及其必要的陪护人员因就医或者转院治疗实际发生的费用计算……"第10条规定:"住院伙食补助费可以参照当地国家机关一般工作人员的出差伙食补助标准予以确定……"第11条规定:"营养费根据受害人伤残情况参照医疗机构的意见确定……"第12条规定:"残疾赔偿金根据受害人丧失劳动能力程度或者伤残等级,按照受诉法院所在地上一年度城镇居民人均可支配收入标准,自定残之日起按二十年计算。但六十周岁以上的,年龄每增加一岁减少一年;七十五周岁以上的,按五年计算……"第13条规定:"残疾辅助器具费按照普通适用器具的合理费用标准计算。伤情有特殊需要的,可以参照辅助器具配制机构的意见确定相应的合理费用标准……"第14条规定:"丧葬费按照受诉法院所在地上一年度职工月平均工资标准,以六个月总额计算。"第15条规定:"死亡赔偿金按照受诉法院所在地上一年度城镇居民人均可支配收入标准,按二十年计算。但六十周岁以上的,年龄每增加一岁减少一年;七十五周岁以上的,按五年计算。"第17条规定:"被扶养人生活费根据扶养人丧失劳动能力程度,按照受诉法院所在地上一年度城镇居民人均消费支出标准计算。被扶养人为未成年人的,计算至十八周岁;被扶养人无劳动能力又无其他生活来源的,计算二十年。但六十周岁以上的,年龄每增加一岁减少一年;七十五周岁以上的,按五年计算……"

② 参见倪学伟:《海上人身伤亡损害赔偿标准类型化研究》,载《中国海商法年刊》2006年第00期,第268页。

③ 《民法典》第590条规定:"当事人一方因不可抗力不能履行合同的,根据不可抗力的影响,部分或者全部免除责任,但是法律另有规定的除外。因不可抗力不能履行合同的,应当及时通知对方,以减轻可能给对方造成的损失,并应当在合理期限内提供证明。当事人迟延履行后发生不可抗力的,不免除其违约责任。"

行过程中遭遇雷击或者风浪等不可抗力原因所导致的，[①]且船东能够证明其履行了安全保障义务，船东就不需要承担侵权或违约赔偿责任。但前述《海事劳工公约》的标准 A4.2 第 5 款并不允许缔约国国内法将不可抗力造成的海员人身损害排除在船东责任范围之外。从这一点看，中国内国法的规定与《海事劳工公约》的规定存在一定的冲突。当然，在涉外的情况下，《海事劳工公约》的规定应优先适用。另外，如前文所述，在劳动关系中，海员应当先依照《工伤保险条例》主张工伤保险赔偿，对于未能弥补的部分，海员还有权向船东提起违约之诉或侵权之诉。若海员选择提起侵权之诉，在法律未对此种诉讼的归责原则作出特别规定情况下，似乎只能适用过错责任原则。这也与《海事劳工公约》的标准 A4.2 第 1 款中有关船东对海员人身伤亡承担严格责任的规定存在一定矛盾。当然，对于在中国籍国际航行船舶和国内沿海航行船舶及其在这些船舶上工作的海员而言[②]，若其提起侵权诉讼，《海事劳工公约》有关船东承担严格责任的规定仍应得到优先适用。

4.8.2　海员人身伤亡损害赔偿权利主体与赔偿义务主体

本小节所称的权利主体是指有权就海员人身伤亡请求损害赔偿的人，而赔偿义务主体是指依法应对海员人身伤亡损害承担赔偿责任的人。

4.8.2.1　海员人身伤亡损害赔偿的权利主体

《海事劳工公约》的标准 A4.2 未就人身伤亡损害赔偿的权利主体作出明确规定。

---

① 参见最高人民法院民事判决书，(2008)民抗字第 14 号。

② 参见《交通运输部人力资源社会保障部关于履行〈2006 年海事劳工公约〉的公告》。

在中国内国法下，若海员与用人单位签订了劳动合同，依据《人身损害赔偿司法解释》第1条[①]和《工伤保险条例》第55条，[②]如果海员遭受了工伤，则该受伤海员与其近亲属均可作为赔偿权利主体，其中近亲属包括海员的"配偶、父母、子女、兄弟姐妹、祖父母、外祖父母、孙子女、外孙子女"[③]。

依据《民法典》第1181条的原则[④]和《人身损害赔偿解释》第1条第2款的规定，在海员与船东间订立雇佣合同的情形下，如果海员遭受了人身伤亡损害，不论原告选择何种诉因，海员与其近亲属、被扶养人均可以作为赔偿权利主体。如果被侵权人死亡，代为"支付被侵权人医疗费、丧葬费等合理费用的人"[⑤]也可作为赔偿权利主体。

《人身损害赔偿司法解释》第3条第2款还规定："因用人单位以外的第三人侵权造成劳动者人身损害，赔偿权利人请求第三人承担民事赔偿责任的，人民法院应予支持。"可见，即使海员获得了工伤保险赔付，如果该海员的人身损害是由用人单位以外的第三人侵权造成的，则该海员及其近亲属、被扶养人也可以作为赔偿权利主体向第三方提出索赔请求。

---

① 《人身损害赔偿司法解释》第1条第1款规定："因生命、身体、健康遭受侵害，赔偿权利人起诉请求赔偿义务人赔偿物质损害和精神损害的，人民法院应予受理。"

② 《工伤保险条例》第55条规定："有下列情形之一的，有关单位或者个人可以依法申请行政复议，也可以依法向人民法院提起行政诉讼：(一)申请工伤认定的职工或者其近亲属、该职工所在单位对工伤认定申请不予受理的决定不服的；(二)申请工伤认定的职工或者其近亲属、该职工所在单位对工伤认定结论不服的；(三)用人单位对经办机构确定的单位缴费费率不服的；(四)签订服务协议的医疗机构、辅助器具配置机构认为经办机构未履行有关协议或者规定的；(五)工伤职工或者其近亲属对经办机构核定的工伤保险待遇有异议的。"

③ 参见《民法典》第1045条。

④ 《民法典》第1181条第1款规定："被侵权人死亡的，其近亲属有权请求侵权人承担侵权责任。被侵权人为组织，该组织分立、合并的，承继权利的组织有权请求侵权人承担侵权责任。"

⑤ 参见《民法典》第1181条第2款。

2017年2月10日起实施的交通运输部《船舶登记办法》第21条规定,“利害关系人”可以依法查阅、复制船舶登记簿或者船舶登记档案,但未解释“利害关系人”的具体含义。笔者认为,在海员人身伤亡案件中,前述赔偿权利主体均可被认定为该办法中的“利害关系人”。

4.8.2.2　海员人身伤亡损害的主要赔偿义务主体

《海事劳工公约》的标准A4.2强调船东应对海员因工作导致的人身伤亡承担严格责任。[①] 依据该公约第2条第1款(j),该公约下的船东包括船舶所有人、经营人、管理人等,含义相当广泛。关于这一点,笔者在本书第一章已作说明,此处不再赘述。笔者以下仅就租船运输中可能承担赔偿责任的主体作一分析。

在租船运输中,船舶所有人与承租人均可能对海员承担相关的责任。《海商法》第127条指出,“本章关于出租人和承租人之间权利、义务的规定,仅在船舶租用合同没有约定或者没有不同约定时适用”。因而依照契约自由的原则,无论是何种租船合同,船舶出租人和船舶承租人双方均可在不违反法律的前提下进行自由协商。例如,在航次租船合同和定期租船合同中,尽管海员通常由船舶出租人负责配备,[②]但这并不意味着出租人对海员的全部事宜负责,而是应依据租船合同中有关海员的相关条款来确定责任的承担。倘若租船合同约定由出租人负责提供适航船舶,而海员人身伤亡恰为船舶未达到相关安全标准引起,则海员人身伤亡损

① 《海事劳工公约》的标准A4.2第1款规定:“各成员国应通过法律和条例,要求悬挂其旗帜的船舶的船东根据以下最低标准,对船上工作的所有海员的健康保护和医疗负责:……”

② 参见《海商法》第129条和第94条。

害赔偿的责任主体理应为出租人。[①] 如果租船合同约定由承租人提供约定的货物,而海员人身伤亡是因承租人提供了不符合约定的货物引起的,则海员可向承租人提起侵权之诉。当然,此时作为雇主的船舶出租人仍需要承担上述《民法典》下的雇主责任。[②] 换言之,海员或其近亲属既可以向提供不符合约定的货物的船舶承租人提出赔偿请求,也可向船舶出租人提出赔偿请求。如果海员或其近亲属向船舶所有人(出租人)提出了赔偿请求,船舶出租人向海员承担了全部责任后,可以向承租人进行追偿。[③] 这种追偿主要是基于两方面的原因:其一,承租人系违反了租船合同,应当承担违约责任;其二,《民法典》第1192条第2款明确规定,"提供劳务期间,因第三人的行为造成提供劳务一方损害的,提供劳务一方有权请求第三人承担侵权责任,也有权请求接受劳务一方给予补偿。接受劳务一方补偿后,可以向第三人追偿"。

对于承租人与出租人未就海员人身伤亡赔偿责任进行约定的情况,及各种租船合同中的"船东"身份的识别问题,笔者以下将进一步分情况讨论。

《海商法》第92条规定:"航次租船合同,是指船舶出租人向承租人提供船舶或者船舶的部分舱位,装运约定的货物,从一港运至另一港,由承租人支付约定运费的合同。"一般情况下,在航次租船合同中,出租人通过其雇用的船长和船员占有和控制船舶,负责船舶的营运管理并支付相应的费用,而承租人仅负责提供约定的

① 参见刘芳武:《浅谈我国外派船员人身伤亡赔偿的有关问题》,载《南通航运职业技术学院学报》2002年第1期,第31页。

② 参见《民法典》第1192条。

③ 参见徐辉:《船员人身伤亡损害赔偿若干法律问题研究》,上海海事大学2007年硕士学位论文,第33页。

货物和支付运费。因而在航次租船合同中，作为海员人身伤亡损害赔偿责任主体的“船东”应当是船舶出租人。当然，如果海员的人身损害系由于承租人提供了不符合约定的货物所致，该承租人也应为赔偿责任主体。

《海商法》第129条规定：“定期租船合同，是指船舶出租人向承租人提供约定的由出租人配备船员的船舶，由承租人在约定的期间内按照约定的用途使用，并支付租金的合同。”一般情况下，在定期租船合同中，出租人负责配备海员，负责船舶航行和内部管理事务，并负担船舶固定费用和海员工资、伙食及其他相关费用；船舶承租人则负责船舶调度和营运，并负担船舶营运费用。此时，作为海员人身伤亡损害赔偿责任主体的“船东”应为船舶出租人。同样，倘若海员的人身损害系由于承租人提供的货物不符合租船合同的约定所致，承租人也应当承担赔偿责任。[①] 另外，倘若承租人在调度营运船舶的过程中下达了错误的指令，进而导致海员人身伤亡，该承租人也应承担相应的责任。[②]

《海商法》第144条规定：“光船租赁合同，是指船舶出租人向承租人提供不配备船员的船舶，在约定的期间内由承租人占有、使用和营运，并向出租人支付租金的合同。”尽管此时船舶的处分权仍属于出租人，但在光船租赁合同中，承租人雇用和配备海员，并实际占有、使用和经营船舶，其应当被识别为作为海员人身伤亡损害赔偿责任主体的“船东”。例如，《最高人民法院关于审理船舶碰撞纠纷案件若干问题的规定》第4条就明确规定：“船舶碰撞产

① 参见《民法典》第1165条。另见王博：《现行法律框架下船员工伤疑难问题的解决——以工伤保险与侵权赔偿竞合为视角》，载上海海事大学海商法研究中心编：《海大法律评论（2014—2015）》，上海浦江教育出版社2015年版，第172页。

② 参见《民法典》第1165条。

生的赔偿责任由船舶所有人承担,碰撞船舶在光船租赁期间并经依法登记的,由光船承租人承担。”当然,如果海员的人身伤亡是由于船舶在交与承租人前就已经存在的安全隐患造成的,则船舶出租人仍应承担相应的责任。[①] 要注意的是,光船租赁是否登记,影响的仅是对抗第三人物权效力。换言之,若光船租赁未经登记,便无法对抗第三人对租赁权的侵犯,但并不影响碰撞事故受害人的赔偿请求权。即使光船租赁未进行登记,也不能据此免除光租人的责任。只要光船租赁人对船舶实施了实际控制和管理,即便未经登记,其也应就其过错承担相应责任。[②]

4.8.3　海员人身伤亡损害赔偿与各种保险赔偿的关系

海员人身伤亡损害赔偿与工伤保险、保赔保险、商业保险有着密切的关系。笔者以下对海员人身伤亡损害赔偿与这几类保险之间的关系进行讨论。

4.8.3.1　海员人身伤亡损害赔偿与工伤保险赔偿的关系

工伤保险是一种“为了保障因工作遭受事故伤害或者患职业病的职工获得医疗救治和经济补偿,促进工伤预防和职业康复,分散用人单位的工伤风险”[③]而设定的社会保险。海员工伤就是海员在船工作期间因工作原因所遭受的人身伤害。工伤保险一般适用无过错责任。[④] 换言之,除非存在“故意犯罪”“醉酒或者吸毒”“自残或

---

① 《海商法》第146条第1款规定:“出租人应当在合同约定的港口或者地点,按照合同约定的时间,向承租人交付船舶以及船舶证书。交船时,出租人应当做到谨慎处理,使船舶适航。交付的船舶应当适于合同约定的用途。”另见《民法典》第1165条。

② 参见刘乔发、杨钉:《侵权责任法视野下船舶碰撞责任的承担主体》,载《人民司法》2012年第19期,第62页。

③ 参见《工伤保险条例》第1条。

④ 参见《工伤保险条例》第14条和第15条。

者自杀"这三种情形，[①]否则无论当事海员的人身损害是否为自身过错所致，包括因雷击、海浪等不可抗力原因造成人身损害的情形，其均有权请求工伤保险补偿。但工伤保险赔付一般不考虑过错，并不代表当事海员无须就因其过错承担其他形式的责任。依据国务院行政法规《海上交通事故调查处理条例》和交通运输部规章《海上海事行政处罚规定》，海事主管机关可以视具体情节，对造成交通事故的责任海员给予罚款、暂扣甚至吊销船员适任证书等处罚。[②]

前文已述，全国人大常委会在批准加入《海事劳工公约》时声明，中国为海员提供五种社会保险，即养老保险、医疗保险、工伤保险、失业保险和生育保险，依据《劳动法》第73条，海员有权在"因工伤残或者患职业病"时"依法享受社会保险待遇"。再结合《人身损害解释》第3条以及《工伤保险条例》第2条，与船东订立雇佣合同的人员被排除在《工伤保险条例》调整范围之外。另外，以家庭为单位从事海上运输经营的"夫妻船"不适用《工伤保险条例》；同时，尽管"个体工商户的雇工"也应参加工伤保险，但实践中海员的用人单位一般也不会是个体工商户。[③] 所以，笔者以下仅讨论劳动合同下的海员工伤保险问题。

《社会保险法》第41条第1款强调："职工所在用人单位未依法缴纳工伤保险费，发生工伤事故的，由用人单位支付工伤保险待遇。用人单位不支付的，从工伤保险基金中先行支付。"该法第42

---

① 参见《工伤保险条例》第16条。

② 参见《海上交通事故调查处理条例》第17条以及《海上海事行政处罚规定》第24条和第25条。

③ 虽然在渔船捕捞用工中，船主一般是自然人，但是自然人渔船船主领取的是捕捞许可证而非个体工商户营业执照，因此是个体捕捞户而不是个体工商户。参见《渔业法》第23条。

条规定："由于第三人的原因造成工伤，第三人不支付工伤医疗费用或者无法确定第三人的，由工伤保险基金先行支付。工伤保险基金先行支付后，有权向第三人追偿。"可见，《社会保险法》从法律层面上确立了"工伤保险先行支付"原则，即使职工所在单位没有为职工办理工伤保险，职工也能享受参保同等待遇，只是全部赔偿费用改由单位支付。"工伤保险先行支付"原则体现了工伤保险的社会保障属性，这一规定使海员的权益得到了一定的保障。

根据《工伤保险条例》第2条之规定，缴纳工伤保险费用的义务主体是"中华人民共和国境内的企业、事业单位、社会团体、民办非企业单位、基金会、律师事务所、会计师事务所等组织和有雇工的个体工商户"；享受工伤保险的权利主体为上述境内用人单位的"职工和个体工商户的雇工"。可见，为数众多的自由海员是被排除在工伤保险的权利主体之外的。因为其既非"单位职工"，又非"个体工商户的雇工"。要解决这一问题，就有必要由专门的海员行业组织对个体海员统一管理并为其缴纳社会保险费。

要强调的是，如果海员并未签订任何劳动合同，则其一旦遭受人身伤亡，其本人或近亲属是无法获得工伤保险赔付的。对于这种情形，《民法典》第1192条作出了原则性的规定："个人之间形成劳务关系，提供劳务一方因劳务造成他人损害的，由接受劳务一方承担侵权责任。接受劳务一方承担侵权责任后，可以向有故意或者重大过失的提供劳务一方追偿。提供劳务一方因劳务受到损害的，根据双方各自的过错承担相应的责任。提供劳务期间，因第三人的行为造成提供劳务一方损害的，提供劳务一方有权请求第三人承担侵权责任，也有权请求接受劳务一方给予补偿。接受劳务一方补偿后，可以向第三人追偿。"

工伤保险补偿与侵权损害赔偿关系紧密。在很多情况下，劳动者的工伤是由用人单位或第三方的侵权行为导致的。在侵权行为导致劳动者工伤的情形下，就工伤保险补偿和侵权损害赔偿而言，对于劳动者是有权兼而得之还是只能择一求偿的问题，笔者认为应当分存在第三人侵权和不存在第三人侵权两种情况区别对待。

在不涉及第三人侵权的情形下，受害职工既可以向用人单位提起侵权损害赔偿之诉，又可以向用人单位提起劳动合同下的违约损害赔偿之诉，即此时出现了侵权之诉与违约之诉的竞合。[①]《人身损害赔偿司法解释》第3条第1款明确规定："依法应当参加工伤保险统筹的用人单位的劳动者，因工伤事故遭受人身损害，劳动者或者其近亲属向人民法院起诉请求用人单位承担民事赔偿责任的，告知其按《工伤保险条例》的规定处理。"《工伤保险条例》第30条第1款规定："职工因工作遭受事故伤害或者患职业病进行治疗，享受工伤医疗待遇。"《社会保险法》第36条也规定，"职工因工作原因受到事故伤害或者患职业病，且经工伤认定的，享受工伤保险待遇"。因而在不存在第三人侵权的情况下，《人身损害赔偿司法解释》似乎排除了劳动者以侵权或违约为由向用人单位提起诉讼的可能性，劳动者只能向工伤保险机构请求工伤保险补偿。[②] 但是，《安全生产法》第56条第2款明确规定："因生产安全事故受到损害的从业人员，除依法享有工伤保险外，依照有关民事法律尚有获得赔偿的权利的，有权提出赔偿要求。"依据该法第1条[③]之规定可以推出，所谓的"生产

① 参见《民法典》第186条；另见沈志先主编：《海事审判精要》，法律出版社2011年版，第164页。

② 《工伤保险条例》第7条规定："工伤保险基金由用人单位缴纳的工伤保险费、工伤保险基金的利息和依法纳入工伤保险基金的其他资金构成。"第12条指出："工伤保险基金存入社会保障基金财政专户，用于本条例规定的工伤保险待遇……"

③ 《安全生产法》第1条规定："为了加强安全生产工作，防止和减少生产安全事故，保障人民群众生命和财产安全，促进经济社会持续健康发展，制定本法。"

安全事故”是指在生产经营过程中发生的造成人身伤亡、财产损失的事故。故商船上发生的海员人身伤亡事故应适用该法。因此,《安全生产法》第56条的上述规定表明,劳动者取得工伤保险赔付后仍有权就工伤保险未能填补的差额部分向用人单位索赔。依据后法优先的原则,①《安全生产法》的规定应优先适用。另外,该条中“依照有关民事法律”之措辞表明,此种赔偿适用过错责任还是无过错责任原则须取决于相关民事法律的具体规定。如前文所述,在涉外的情形下,海员有权要求船东承担严格责任;②若不存在涉外情形,海员可能只能要求船东承担过错责任。③

在涉及第三人侵权情形下,《人身损害赔偿司法解释》第3条第2款指出:“因用人单位以外的第三人侵权造成劳动者人身损害,赔偿权利人请求第三人承担民事赔偿责任的,人民法院应予支持。”学界对于该款规定有不同的理解。有人主张,该规定意为,因第三人侵权导致工伤的职工有权获得侵权赔偿金和工伤保险待遇双份赔偿,这有利于全面保护职工的合法权益。④ 也有人认为,该规定意味着劳动者可以选择向第三人主张侵权损害赔偿责任或者向用人单位、工伤保险经办机构主张工伤保险给付,劳动者在获得其中一种赔偿后,还可以另行主张其与另一种赔偿之间的差额。⑤

---

① 参见《立法法》第103条。

② 参见《海事劳工公约》的标准A4.2第2款。

③ 参见《民法典》第1165条。

④ 参见秦艳华、孙付:《第三人侵权引起工伤的法律适用问题辨析》,载《山东审判》2005年第5期,第99页。

⑤ 参见杨晓蓉:《工伤事故侵权损害赔偿与工伤保险补偿(赔偿)的竞合与制度选择——兼评〈最高人民法院关于审理人身损害赔偿案件适用法律若干问题的解释〉第11、12条》,载王利明、公丕祥主编:《人身损害赔偿司法解释若干问题释评》,人民法院出版社2005年版,第295页。

但《民法典》并未就侵权损害赔偿和工伤保险补偿之间关系的处理作出任何规定。事实上，在涉及第三人侵权情形下，情况较为复杂，笔者以下分多种情况对此加以讨论：

在第三人对事故承担全部责任而用人单位没有过错的情况下，受害人可以依上述《人身损害赔偿司法解释》向第三人主张民事赔偿，其同时还可以申请工伤保险赔付。由于第三人并没有为受害人缴纳工伤保险费，工伤保险经办机构没有义务为第三人过错造成的损失承担责任，故该经办机构可以在其给付范围内向有过错的第三人追偿。现实中可能存在这样的情况，即事故是由第三人侵权所导致的，用人单位并无过错，但受害人无法向第三人索赔，如索马里海盗劫持船只导致被劫持船只上的海员人身伤亡。[①]此时，依据《工伤保险条例》第 14 条第 3 项[②]，海员的人身伤亡自然应当被认定为工伤，其可申请工伤赔付。在不涉外的情况下，如果工伤保险赔付不足以弥补实际损害且用人单位并无过错，海员或其近亲属是难以就差额部分向用人单位主张侵权索赔的；而在涉外情形下，海员或其近亲属有权就差额部分向用人单位索赔，无论用人单位是否具有过错。[③]

在用人单位和第三人都有过错的情况下，也须分情况对工伤

① 参见《索马里海盗“去哪儿了”》，载新华网，http://www.xinhuanet.com/xinhuashe/，访问日期：2023 年 3 月 20 日。

② 《工伤保险条例》第 14 条规定：“职工有下列情形之一的，应当认定为工伤：（一）在工作时间和工作场所内，因工作原因受到事故伤害的；（二）工作时间前后在工作场所内，从事与工作有关的预备性或者收尾性工作受到事故伤害的；（三）在工作时间和工作场所内，因履行工作职责受到暴力等意外伤害的；（四）患职业病的；（五）因工外出期间，由于工作原因受到伤害或者发生事故下落不明的；（六）在上下班途中，受到非本人主要责任的交通事故或者城市轨道交通、客运轮渡、火车事故伤害的；（七）法律、行政法规规定应当认定为工伤的其他情形。”

③ 参见《海事劳工公约》的规则 4.2 第 2 款和标准 A4.2.1 第 8 款（d）。

保险补偿与民事侵权损害赔偿间关系的处理方式进行讨论。依照《民法典》第1168条,如果用人单位和第三人由于共同故意或共同过失实施侵权行为,则用人单位和第三人应当对劳动者承担连带责任。依据前述《安全生产法》第56条关于劳动者"除依法享有工伤保险外,依照有关民事法律尚有获得赔偿的权利的,有权提出赔偿要求"之规定,劳动者在获得了工伤保险补偿后,其还有权就工伤保险补偿与其实际损失之间的差额向用人单位提起侵权之诉。

最高人民法院颁布的司法解释《关于审理工伤保险行政案件若干问题的规定》(2014年9月1日起施行)第8条第1款规定,在海员因第三人原因遭受人身伤害的情况下,海员或其近亲属是否向第三人提起民事索赔并不影响工伤保险经办机构对工伤的认定。第8条第2款规定,若工伤保险经办机构已作出工伤认定,无论海员或其近亲属是否已向第三人提起民事索赔,工伤保险机构均应给予赔付。第8条第3款规定,在工伤已得到认定的情况下,如果海员或其近亲属尚未获得民事赔偿,工伤保险机构也应给予赔付。从中可以推知,若海员或其近亲属已向第三人提起民事索赔且已从第三人处获得赔偿,则工伤保险机构可以不予赔付。该推论表明,海员或其近亲属无法就海员所受之工伤获得工伤保险和民事赔偿的双重赔付。笔者认为,海员或其近亲属取得的工伤保险赔付与其从第三人处获得的民事赔偿的总和不能超出其实际受损数额。

互有过失船舶碰撞事故导致的海员人身伤亡案件就属于用人单位和第三人都有过错的典型情形。就此类案件而言,《海商法》第169条第3款规定了责任的承担方式,即:"互有过失的船舶,对造成的第三人的人身伤亡,负连带赔偿责任。一船连带支付的赔偿超过本条第一款规定的比例的，有权向其他有过失的船舶追偿。”《最高人民法院关于审理船舶碰撞纠纷案件若干问题的规定》第5条指出，此处“第三人”包括碰撞船舶上的海员在内。[①] 这意味着遭受人身伤亡的海员或其近亲属有权向任何一船追究连带责任。事实上，上述《海商法》第169条第3款的规定是包含在《民法典》第1168条“二人以上共同实施侵权行为，造成他人损害的，应当承担连带责任”的本意之中的。因为根据学者的观点，该条规定既涵盖了有共同意思联络的主观共同侵权行为，也涵盖了数人间虽无意思联络但其分别实施的加害行为结合为一体造成一个不可分割的损害结果的客观共同侵权行为。[②]《海商法》第169条第3款的规定应属于《民法典》第1168条所规定的客观共同侵权行为。换言之，两船过失行为结合在一起，造成了海员人身伤亡这一不可分割的损害结果。总之，在互有过失船舶碰撞事故中，海员用人单位与第三人构成共同侵权，其应当向受害海员承担连带责任。故当海员向第三人请求民事损害赔偿时，海员用人单位仍须依《海商法》和《民法典》承担民事责任，只是由于海员用人单位为职工办理了工伤保险，一部分民事责任由工伤保险机构代为承担。对于用人单位所应当承担的具体责任份额，有学者提出了计算方法，即“工伤保险赔偿可以免除本船船东的部分赔偿责任，其数额应为按照本船船东的过失比例计算的责任份额；对于因工伤保险而被免除的本船船东的过失责任部分，他船船东也应相应地被免予承担连带

---

① 《最高人民法院关于审理船舶碰撞纠纷案件若干问题的规定》第5条规定：“因船舶碰撞发生的船上人员的人身伤亡属于海商法第一百六十九条第三款规定的第三人的人身伤亡。”

② 参见杨立新：《侵权责任法》，法律出版社2010年版，第97～99页。

责任”①。简言之,当工伤保险赔付和第三人损害赔付不能完全填补海员的实际损害时,其剩余部分仍应由海员用人单位承担。

4.8.3.2 海员人身伤害损害赔偿与中国船东互保协会保赔保险的关系

保赔保险是指,船东互保协会的会员履行其法定或者约定的赔偿责任后,或船东互保协会的会员遭受损失或支付费用后,保赔协会依据相关保险条款对其进行赔偿。② 在中国法下,中国船东互保协会并非公司法人,而是经国务院批准设立并在民政部注册的社会团体。③ 据测算,中国船舶保赔协会的入会船舶的数量占中国籍海船总数的50%左右,入会船舶的吨位占中国籍海船总吨位的30%左右。④ 中国船东互保协会目前执行的是《中国船东互保协会保险条款》(2025/2026)。⑤ 该保赔保险条款将在入会船舶上工作的海员的人身伤亡风险纳入承保范围。⑥

---

① 参见蒋跃川、牟彩霞:《论互有过失船舶碰撞造成船员人身伤亡的责任负担》,载《中国海商法年刊》2006年第1期。史尚宽指出:“根据民法上连带责任的一般原理,在连带债务中,当一个连带债务人为全部或部分清偿时,其他连带债务人亦于其清偿的范围内被全部或部分地免除其债务。”参见史尚宽:《债法总论》,中国政法大学出版社2000年版,第650页。

② 参见《中国船东互保协会保险条款》第3条。

③ 参见中国船东互保协会网,https://www.chinapandi.com/index.php/cn/,访问日期:2023年3月20日。

④ 参见中国船东互保协会网,https://www.chinapandi.com/index.php/cn/,访问日期:2023年3月20日。

⑤ 参见中国船东互保协会网,https://www.chinapandi.com/index.php/cn/,访问日期:2023年3月20日。

⑥ 《中国船东互保协会保险条款》(2025/2026)第3条规定:“本协会根据本第三条承保会员下列第(一)至(二十五)款规定的风险……(一)人员伤、病或死亡-入会船船员 对任何入会船船员的伤、病或死亡支付赔偿金或补偿费的责任,以及因此项伤、病或死亡所产生的必要的医药、住院、丧葬费(包括尸体运送费用)及其他费用,包括该船员的遣返费用和派遣替换船员的费用……”载中国船东互保协会网,https://www.chinapandi.com/index.php/cn/,访问日期:2025年5月30日。

最高人民法院在其公布的《关于中国船东互保协会与南京宏油船务有限公司海上保险合同纠纷上诉一案有关适用法律问题的请示的复函》(〔2003〕民四他字第34号)中指出,“中国船东互保协会不属于我国《保险法》规定的商业保险公司。中国船东互保协会与会员之间签订的保险合同不属于商业保险,不适用我国《保险法》规定”。但《民法典》中并没有关于保赔保险合同的特别规定,因此保赔保险合同实际上是一种无名合同,其只能适用《民法典》有关合同的一般性规定。

4.8.3.2.1　船东互保协会在海员人身伤亡损害赔偿中的义务主体资格问题

《中国船东互保协会保险条款》(2025/2026)对赔偿责任的承担作出了规定。首先要指出的是,《中国船东互保协会保险条款》并非法律,其仅是互保协会与会员订立的合同,该保险条款仅对协会会员具有约束力。① 该保赔条款第8条第1款规定:“除非董事会另作决定,会员从本协会取得对任何责任、开支或费用的赔偿的先决条件,是其必须首先解除该责任和付清该开支或费用。”可见,船东互保协会一般不能成为海员人身伤亡赔偿的责任主体,对海员人身伤亡承担责任的主体仍然还是船东。《中国船东互保协会保险条款》的这一规定实际上与英国法下的“先付原则”(pay to be paid)的含义是类似的。② 在英国法下,船东互保协会对船东责任

---

① 《中国船东互保协会保险条款》(2025/2026)第14条第5款规定:“除非会员与经理机构就本保险条款的任何变更另达书面协议,并以此作为船舶在本协会入会保险的条款,会员向本协会提出其船舶在本协会入会保险申请且已被本协会接受的事实,应被视为是该会员接受并同意其船舶根据本保险条款的各项规定在本协会入会保险的证据,本保险条款的各项规定应包括并不仅限于承保风险、免责条款、免赔额、责任限制等规定。”

② 参见陈梁:《提单免责条款及其对海运货物保险的影响》,武汉大学出版社2005年版,第88页。关于《英国船东互保协会保险条款》和《1930年第三方权利(对保险人的权利)法》的进一步讨论,参见 Steven J. Hazelwood, *P& I Clubs: Law and Practice*, Lloyd's of London Press Ltd. 1989。

的补偿遵循“先付原则”,该原则是指被保险人先支付有关的费用或承担责任是其从责任保险人处获得补偿的先决条件。[①] 换言之,在船东对海员承担赔偿责任的情况下,只有船东先行向海员支付赔偿后,船东互保协会才对该船东予以补偿。换言之,一般情况下,船东互保协会不能成为海员人身伤亡赔偿的责任主体。

严格执行先付原则有时会给遭受人身伤亡的海员及其近亲属的索赔造成困难。[②] 在船东互保协会的会员中,单船公司并不鲜见。在船舶完全损毁的情形下,单船公司所遭受的经济打击很可能致其破产,而这就可能直接导致其丧失先向相关受害人员支付巨额赔偿的能力。这样一来,该单船公司就无法从保赔协会那里获得补偿,而最终结果就是受害海员或其近亲属无法得到应有的赔偿。

《中国船东互保协会保险条款》(2025/2026)第2条第9款[③]明确允许受害海员在一定情况下直接向船东互保协会请求赔偿。换言之,目前在中国,船东互保协会在特定条件下是可能成为海员

---

① 参见安丰明:《船东保赔协会法律制度研究——以英国法为中心》,西南政法大学2004年博士学位论文,第113~114页。

② 这一情况在实践中并不少见,《人民法院报》曾报道相关案例,参见郑金雄、刘晓燕、陈萍萍:《让船员的合法权益落到实处》,载人民法院报网,https://rmfyb.chinacourt.org/,访问日期:2023年3月20日。

③ 《中国船东互保协会保险条款》(2025/2026)第2条第9款规定:“尽管有第八条(一)款的规定,但是当会员不能解除其对船员伤、病、亡赔偿的法定责任时,本协会应以会员的名义直接向船员或其被抚养人解除该类责任或支付该类索赔。但是:1)限于船员或被抚养人向其他方的追偿权无法得以执行且通过其他途径也无法获得补偿,2)在符合下述3)项规定的情况下,本协会对船员的赔偿额在任何情况下均不能超过会员按照条款及入会证书的规定本可从协会获得补偿的数额,3)因会员未能向本协会支付所拖欠的款项而被撤销保险,协会按条款第二十六条(二)款2项中的1)及4)的规定而停止对会员承担赔偿责任时,本协会仍有义务解除或支付该项索赔,但补偿仅以撤销通知之前发生的事故为限并且该补偿是协会仅作为会员的代理人作出的,会员应承担向本协会全额补偿该项付款的责任。”

伤亡赔偿的责任主体的。《中国船东互保协会保险条款》(2025/2026)的这一规定与英国法的规定实际是极为相似的。在英国,《1930 年第三方(对保险人的权利)法》[1930 Third Party (Right against Insurers) Act]是允许不属于保赔保险合同当事人的第三方直接向船东互保协会请求赔偿的。① 当然,与《1930 年第三方权利(对保险人的权利)法》完全不同的是,《中国船东互保协会保险条款》并没有任何对外法律效力,其仅对协会的会员有约束力。②

4.8.3.2.2　《中国船东互保协会保险条款》关于海员人身伤亡损害赔偿的规定

《中国船东互保协会保险条款》(2025/2026)第 3 条第 1 款将会员船东“对任何入会船船员的伤、病或死亡支付赔偿金或补偿费的责任,以及因此项伤、病或死亡所产生的必要的医药、住院、丧葬费(包括尸体运送费用)及其他费用,包括该船员的遣返费用和派遣替换船员的费用”纳入保赔保险的承保风险范围。

《中国船东互保协会关于实施海员人身伤亡补偿的规定的通函》(中船保字第 9411 号)第 1 条规定,协会对海员死亡补偿标准为每人 3 万美元。此补偿标准不具体划分困难补助费、抚恤金、事故处理费用和丧葬费等项目,而是笼统包括与该海员死亡有关的所有费用及会员相应的责任。该通函第 3 条指出,只要会员船东

---

① 参见陈梁:《提单免责条款及其对海运货物保险的影响》,武汉大学出版社 2005 年版,第 88 页。关于《英国船东互保协会保险条款》和《1930 年第三方权利(对保险人的权利)法》的进一步讨论,参见 Steven J. Hazelwood, *P& I Clubs: Law and Practice*, Lloyd's of London Press Ltd. 1989。

② 但中国法中也有允许第三方直接向保险人索赔的规定。《海事诉讼特别程序法》第 97 条第 1 款规定:“对船舶造成油污损害的赔偿请求,受损害人可以向造成油污损害的船舶所有人提出,也可以直接向承担船舶所有人油污损害责任的保险人或者提供财务保证的其他人提出。”另见《保险法》第 65 条第 2 款。

能证明该海员的死亡属于协会承保风险下的责任,协会就一次性赔付会员 3 万美元。要重申的是,该标准是中国船东互保协会的内部赔偿标准,仅对协会成员有效,而并没有任何对外的法律效力。另外,上述通函第 2 条强调,该标准只适用于中国籍海员;就外籍海员而言,互保协会将根据其与会员所订立的单独赔偿标准执行。易言之,就每一名因协会承保风险死亡的中国海员而言,会员船东最多只能从保赔协会得到 3 万美元的补偿,当船东实际赔付给海员的赔偿金高于 3 万美元的限额时,多出的部分只能由船东自行承担;当船东实际赔付给海员的赔偿金低于保赔协会的限额时,船东仅能得到与其赔付海员金额相当的补偿,而不能从中获利。

中国船东互保协会并未就每名海员的伤、病赔偿限额作出任何规定。但是,依据《中国船东互保协会保险条款》(2025/2026)第 8 条第 3 款第 4 项,①就一次事故中一艘会员货船或客船上的海员而言,互保协会的赔偿责任限额实际上最高为 30 亿美元。《海商法》第 206 条规定:“被保险人依照本章规定可以限制赔偿责任的,对该海事赔偿请求承担责任的保险人,有权依照本章规定享受相同的赔偿责任限制。”因此,互保协会承担对海员的损害赔偿责任总额,既不超过船东依据《海商法》有权享受的人身伤亡损害赔偿责任限制,②也不超过其依据保赔保险条款有权享受的责任限额。

---

① 该款规定指出:“本协会对一起事故所产生的全部索赔的总责任不超过:(1)对旅客的责任限额为二十亿美元,及(2)对于由船舶所有人(租船人除外,但包括光船承租人)或代表船舶所有人入会的每一船舶,对旅客及船员的责任限额为三十亿美元。”

② 参见《海商法》第 210 条。

根据《中国船东互保协会保险条款》(2025/2026)第 8 条第 1 款,[①]一般情形下,保赔保险支付的对象是船东,船东只有向海员先行支付了相关侵权损害赔偿费用后,其才能获得保赔保险的赔偿;而侵权损害赔偿的支付对象是受害海员。两者是有明显区别的,不可混淆。但在特殊情况下,如果船东基于经济困难等原因无法支付海员人身伤亡损害赔偿,进而导致该船东无法获得保赔协会补偿时,保赔保险支付的对象也可能是受害海员。[②] 但在"焉某娟与中国船东互保协会、交通运输部北海救助局保赔保险合同纠纷案"(〔2017〕最高法民申 3702 号)中,最高人民法院明确指出,保赔保险不是商业保险,不适用《保险法》,当事海员或其近亲属并非保赔保险当事人。若船东已与当事海员或其近亲属订立了赔偿协议并进行了赔付,当事海员或其近亲属就不能直接向保赔协会求偿。

就每名死亡海员而言,互保协会向其近亲属支付的赔偿金最高仅为 3 万美元,此笔赔偿金是以会员船东的名义向死亡海员近亲属支付的。如果船东应当支付的死亡赔偿金高于 3 万美元,那么死亡海员的近亲属仍可就差额部分请求船东赔偿。如果海员并未死亡,那么互保协会直接向该海员支付的赔偿金并不以 3 万美元为限。当然,此时互保协会向海员支付的赔偿金总额还须受到前述保险条款中赔偿海员的总限额的限制。

海员从互保协会处获得赔偿金并不影响其同时获得商业保险赔偿金,笔者以下将就海员人身伤亡的商业保险赔偿问题作

---

① 例如,《中国船东互保协会保险条款》(2025/2026)第 8 条第 1 款规定:"除非董事会另作决定,会员从本协会取得对任何责任、开支或费用的赔偿的先决条件,是其必须首先解除该责任和付清该开支或费用。"

② 参见《中国船东互保协会保险条款》(2025/2026)第 2 条第 9 款。

一探讨。

4.8.3.3 海员人身伤害损害赔偿与商业保险赔偿的关系

《保险法》第182条规定:“海上保险适用《中华人民共和国海商法》的有关规定;《中华人民共和国海商法》未规定的,适用本法的有关规定。”《海商法》第218条第1款指出:“下列各项可以作为保险标的:(一)船舶;(二)货物;(三)船舶营运收入,包括运费、租金、旅客票款;(四)货物预期利润;(五)船员工资和其他报酬;(六)对第三人的责任;(七)由于发生保险事故可能受到损失的其他财产和产生的责任、费用。”可见,海员人身保险并不属于《海商法》所规定的海上保险的范围,不能适用《海商法》《海事诉讼特别程序法》《最高人民法院关于适用〈中华人民共和国海事诉讼特别程序法〉若干问题的解释》等的相关规定,而只能适用《保险法》及其司法解释以及《船员条例》《海员外派管理规定》等法规。因此,单纯因海员人身损害引发的商业保险赔偿纠纷不属于前述2016年3月1日起实施的《最高人民法院关于海事法院受理案件范围的规定》第40条下的“海上保险、保赔合同纠纷案件”,此种案件应由普通非海事法院受理。

《海事劳工公约》并未提及商业保险的问题。国务院《船员条例》第21条第2款规定:“船员用人单位应当为在驶往或者驶经战区、疫区或者运输有毒、有害物质的船舶上工作的船员,办理专门的人身、健康保险,并提供相应的防护措施。”但是,倘若海员与船东订立的是雇佣合同,该规定就无法适用。因为该条例明确指出,“船员用人单位”系指与船员订立劳动合同并为其办理相关社会保险的当事方。[①] 交通运输部《海员外派管理规定》第23条规定:

① 参见《船员条例》第21条。

“海员外派机构应当依法为外派海员购买境外人身意外伤害保险。”故而无论海员外派机构是否直接与外派海员订立劳动合同，该外派机构均须为其购买人身意外伤害保险。商务部《对外劳务合作管理条例》第13条指出：“对外劳务合作企业应当为劳务人员购买在国外工作期间的人身意外伤害保险。但是，对外劳务合作企业与国外雇主约定由国外雇主为劳务人员购买的除外。”可见，对于“在驶往或者驶经战区、疫区或者运输有毒、有害物质的船舶上工作”①的海员，与其订立劳动合同的用人单位（包括外派机构和航运公司）应为其购买人身保险。对于外派海员，无论其所工作的船舶是否会“驶往或者驶经战区、疫区”②或者是“运输有毒、有害物质的船舶”，③外派机构均有责任为其购买人身意外伤害保险。但人身意外伤害保险并不等同于人身保险。因为《保险法》第95条第1款第1项明确指出：“人身保险业务，包括人寿保险、健康保险、意外伤害保险等保险业务。”故倘若外派海员在“驶往或者驶经战区、疫区或者运输有毒、有害物质的船舶上工作”，则与其订立劳动合同的外派机构（其此时为海员用人单位）就应当依照《船员条例》的规定为其购买包括“人寿保险、健康保险、意外伤害保险”在内的多个险种的人身保险。

海员本人、海员配偶、子女和父母以及与海员有“抚养、赡养或者扶养关系的家庭其他成员、近亲属”、海员用人单位以及经过海员同意为其投保的人均可以自愿为海员购买商业人身保险。④ 由于《保险法》并未禁止重复投保，因而即使用人单位或外派机构已依

① 参见《船员条例》第21条第2款。
② 参见《船员条例》第21条第2款。
③ 参见《船员条例》第21条第2款。
④ 参见《保险法》第31条。

法为海员投保商业保险,上述人员仍可自愿为海员购买商业保险。

为海员投保时,相关单位或人员应在征得海员同意的情况下指定其本人或其近亲属为受益人,但海员也可自行指定受益人。[①]在保险期间,作为被保险人的海员一旦遭遇疾病、伤害、残疾或死亡等风险,由商业保险公司按照保险合同向作为被保险人的受害海员或其指定的受益人支付残疾保险金、死亡保险金或医疗保险金。[②]

如果作为被保险人的海员获得商业保险赔付后再向相关各方提起民事损害赔偿之诉,该海员所获得商业保险赔偿金是否应当从民事损害赔偿金中予以扣除呢?《保险法》第46条就此指出:"被保险人因第三者的行为而发生死亡、伤残或者疾病等保险事故的,保险人向被保险人或者受益人给付保险金后,不享有向第三者追偿的权利,但被保险人或者受益人仍有权向第三者请求赔偿。"可见,海员获得的商业保险赔偿金与损害赔偿金可以兼得,无须按照损益相抵原则从损害赔偿金中扣除。

海员要求保险公司承担保险责任并不以其向第三方提出损害赔偿请求为前提条件。[③] 换言之,海员即使尚未向第三方要求承担责任,其也可以请求保险公司先行承担赔偿责任。《保险法》第61条禁止的仅是"保险人未赔偿保险金之前,被保险人放弃对第三者请求赔偿的权利"的行为。

---

① 参见《保险法》第39条。

② 参见《保险法》第23条。

③ 2013年6月8日起施行的《最高人民法院关于适用〈中华人民共和国保险法〉若干问题的解释(二)》(法释〔2013〕14号)第19条第1款指出:"保险事故发生后,被保险人或者受益人起诉保险人,保险人以被保险人或者受益人未要求第三者承担责任为由抗辩不承担保险责任的,人民法院不予支持。"

在某些情况下,船东可就其对海员负有的赔偿责任购买责任保险。所谓责任保险,是指“以被保险人对第三者依法应负的赔偿责任为保险标的的保险”[①]。在此种保险合同中,海员为第三人。《保险法》第65条第2款指出,“责任保险的被保险人给第三者造成损害,被保险人对第三者应负的赔偿责任确定的,根据被保险人的请求,保险人应当直接向该第三者赔偿保险金”;若“被保险人怠于请求”,则作为第三人的海员有权“就其应获赔偿部分直接向保险人请求赔偿保险金”[②]。需要注意的是,保赔保险不属于商业保险。故海员从船东互保协会保险处获得赔偿,并不影响其就未被保赔保险覆盖的差额部分,依照《保险法》责任保险相关规定向保险人索赔。在“周某花、周某顺、周某燕与中国太平洋财产保险有限公司江门支公司通海水域保险合同纠纷案”中,[③]广州海事法院认定,责任保险的被保险人航信公司未为受害船员购买工伤保险,因而须依据《工伤保险条例》确定的标准对三名原告承担赔偿责任。[④]

在实践中,船东有时会以全船海员为被保险人,为其购买团体意外险,作为额外的福利。一旦发生人身伤亡事故,海员可直接向保险人索赔。在“马某华、何某枝与武汉市陆海船务有限公司、中国太平洋财产保险股份有限公司广州分公司人身保险合同纠纷案”中,[⑤]法院援引原保监会发布的规范性文件《关于规范团体保

① 《保险法》第65条。
② 《保险法》第65条第2款。
③ 广州海事法院民事判决书,(2014)广海法初字第819号。
④ 参见《工伤保险条例》第62条第2款。
⑤ 武汉海事法院民事判决书,(2015)武海法商字第00656号。

险经营行为有关问题的通知》(保监发〔2005〕62号)(已失效),[①]强调团体人身意外伤害保险系记名保险。若被保险人发生变动,船东应及时向保险人提出变更申请。新增被保险人在保险人保险责任开始之前遭受人身伤亡的,保险人不承担赔偿责任。[②]

在"安某重、兰某姣诉深圳市水湾远洋渔业有限公司工伤保险待遇纠纷案"中,[③]广东省高级人民法院指出,为职工缴纳工伤保险费是水湾公司的法定义务,该法定义务不得通过任何形式予以免除或变相免除。[④] 意外伤害保险是用人单位提供的福利待遇,购买商业保险并不能免除用人单位缴纳工伤保险费或支付工伤保险待遇的义务。[⑤] 工伤保险和商业保险待遇可以兼得。[⑥]《最高人民法院关于审理工伤保险行政案件若干问题的规定》也并不禁止受工伤的职工或其家属获得双重赔偿。[⑦]

就诉讼时效而言,原《民法通则》第136条规定,人身伤亡赔偿请求适用1年的短时效,但《民法典》删去了此项规定,尽管《民法典》强调"法律另有规定的,依照其规定"。所谓"法律另有规定"系指关于民事时效的规定。[⑧] 但《海商法》第13章并未对海员人

---

① 《关于规范团体保险经营行为有关问题的通知》(已失效)第4条规定:"保险公司应要求投保人提供被保险人名单,并提供有效证明,确认被保险人同意投保团体保险事宜。投保人退保时,保险公司应要求投保人提供有效证明表明被保险人知悉退保事宜,退保金应通过银行转账方式支付并退至原缴款账户。"

② 武汉海事法院民事判决书,(2015)武海法商字第00656号。

③ 参见《最高人民法院公报》2017年第12期。

④ 参见《最高人民法院公报》2017年第12期。

⑤ 参见《最高人民法院公报》2017年第12期。

⑥ 参见《最高人民法院公报》2017年第12期。

⑦ 参见《关于审理工伤保险行政案件若干问题的规定》第8条第1款。

⑧ 参见李宇:《〈民法总则〉与其他民事法的适用关系》,载《法学》2017年第10期,第20页。

身伤亡海事请求的诉讼时效作出特别规定,[①]故仍应适用《民法典》有关普通时效为3年的一般性规定。[②]

4.8.4　海员人身伤亡损害的赔偿范围

海员人身伤亡损害主要包括一般人身损害、伤残损害、死亡损害和精神损害几类。每类损害的赔偿范围均有所不同。笔者以下对这几类赔偿进行具体讨论。

4.8.4.1　海员一般人身损害的赔偿范围

笔者此处所称的一般人身损害赔偿是指"还没有达到受害人残疾或者死亡的后果的一般损害的赔偿"[③]。

《海事劳工公约》的标准A4.2第1款(c)规定,就一般人身损害赔偿而言,船东的责任范围应至少包含"医疗费用"以及"在外的膳宿"费用,其中医疗费用包括"治疗及提供必要的药品和治疗设备"。除此之外,该标准并未作进一步的细化规定。

《民法典》第1179条规定:"侵害他人造成人身损害的,应当赔偿医疗费、护理费、交通费、营养费、住院伙食补助费等为治疗和康复支出的合理费用,以及因误工减少的收入……"可见,中国内国法中关于一般人身损害赔偿范围的规定已经达到甚至高于《海事劳工公约》设定的标准。另外,中国法下,对于船员人身伤害的赔偿,侵权人不能用享有的相关债权主张抵销。[④]

---

① 参见《海商法》第257条至第265条。

② 参见吴胜顺:《〈民法总则〉对海商法诉讼时效制度的影响与协调》,载《中国海商法研究》2018年第1期,第28页。

③ 最高人民法院民事审判第一庭编著:《最高人民法院人身损害赔偿司法解释的理解与适用》,人民法院出版社2004年版,第248页。

④ 参见《最高人民法院关于适用〈中华人民共和国民法典〉合同编通则若干问题的解释》第57条。

4.8.4.2 海员伤残损害的赔偿范围

中国现行法律法规并未对“伤残”作出任何定义。参照最高人民法院、最高人民检察院、公安部、国家安全部、司法部发布的《人体损伤程度鉴定标准》(GB/T 31147),“伤残”可以理解为因工伤造成劳动者或雇员身体损伤和残疾。海员伤残损害赔偿的具体项目主要被规定在《民法典》第1179条以及《人身损害赔偿司法解释》第6条至第17条规定中。《民法典》第1179条规定,“造成残疾的,还应当赔偿辅助器具费和残疾赔偿金;造成死亡的,还应当赔偿丧葬费和死亡赔偿金”。残疾赔偿金主要涉及三个法律问题,即它的法律性质为何、赔偿标准如何确定以及赔偿年限怎样计算。笔者以下分别对这三个问题进行讨论。

4.8.4.2.1 残疾赔偿金的法律性质

中国国内理论界和实务界一度认为,残疾赔偿金的性质属于精神损害抚慰金。[①] 特别是2001年《最高人民法院关于确定民事侵权精神损害赔偿责任若干问题的解释》第9条指出:“精神损害抚慰金包括以下方式:(一)致人残疾的,为残疾赔偿金……”但2012年修正的《国家赔偿法》对伤残赔偿金的性质作出了与此不同的特别规定。该法第34条规定:“侵犯公民生命健康权的,赔偿金按照下列规定计算:……(二)造成部分或者全部丧失劳动能力的,应当支付医疗费、护理费、残疾生活辅助具费、康复费等因残疾而增加的必要支出和继续治疗所必需的费用,以及残疾赔偿金。残疾赔偿金根据丧失劳动能力的程度,按照国家规定的伤残等级确定,最高不超过国家上年度职工年平均工资的二十倍。造成全

① 参见杨立新主编:《人身损害赔偿司法解释释义》,人民出版社2004年版,第307页。

部丧失劳动能力的,对其扶养的无劳动能力的人,还应当支付生活费……”据此,残疾赔偿金应属财产损害赔偿。《人身损害赔偿司法解释》第12条也明确将残疾赔偿金的性质确定为财产损害赔偿。[①] 2020年版《最高人民法院关于确定民事侵权精神损害赔偿责任若干问题的解释》删去了前述第9条规定。据此,残疾赔偿金应属于财产损害赔偿。

4.8.4.2.2　残疾赔偿金的赔偿标准

《海事劳工公约》的标准A4.2第3款仅原则性规定,船东应对海员因伤残造成的劳动能力丧失负责,但该规定过于笼统,需要通过国内法予以细化。2022年版《人身损害赔偿司法解释》第12条第1款明确规定,残疾赔偿金“根据受害人丧失劳动能力程度或者伤残等级,按照受诉法院所在地上一年度城镇居民人均可支配收入标准,自定残之日起按二十年计算。但六十周岁以上的,年龄每增加一岁减少一年;七十五周岁以上的,按五年计算”。

有学者指出,用固定的赔偿标准和赔偿年限来确定伤残赔偿金的具体数额尽管可能会为法院审理人身伤亡损害赔偿案件提供很大便利,但这种计算方法却未必能实现真正的公平。[②] 海员从事的是具有高度风险性的海上职业。一名合格的海员不仅要求身心健康,并且需要经历多年的专业培训。高级海员的收入相对社

① 《人身损害赔偿司法解释》第12条规定:“残疾赔偿金根据受害人丧失劳动能力程度或者伤残等级,按照受诉法院所在地上一年度城镇居民人均可支配收入标准,自定残之日起按二十年计算。但六十周岁以上的,年龄每增加一岁减少一年;七十五周岁以上的,按五年计算。受害人因伤致残但实际收入没有减少,或者伤残等级较轻但造成职业妨害严重影响其劳动就业的,可以对残疾赔偿金作相应调整。”

② 参见杨立新主编:《人身损害赔偿司法解释释义》,人民出版社2004年版,第313页。

会平均水平较高。[①] 一旦遭遇伤残,海员往往就无法从事原先的工作。其又缺乏从事其他职业的专业技能,故即使重新择业也难以达到伤残之前的高收入水平。出于公平和保护海员的考虑,法院在决定赔偿金额时应适当考虑海员伤残前后的实际收入水平的差异。如果受害人伤残之前的收入高于"受诉法院所在地上一年度城镇居民人均可支配收入标准"[②],固定的赔偿标准就很可能无法达到填补全部损失的目的。从另一个角度来看,如果受害人原先的收入很少,不考虑个体差异的固定的赔偿标准又可能会对加害人不利。因此,关于残疾赔偿金的赔偿标准,笔者基本赞同"以受害人发生损害赔偿前后支出费用增加或者财产减少的差额作为赔偿依据"[③]这样的观点。但是,财产减少不等于收入减少。在收入与医疗费用均有增加但医疗费用增幅高于收入增幅时,受害人的财产才会发生减少。受害劳动者收入的增加乃是其固有劳动技能水平提高所致,若因其收入增幅高于医疗费用增幅而减少其所应得的损害赔偿,实属不公。因此,以受害人受损害前后为维持同等生活水准的支出费用增加或可得财产减少的差额作为赔偿依据更为合理。

另外,在"刘某东与王某海上人身损害赔偿纠纷案"中,山东省高级人民法院强调,在人身伤亡案件中,只要不存在欺诈、胁迫、乘人之危、重大误解或显失公平等情节,赔偿权利人与赔偿义务人订立的互不追究责任协议合法有效。但是,此种协议应当依据签订协议时的真实意思进行解读。对于当事人订立协议时不能预见

---

① 目前,远洋集装箱船舶三副的月收入可以达到4219美元以上。参见航运信息网,https://www.csi.com.cn/,访问日期:2024年7月20日。

② 参见《人身损害赔偿司法解释》第12条。

③ 曾世雄:《损害赔偿法原理》,中国政法大学出版社2001年版,第118页。

的损失,受害人享有的赔偿权利不受协议的约束。[①]

4.8.4.2.3　残疾赔偿金的计算年限

《人身损害赔偿司法解释》第12条规定了残疾赔偿金的计算年限,即"按照受诉法院所在地上一年度城镇居民人均可支配收入标准,自定残之日起按二十年计算。但六十周岁以上的,年龄每增加一岁减少一年;七十五周岁以上的,按五年计算";上述60周岁及75周岁,是从定残日起算。

在笔者看来,《人身损害赔偿司法解释》将残疾赔偿金的计算年限固定为20年是否合理,还有讨论空间。因为如果受害人致残时刚成年不久,按《人身损害赔偿司法解释》的年限规定,只能计算到40岁左右。虽然《人身损害赔偿司法解释》第19条规定了继续赔偿的内容,[②]但即便加上最多的继续赔偿年限10年,如果受害人致残后的存活年限超过30年,其往后的生活如何得到保障依然是必须要考虑的问题。况且,鉴于中国国内人口流动性大的现状,在侵权损害赔偿发生之后20年,受害人并不一定能够找到当时的加害人要求其继续赔偿。另外,根据第六次全国人口普查的数据,中国人口的平均预期寿命已达到74.83岁。[③]随着医疗水平的提高,人口的平均预期寿命有继续增长的趋势。部分发达地区近年的平均预期寿命普遍超过了80岁,如上海人口平均寿命已达到

---

① 参见山东省高院网,http://sdcourt.gov.cn/,访问日期:2023年3月20日。

② 《人身损害赔偿司法解释》第19条规定:"超过确定的护理期限、辅助器具费给付年限或者残疾赔偿金给付年限,赔偿权利人向人民法院起诉请求继续给付护理费、辅助器具费或者残疾赔偿金的,人民法院应予受理。赔偿权利人确需继续护理、配制辅助器具,或者没有劳动能力和生活来源的,人民法院应当判令赔偿义务人继续给付相关费用五至十年。"

③ 参见《中国人口预期寿命十年提高3.43岁》,载中国人口与发展研究中心网,https://www.cpdrc.org.cn/,访问日期:2020年7月20日。

82.29岁,[①]可见,《人身损害赔偿司法解释》中关于残疾赔偿金最多给付至80岁的规定也很难说十分合理。

据此,笔者建议,未来最高人民法院若再次对《人身损害赔偿司法解释》进行修改,残疾赔偿金可以按以下方式计算年限,即:计算年限=当年当地男/女平均预期寿命-受害人定残之日的年龄。考虑到受害人生存年龄高于、等于或者接近平均预期年龄的情况,可以同时为残疾赔偿金设定一个最低计算年限。在该公式中,"当地"系指受害人的经常居住地,而"平均预期寿命"可依据该地政府部门的官方统计确定。

4.8.4.3　海员死亡损害的赔偿范围

《海事劳工公约》的标准A4.2第1款(d)规定,船东应就海员的死亡承担丧葬费,除此以外该公约并无进一步的规定。

《民法典》第1179条指出:"侵害他人造成人身损害的,应当赔偿医疗费、护理费、交通费、营养费、住院伙食补助费等为治疗和康复支出的合理费用,以及因误工减少的收入。造成残疾的,还应当赔偿辅助器具费和残疾赔偿金;造成死亡的,还应当赔偿丧葬费和死亡赔偿金。"但该法并未阐明死亡赔偿金的具体内容,也未解释死亡赔偿金是否包含被抚养人生活费。2022年《人身损害赔偿司法解释》第16条明确规定,被扶养人生活费计入死亡赔偿金,其第17条也指出,能够获得被扶养人生活费的赔偿权利人只能是"受害人依法应当承担扶养义务的未成年人或者丧失劳动能力又无其他生活来源的成年近亲属",其与2004年原解释的规定一致,但覆盖范围仍较为狭窄。例如,若配偶一方死亡,

---

① 参见《上海人口平均期望寿命超82岁　女性比男性长寿4岁》,载新华网,http://www.news.cn/,访问日期:2020年7月20日。

而另一方既未丧失劳动能力又有其他生活来源，就很难主张被扶养人生活费。

死亡的受害人不具有主张损害赔偿的主体资格，此时享有损害赔偿权的是作为间接受害人的死者近亲属。[①] 死者近亲属可以主张两方面的损害：一是财产损害，二是非财产损害即精神损害。

就死亡赔偿金计算方法而言，2022 年《人身损害赔偿司法解释》第 15 条与 2004 年解释规定保持一致，指出："死亡赔偿金按照受诉法院所在地上一年度城镇居民人均可支配收入标准，按二十年计算。但六十周岁以上的，年龄每增加一岁减少一年；七十五周岁以上的，按五年计算。"按照该规定，赔偿不再区分城乡居民，而统一按照城镇居民人均可支配收入标准计算。然而，此处仍有下述的问题值得关注。

海事法院管辖范围往往超过所在地级行政区域，有时甚至超越其所在的省级行政区域，在海员人身伤亡案件中，海事法院在具体审理时往往很难确定何为"受诉法院所在地"。浙江省高级人民法院与宁波海事法院的联合课题组在其《关于船员劳务合同纠纷案件若干法律问题的调研》一文就此提出了两个解决方案：一是充分尊重当事海员的选择，允许其自主选择在海事法院所在地级市或省级行政区域适用的标准间进行选择；二是在雇主与当事海员具有共同的住所地时，可适用当地的标准确定赔偿具体金额。在"'浙三渔 00046 轮'人身伤亡索赔案"中，由于有 1 名遇难船员中的经常居住地和主要收入来源地均在浙江省三门县城镇，上海

① 参见最高人民法院民事审判第一庭编著：《最高人民法院人身损害赔偿司法解释的理解与适用》，人民法院出版社 2004 年版，第 357 页。

海事法院遂依据城镇居民可支配收入为标准统一计算15名遇难船员的死亡赔偿金。①

最后需要注意的是,在《最高人民法院关于空难死亡赔偿金能否作为遗产处理的复函》(〔2004〕民一他字第26号)中指出,死亡赔偿金是对死者近亲属所支付的赔偿,其权利人是死者的近亲属,死亡赔偿金不能被认定为遗产。

4.8.4.4　海员人身伤亡的精神损害赔偿

《海事劳工公约》的标准A4.2完全没有提及精神损害赔偿的问题。

《民法典》第1183条第1款对精神损害赔偿作出了原则性规定:"侵害自然人人身权益造成严重精神损害的,被侵权人有权请求精神损害赔偿。"《人身损害赔偿司法解释》第1条规定,"因生命、身体、健康遭受侵害,赔偿权利人起诉请求赔偿义务人赔偿物质损害和精神损害的,人民法院应予受理",第23条同时指出:"精神损害抚慰金适用《最高人民法院关于确定民事侵权精神损害赔偿责任若干问题的解释》予以确定。"②根据该解释,对于"因人身权益或者具有人身意义的特定物受到侵害"③、"非法使被监护人脱离监护,导致亲子关系或者近亲属间的亲属关系遭受严重损害"④、"死者的姓名、肖像、名誉、荣誉、隐私、遗体、遗骨等受到侵

① 参见上海海事法院网,https://shhsfy.gov.cn/hsfyytwx/hsfyytwx/index.html?d=1733391105362,访问日期:2023年3月20日。

② 《人身损害赔偿司法解释》第23条。

③ 《最高人民法院关于确定民事侵权精神损害赔偿责任若干问题的解释》第1条。

④ 《最高人民法院关于确定民事侵权精神损害赔偿责任若干问题的解释》第2条。

害，其近亲属向人民法院提起诉讼请求精神损害赔偿”[①]三种情形下，相关权利人可主张精神损害赔偿。在第一种情形下，赔偿权利人为自然人或者其近亲属；在第二种情形下，赔偿权利人为监护人；在第三种情形下，赔偿权利人为死者近亲属。可见，海员人身伤亡案件中，受害海员及其近亲属有权向赔偿义务人请求精神损害赔偿。由于受害海员或近亲属可以就工伤保险赔付未能弥补的差额部分向船东索赔，[②]因而在受害海员或近亲属向船东提起侵权诉讼之时，赔偿权利人亦有权同时主张精神损害赔偿。特别是在船舶互有过失碰撞的情况下，依据前述《海商法》相关规定，船东与第三方船舶应当承担连带侵权责任。[③] 而如前文所述，海员或其近亲属在依照《人身损害赔偿司法解释》向第三方船舶提起侵权之诉时可以同时主张精神损害赔偿。该海员或其近亲属在获得了第三方船舶的赔偿和工伤保险给付之后，如果损害尚未得到完全填补，其可再就差额向本船船东提起侵权之诉，并可同时主张精神损害赔偿。

若海员与船东间订立的是雇佣合同，情况就有所不同。2003年《人身损害赔偿司法解释》第11条曾规定，雇主应当对雇员所遭受的人身损害承担赔偿责任。但2022年版《人身损害赔偿司法解释》中删去了该条规定。《民法典》第1192条对雇工人身损害赔偿责任的承担问题作出了明确规定，“个人之间形成劳务关系”的，若“提供劳务一方因劳务受到损害的，根据双方各自的过错承担相应的责任。提供劳务期间，因第三人的行为造成提供劳务一方损害的，提供劳务一方有权请求第三人承担侵权责任，也有权请

---

① 《最高人民法院关于确定民事侵权精神损害赔偿责任若干问题的解释》第3条。

② 参见《安全生产法》第56条。

③ 参见《海商法》第169条第3款。

求接受劳务一方给予补偿。接受劳务一方补偿后,可以向第三人追偿”。可见,在《民法典》下,自然人雇主对因其过错造成的雇员人身损害承担侵权责任;若损害为第三人造成,则自然人雇主承担补偿责任。实践中,船东通常为法人雇主,根据《民法典》第1165条第1款有关“行为人因过错侵害他人民事权益造成损害的,应当承担侵权责任”的原则性规定,若法人船东对海员人身损害具有过错,海员本人或近亲属有权提起侵权之诉并主张精神损害赔偿。在“龚某平、章某妹、刘某、龚某1、龚某2与被告江苏百家多式联运有限公司、被告南京长航新凤凰交通科技有限公司、被告洋浦中柏海运有限公司、被告苏美达国际技术贸易有限公司和被告冀东发展集团国际贸易有限公司海上、通海水域人身损害责任纠纷案”中,法院认定当事船员死亡对其近亲属“造成巨大精神痛苦”,故判决被告除应赔偿死亡赔偿金、丧葬费、被扶养人生活费损失及交通、住宿、误工等费用外,还须支付精神抚慰金。①

《海商法》并未就精神损害赔偿是否被包含在海事赔偿责任限制之中作出明确规定,而学术界对这一问题存在分歧。② 笔者认为,精神损害本身是主观心理感受,虽有一定的外部表现,但难以确切衡量。法官裁量所依据的只能是侵害手段、侵害后果、侵权人经济能力及法院地平均生活水平等客观因素。另外,精神损害赔偿并非直接消解受害人或其近亲属精神所感受的痛苦,而是通过金钱的方式予以补偿,故精神损害赔偿与人身伤亡的财产损害赔偿并无本质的区别。因为人身伤亡的财产损害赔偿同样并非直

---

① 参见武汉海事法院民事判决书,(2020)鄂72民初51号。

② 参见司玉琢、李志文主编:《中国海商法基本理论专题研究》,北京大学出版社2009年版,第657页。

接对受害人肉体所受的痛苦予以减轻或消解，而是通过给付金钱的方式对受害人或其近亲属的有形损失进行间接赔偿。《海商法》第207条第1款列举了可限制性债权，该条第2款紧接着强调“前款所列赔偿请求，无论提出的方式有何不同，均可以限制赔偿责任”。因此，此款规定实际上就将精神损害赔偿涵盖在内了。参考已被废止的1992年《损害赔偿规定》，具有精神损害赔偿性质的“安抚费”是被该规定明确归入人身伤害的财产损失赔偿之中的。① 尽管该司法解释已被废除，但其是中国曾经的唯一一部专门针对海上人身伤亡赔偿的司法解释，其中相关的规定具有一定的参考意义。据此，精神损害赔偿应被归入《海商法》第207条所规定的人身伤亡赔偿之中，其应适用海事赔偿责任限制中的人身伤亡赔偿责任限制。

4.8.5　海员人身伤亡损害赔偿与海事赔偿责任限制的关系

在海员人身伤亡诉讼中，海事赔偿责任限制等海商法特别制度仍然适用。在《损害赔偿规定》被废止以后，在中国法框架下，海上人身伤亡赔偿的国内、涉外双轨制的情况已不存在。海员人身伤亡损害赔偿的总额一般仅受到《海商法》和原交通部《关于不满300总吨船舶及沿海运输、沿海作业船舶海事赔偿限额的规定》(1993年交通部令第5号，1994年1月1日起施行)等法律法规中所规定的海事赔偿责任限制的约束。

4.8.5.1　海员人身伤亡损害赔偿与海事赔偿责任限制制度的基本关系

依据《海商法》第204条和第206条，在海难事故造成重大人

---

① 该司法解释第3条第3项规定，安抚费“是指对受伤致残者的精神损失所给予的补偿。可按伤势轻重、伤痛情况、残废程度，并考虑其年龄、职业等因素作一次性的赔付”。

身或财产损失的情况下，船舶所有人、经营人、救助人[1]和责任保险人[2]有权以船舶吨位为限将其对某些海事请求的赔偿责任限制在一定的范围之内。当然，依据《海商法》第207条，相关责任人只能就法定的海事请求享受赔偿责任限制。这些限制性海事请求包括："（一）在船上发生的或者与船舶营运、救助作业直接相关的人身伤亡或者财产的灭失、损坏，包括对港口工程、港池、航道和助航设施造成的损坏，以及由此引起的相应损失的赔偿请求；（二）海上货物运输因迟延交付或者旅客及其行李运输因迟延到达造成损失的赔偿请求；（三）与船舶营运或者救助作业直接相关的，侵犯非合同权利的行为造成其他损失的赔偿请求；（四）责任人以外的其他人，为避免或者减少责任人依照本章规定可以限制赔偿责任的损失而采取措施的赔偿请求，以及因此项措施造成进一步损失的赔偿请求。"可见，海员人身伤亡赔偿请求属于上述第1项法定的限制性海事请求。

从具体数额看，虽然中国并非《1976年海事赔偿责任限制公约》的成员国，[3]但《海商法》第210条第1款第1项实际上借鉴了该公约的规定，将人身伤亡赔偿限额与非人身伤亡赔偿限额分开计算。其中，人身伤亡赔偿限额的具体计算方法为："1. 总吨位300吨至500吨的船舶，赔偿限额为333,000计算单位；2. 总吨位超过500吨的船舶，500吨以下部分适用本项第1目的规定，500吨以上的部分，应当增加下列数额：501吨至3000吨的部分，每吨增加500计算单位；3001吨至30,000吨的部分，每吨增加333计

① 参见《海商法》第204条。

② 参见《海商法》第206条。

③ 参见国际海事信息网，https://www.imo.org/en/，访问日期：2023年3月20日。

算单位;30,001 吨至 70,000 吨的部分,每吨增加 250 计算单位;超过 70,000 吨的部分,每吨增加 167 计算单位。”依据《海商法》第 210 条的规定,据此计算出的人身伤亡赔偿限额如果不足以满足全部人身伤亡的赔偿请求,其未受赔偿的差额应当与非人身伤亡赔偿请求一起从非人身伤亡赔偿限额中按比例受偿。可见,在依据船舶吨位所计算出的赔偿限额中,人身伤亡赔偿请求的受偿享有优先地位。另外,2004 年 5 月 13 日生效的《1976 年海事赔偿责任限制公约》的 1996 年议定书以及于 2015 年 6 月 8 日正式生效的 1996 年议定书的修正案大幅度提高了人身伤亡的赔偿限额。[①]因中国并非 1996 年议定书及其修正案的成员国,[②]故该议定书及其修正案对中国并无约束力。

除了上述《海商法》第 210 条外,原交通部规章《关于不满 300 总吨船舶及沿海运输、沿海作业船舶海事赔偿限额的规定》对不满 300 总吨的海船的赔偿责任限制的具体数额作出了规定。《海商法》第 210 条第 2 款指出:“总吨位不满 300 吨的船舶,从事中华人民共和国港口之间的运输的船舶,以及从事沿海作业的船舶,其赔偿限额由国务院交通主管部门制定,报国务院批准后施行。”因此,已满 300 总吨的船舶适用《海商法》中较高的责任限额,而不满 300 总吨的船舶适用《关于不满 300 总吨船舶及沿海运输、沿海作业船舶海事赔偿限额的规定》中较低的责任限额。

对于沿海运输船舶与国际运输船舶间发生的海事事故,《关于不满 300 总吨船舶及沿海运输、沿海作业船舶海事赔偿限额的规

---

① 参见国际海事信息网,https://www.imo.org/en/,访问日期:2023 年 3 月 20 日。

② 参见国际海事信息网,https://www.imo.org/en/,访问日期:2023 年 3 月 20 日。

定》第5条指出,同一海事事故中只要有一方船舶适用《海商法》第210条或《关于不满300总吨船舶及沿海运输、沿海作业船舶海事赔偿限额的规定》第3条的责任限额,其他各方船舶均应适用相同的标准。换言之,倘若在同一海事事故中有沿海和国际航行两类船舶,当一方在法院申请较高的海事赔偿责任限额时,本可依据该规定第4条适用较低责任限额的沿海航行船舶就应适用与国际航行船舶相同的较高的限额标准。[①] 具体而言,在上述情形下,若该国际航行船舶不满300总吨,则沿海船舶的责任限额就应同该国际航行船舶一样适用该规定第3条中的较低限额;若该国际航行船舶满300总吨,则沿海船舶的责任限额就应与其一同适用《海商法》第210条的较高限额。依照《海商法》第4条[②]和《国内水路运输管理条例》第11条[③],中国沿海港口间的运输只能由中国企业使用悬挂中国船旗的船舶经营。进出中国港口的国际航行船舶有很多为外籍船舶,[④]《关于不满300总吨船舶及沿海运输、沿海作业船舶海事赔偿限额的规定》第5条有助于避免在同一事故中中国籍船舶适用较低的责任限额而外国船舶适用较高的责任限额这一现象的发生,因为这一现象实际上是对外籍船舶的歧视。

适用《海商法》或《关于不满300总吨船舶及沿海运输、沿海

① 参见沈志先主编:《海事审判精要》,法律出版社2011年版,第328页。

② 《海商法》第4条规定:"中华人民共和国港口之间的海上运输和拖航,由悬挂中华人民共和国国旗的船舶经营。但是,法律、行政法规另有规定的除外。非经国务院交通主管部门批准,外国籍船舶不得经营中华人民共和国港口之间的海上运输和拖航。"

③ 《国内水路运输管理条例》第11条规定:"外国的企业、其他经济组织和个人不得经营水路运输业务,也不得以租用中国籍船舶或者舱位等方式变相经营水路运输业务。香港特别行政区、澳门特别行政区和台湾地区的企业、其他经济组织以及个人参照适用前款规定,国务院另有规定的除外。"

④ 参见沈志先主编:《海事审判精要》,法律出版社2011年版,第327页。

作业船舶海事赔偿限额的规定》中的责任限额的前提是该海事请求属于可限制责任的海事请求。[①] 在《海商法》第 208 条列举的 5 种非限制性海事请求中，第 5 项非限制性的海事请求是“船舶所有人或者救助人的受雇人提出的赔偿请求，根据调整劳务合同的法律，船舶所有人或者救助人对该类赔偿请求无权限制赔偿责任，或者该项法律作了高于本章规定的赔偿限额的规定”。笔者认为，这里的“调整劳务合同的法律”既包括调整劳动关系的《劳动法》《劳动合同法》《工伤保险条例》等法律法规，又包括《民法典》和《人身损害赔偿解释》等调整雇佣合同有关的法律法规和司法解释。因此，无论海员与船东之间订立的是劳动合同还是雇佣合同，当受害海员向本船船东提出赔偿请求时，作为用人单位或雇主的船东都无权限制其赔偿责任，其应当依照上述相关法律法规和司法解释的规定承担责任。例如，根据《劳动合同法》第 92 条，“劳务派遣单位、用工单位违反本法有关劳务派遣规定的……给被派遣劳动者造成损害的，劳务派遣单位与用工单位承担连带赔偿责任”。按照该条规定，如果被劳务派遣至船东所有的船舶上工作的海员遭受人身伤害，当海员向作为用工单位的船东提出连带赔偿请求时，该船东也不能根据《海商法》或《关于不满 300 总吨船舶及沿海运输、沿海作业船舶海事赔偿限额的规定》的规定限制自身的赔偿责任，而是须赔偿海员全部实际损失。特别是在因碰撞事故造成海员人身伤亡的事故中，船东是没有权利就本船海员的人身伤亡主张海事赔偿责任限制的，能主张海事赔偿责任限制的只有他船的所有人、经营人、承租人以及救助人和责任保险人。

---

① 参见《海商法》第 207 条。

4.8.5.2 旅客人身伤亡赔偿责任限制对海员人身伤亡赔偿责任限制的影响

从广义上讲,海上人身伤亡赔偿请求既包括海员人身伤亡赔偿请求,又包括旅客人身伤亡赔偿请求。就运送旅客的船舶而言,海员人身伤亡赔偿限额会受到旅客人身伤亡赔偿限额的影响。就旅客人身伤亡赔偿限额而言,《1976 年海事赔偿责任限制公约》第 7 条指出,每名旅客的赔偿责任限制为 46,666 个计算单位,但所有旅客的总额不超过 25,000,000 个计算单位。该规定与《1974 年海上旅客及其行李运输雅典公约的 1976 年议定书》的规定是一致的。中国是《1974 年海上旅客及其行李运输雅典公约的 1976 年议定书》的成员国,[①]《海商法》将每名旅客的人身伤亡的赔偿限额规定为 46,666 计算单位,同时将赔偿总额限制为 25,000,000 个计算单位,[②]该规定与《1976 年海事赔偿责任限制公约》和《1974 年海上旅客及其行李运输雅典公约》及其 1976 年议定书的规定一致。《修正 1974 年海上旅客及其行李运输雅典公约的 1990 年议定书》将此限额提高到 175,000 个计算单位,[③]但此议定书并未生效,并在嗣后为《2002 年海上旅客及其行李运输雅典公约》(The Athens Convention relating to the Carriage of Passengers and their Luggage by Sea,2002)所取代。[④]《2002 年海上旅客及其行李运输

---

① 参见国际海事信息网,https://www.imo.org/en/,访问日期:2023 年 3 月 20 日。

② 参见《海商法》第 211 条。

③ 参见《修正 1974 年海上旅客及其行李运输雅典公约的 1990 年议定书》第 2 条第 2 款。

④ 参见国际海事信息网,https://www.imo.org/en/,访问日期:2023 年 3 月 20 日。

雅典公约》已于2014年4月23日正式生效,[①]该公约施行双重责任制。[②] 第一层责任采用的是严格责任制,限额为每名旅客250,000个计算单位,除非承运人能证明损失系战争行为、敌对行为、内战、叛乱、不可抗力导致的,或完全系第三方故意的作为或不作为导致的。[③] 如果实际损失超出此限制,就超出部分而言,除非承运人可证明损失并非由于其失误或疏忽所导致,否则其要承担过错责任,[④]这就是该公约为承运人规定的第二层责任。第二层责任的限额最高可达每名旅客400,000个计算单位。[⑤] 另外,《2002年海上旅客及其行李运输雅典公约》还授权成员国对旅客人身伤亡设定更高的赔偿责任限额。[⑥] 当然,中国并非《2002年海上旅客及其行李运输雅典公约》的成员国,[⑦]这个公约目前对中国并无约束力。但该公约可能会对海员人身伤亡损害赔偿产生一定影响,因为旅客人身伤亡赔偿限制和海事赔偿责任限制是一次限制与二次限制的关系。对于客船而言,一旦它与其他船舶间发生了互有过失碰撞,在同时造成了本船旅客人身伤亡和他船的海员人身伤亡的情形之下,如果本船旅客的人身伤亡责任限制总额已经超过了本船的海事赔偿责任限制总额,本船旅客和他船海员向本船船东提出的人身伤亡赔偿请求可能就无法得到全

---

① 参见国际海事信息网,https://www.imo.org/en/,访问日期:2023年3月20日。

② 参见司玉琢、李志文主编:《中国海商法基本理论专题研究》,北京大学出版社2009年版,第485页。

③ 参见《2002年海上旅客及其行李运输雅典公约》第3条第1款。

④ 参见《2002年海上旅客及其行李运输雅典公约》第3条第2款。

⑤ 参见《2002年海上旅客及其行李运输雅典公约》第7条第1款。

⑥ 参见《2002年海上旅客及其行李运输雅典公约》第7条第2款。

⑦ 参见国际海事信息网,https://www.imo.org/en/,访问日期:2023年3月20日。

部满足,而只能按比例受偿。如上文所述,中国《海商法》中海事赔偿责任限制总额采用的是《1976 年海事赔偿责任限制公约》的标准,其数额较低;而《修正 1974 年海上旅客及其行李运输雅典公约的 1990 年议定书》和《2002 年海上旅客及其行李运输雅典公约》单位旅客赔偿责任限额较高,并且不设总额的最高限制。如果中国加入这两个公约,鉴于《海商法》第 268 条[①]中有关国际公约优先适用的规定,这两个公约中关于旅客人身伤亡赔偿责任限制的规定将优于《海商法》中相关规定适用。这样就很可能使旅客人身伤亡赔偿责任的限制总额高于《海商法》下的海事赔偿责任限制。值得注意的是,2024 年《海商法》修订草案第 116 条将海事赔偿责任限额提高至每名游客 175,000 个计算单位,与《修正 1974 年海上旅客及其行李运输雅典公约的 1990 年议定书》保持了一致。

《2002 年海上旅客及其行李运输雅典公约》对从事旅客运输的承运人实施了强制责任保险制度,[②]即要求承运人必须对其对旅客的赔偿责任投保。该强制保险必须经过缔约国主管当局的认定并签发证书予以证明,否则船舶不能从事旅客运输。[③]一旦旅客遭遇人身伤亡,赔偿权利人在此公约下可以不受合同相对性的约束而直接向保险人提出赔偿请求。[④] 当然,责任保险人此时应有权援引承运人享有的责任限制和抗辩,无论承运人是否丧失了

① 《海商法》第 268 条规定:"中华人民共和国缔结或者参加的国际条约同本法有不同规定的,适用国际条约的规定;但是,中华人民共和国声明保留的条款除外。中华人民共和国法律和中华人民共和国缔结或者参加的国际条约没有规定的,可以适用国际惯例。"

② 参见《2002 年海上旅客及其行李运输雅典公约》第 4 条之二第 1 款。

③ 参见《2002 年海上旅客及其行李运输雅典公约》第 4 条之二第 12 款。

④ 参见《2002 年海上旅客及其行李运输雅典公约》第 4 条之二第 10 款。

责任限制。[①] 责任保险人还可要求承运人或实际承运人参与诉讼。[②] 强制保险制度可以转移承运人的赔偿风险，同时使受害旅客得到及时和充分的赔偿。在海上运输中，海员比旅客承担的人身伤害风险更高。因此笔者认为，中国应该借鉴《2002 年海上旅客及其行李运输雅典公约》的规定，实施海员人身伤亡强制责任保险制度，强制要求从事客货运输的承运人为每名海员投保人身伤亡责任保险。

4.8.5.3　船舶优先权和海事赔偿责任限制对海员人身伤亡案件的重叠适用

在《海商法》第 22 条所列举的五项受优先权担保的海事请求中，"船舶营运中发生的人身伤亡的赔偿请求"(第 2 项)同时属于第 207 条所规定适用海事赔偿责任限制制度的限制性债权。由于海员人身伤亡赔偿请求包含在"船舶营运中发生的人身伤亡的赔偿请求"范围之内，因此海员人身伤亡损害赔偿请求既属于具有船舶优先权的海事请求，又属于限制性海事请求。船舶优先权旨在保护相关债权人的合法权益，而海事赔偿责任限制旨在保护船舶所有人、经营人等债务人的利益，这两种制度的宗旨是有所冲突的。因而当这两个制度同时适用于海员人身伤亡案件时，有必要研究应如何处理这两个制度间的关系问题。

《海商法》第 30 条就此明确指出，关于船舶优先权的相关规定"不影响"海事赔偿责任限制规定的实施。2020 年修正的《最高人民法院关于审理海事赔偿责任限制相关纠纷案件的若干规定》(以下简称《责任限制司法解释》)第 9 条解释了该条中"不影响"这一措辞的含义，即："海事赔偿责任限制基金设立后，海事请求人

---

① 参见《2002 年海上旅客及其行李运输雅典公约》第 4 条之二第 10 款。

② 参见《2002 年海上旅客及其行李运输雅典公约》第 4 条之二第 10 款。

就同一海事事故产生的属于海商法第二百零七条规定的可以限制赔偿责任的海事赔偿请求，以行使船舶优先权为由申请扣押船舶的，人民法院不予支持。”可见，《海商法》第 30 条意为，在同一海事事故中，船舶优先权的行使要受制于海事赔偿责任限制制度。这具体体现在三个方面。

第一，在同一海事事故中，在责任人申请设立了海事赔偿责任限制基金以后，受优先权担保的限制性海事请求（如海员人身伤亡赔偿请求）的请求人无法再通过对船舶予以扣押的这一唯一合法的方式行使其船舶优先权，①这时优先权其实已经落空，没有任何实际意义。

第二，受船舶优先权担保的海事请求的受偿顺序与海事赔偿责任限制下海事请求的受偿顺序是有冲突的：依据《海商法》第 210 条第 1 款第 3 项之规定，在人身伤亡赔偿请求没有得到足额清偿的情况下，财产损害赔偿请求也可以得到一定的清偿；而依照该法第 22 条和第 23 条的规定，②在人身伤亡赔偿请求未得到满足前，排在其后的相关财产赔偿请求无法得到清偿，海难救助报酬请求除外。另外，依据《海商法》第 210 条第 1 款第 4 项之规定，“就港口工程、港池、航道和助航设施的损害提出的赔偿请求”应当较其他财产赔偿请求优先受偿。但实际上，该项赔偿请求属于“船舶在营运中因侵权行为产生的财产赔偿请求”，依照《海商法》第 23 条应排在最后顺位受偿。这表明海事赔偿责任限制对于清偿顺序

---

①　《海商法》第 28 条强调：“船舶优先权应当通过法院扣押产生优先权的船舶行使。”

②　《海商法》第 23 条规定：“本法第二十二条第一款所列各项海事请求，依照顺序受偿。但是，第（四）项海事请求，后于第（一）项至第（三）项发生的，应当先于第（一）项至第（三）项受偿。本法第二十二条第一款第（一）、（二）、（三）、（五）项中有两个以上海事请求的，不分先后，同时受偿；不足受偿的，按照比例受偿。第（四）项中有两个以上海事请求的，后发生的先受偿。”

所作的规定实际上打破了《海商法》第23条对于受优先权担保的海事请求的清偿顺序所作出的规定。[①] 因此，在基金分配时，原先享有优先权的限制性海事请求的请求人不能再按《海商法》第23条的顺序受偿，而只能按照《海商法》第210条的规定受偿。此处需要重申的是，《海商法》第210条所规定的可以得到优先受偿的"人身伤亡赔偿请求"及"港口工程、港池、航道和助航设施的损害提出的赔偿请求"属于在债权意义上可以优先受偿的海事请求，而《海商法》第23条所规定的则是因受到船舶优先权担保而优先受偿的海事请求权。

第三，在基金分配完毕后，包括受优先权担保的限制性债权在内的所有限制性债权都归于消灭，作为担保物权的优先权自然也就归于消灭。[②] 在基金分配中未能足额受偿的享有优先权的限制性债权的请求人不能再对船舶行使优先权。

受到海事赔偿责任限制制度制约的船舶优先权仅限于限制性债权的优先权，如人身伤亡赔偿请求的船舶优先权。非限制性债权的船舶优先权（如海难救助报酬请求的船舶优先权）并不受海事赔偿责任限制制度的制约，[③]其仍然可以依据前述《海商法》第22条和第23条规定的受偿顺序获得优先清偿。

但是，《责任限制司法解释》第9条的规定并没有解决所有情况下船舶优先权与海事赔偿责任限制两种制度的优先适用问题。因为申请设立基金并不代表能够享受赔偿责任限制，而提出海事赔偿

---

① 参见沈志先主编：《海事审判精要》，法律出版社2011年版，第335～336页。

② 参见《民法典》第393条。

③ 《海商法》第208条规定："本章规定不适用于下列各项：(一)对救助款项或者共同海损分摊的请求……"

责任限制之抗辩也不以设立基金为前提。[①]《责任限制司法解释》第9条强调的仅是设立基金所起到的担保限制性债权的作用,能够排除对船舶的扣押,进而排除相关优先权的行使。实际上,法院对于基金的设立仅进行程序性审查,而并不进行实质性审查。因此,海事赔偿责任限制基金设立后,还可能产生以下四种不同的情况:

其一,在基金设立后,如果法院经过实体审理后认为责任人不能享受赔偿责任限制,受优先权担保的海事请求权人仍然可以申请扣押船舶,以实现自己的船舶优先权,并按照《海商法》第23条的规定获得优先受偿。因为在这种情况下,既然限制性债权的性质已经被否认,责任限制基金的担保作用显然也就随之消失。

其二,受优先权担保的海事请求权(如海员人身伤亡请求权)的请求人如果已经申请扣押船舶,而责任人在此之后再申请设立基金的,依据《海商法》第30条、第214条[②]以及《最高人民法院关于适用〈中华人民共和国海事诉讼特别程序法〉若干问题的解释》第86条[③]之规定,法院应当解除对于船舶的扣押。享有优先权的限制性债权的请求人实际上只能依据《海商法》第210条规定的顺序受偿,除非发生上述“其一”下的情况。

其三,尽管责任人针对一次海事事故设立了基金,但如果受优

---

① 《责任限制司法解释》第13条也明确指出:“责任人未申请设立海事赔偿责任限制基金,不影响其在诉讼中对海商法第二百零七条规定的海事请求提出海事赔偿责任限制抗辩。”

② 《海商法》第214条指出:“责任人设立责任限制基金后,向责任人提出请求的任何人,不得对责任人的任何财产行使任何权利;已设立责任限制基金的责任人的船舶或者其他财产已经被扣押,或者基金设立人已经提交抵押物的,法院应当及时下令释放或者责令退还。”

③ 《最高人民法院关于适用〈中华人民共和国海事诉讼特别程序法〉若干问题的解释》第86条规定:“设立海事赔偿责任限制基金后,向基金提出请求的任何人,不得就该项索赔对设立或以其名义设立基金的人的任何其他财产,行使任何权利。”

先权担保的限制性海事请求针对的是另一次不同的海事事故，那么请求权人依然有权以行使优先权为由向法院申请扣押船舶。这是因为基金只能对本次事故内的限制性债权起到担保作用。[①] 当然，责任人可以再次设立基金，以解除船舶扣押。

其四，如果责任人最终会被法院实体审定有过错并可以申请享受海事赔偿责任限制，但在其还没有成功设立责任限制基金的情况下，受优先权担保的限制性海事请求权人是有权申请扣押并拍卖船舶的。这是因为优先权是一种担保物权，依据《民法典》第386条，[②]受优先权担保的限制性海事请求应相对于其他没有得到担保的限制性债权优先受偿。然而，在船舶被拍卖后，受优先权担保的限制性海事请求权人受偿的具体数额和顺序却仍然必须受到《海商法》第210条的制约。具体而言，在《海商法》第22条所列举的5项受优先权担保的海事请求中，“船舶营运中发生的人身伤亡的赔偿请求”（第2项）以及“船舶在营运中因侵权行为产生的财产赔偿请求”（第5项）同时属于《海商法》第207条所规定的限制性债权。这两项受优先权担保的限制性赔偿请求均应依据《海商法》第23条之规则相对于其他不受优先权担保的限制性海事请求和非限制性海事请求优先受偿。但此时须注意两点：第一，这两项请求的具体受偿的数额必须依《海商法》第210条第1款第1～2项所规定的限额而定；第二，这两项请求之间的优先顺序也必须依《海商法》第210条第1款第3～4项所规定的清偿顺序而定。换言之，首先，“船舶营运中发生的人身伤亡的赔偿请求”应当在《海商法》

---

① 参见《责任限制司法解释》第9条。

② 《民法典》第386条规定：“担保物权人在债务人不履行到期债务或者发生当事人约定的实现担保物权的情形，依法享有就担保财产优先受偿的权利，但是法律另有规定的除外。”

第210条第1款第1项所规定的限额内得到受偿。如果人身伤亡实际损害未能在依据《海商法》第210条第1款第1项所计算得出的人身赔偿限额内得到足额清偿,两者间的差额还可以依据《海商法》第210条第1款第3项之规定“与非人身伤亡的赔偿请求并列”,从财产赔偿限额中按照比例受偿。其次,就“船舶在营运中因侵权行为产生的财产赔偿请求”而言,这类请求中如果包括“就港口工程、港池、航道和助航设施的损害提出的赔偿请求”,这类请求应当依据《海商法》第210条第1款第4项之规定相对于其他财产损害得到优先受偿。再次,扣除港口工程、港池、航道和助航设施的损害赔偿后,如果依据《海商法》第210条第1款第2项计算得出的财产赔偿限额还有余额,那么“船舶在营运中因侵权行为产生的财产赔偿请求”中的其他享有优先权的财产赔偿请求应当依据《海商法》第23条之规定不分先后,同时受偿,或在不能得到足额赔偿时按比例受偿。最后,如果“船舶在营运中因侵权行为产生的财产赔偿请求”全部受偿后,财产赔偿限额尚有剩余,那么其他不享有优先权的限制性债权可以同时足额或按比例受偿。①

海员人身伤亡损害赔偿请求属于海事请求保全范畴。② 根据《海事诉讼特别程序法》第21条,提出与船舶营运直接有关的人身伤亡请求时,可以申请扣船。另外,《海事诉讼特别程序法》第16条规定,“海事法院受理海事请求保全申请,可以责令海事请求人提供担保。海事请求人不提供的,驳回其申请”。2015年3月1日起施行的《最高人民法院关于扣押与拍卖船舶适用法律若干问题的规定》第4条规定,“海事请求人申请扣押船舶的,海事法院应

---

① 参见林霄华:《船舶优先权、船舶留置权与船舶抵押权受偿顺序问题研究——兼论海事赔偿责任限制对第三者受偿顺序的影响》,复旦大学2012年硕士学位论文,第24~36页;司玉琢主编:《海商法专题研究》,大连海事大学出版社2002年版,第115~119页。

② 参见《海事诉讼特别程序法》第21条。

当责令其提供担保”。可见,在一般情况下,扣船申请人需要提供担保。《最高人民法院关于扣押与拍卖船舶适用法律若干问题的规定》第4条同时指出,因“船员劳务合同、海上及通海水域人身损害赔偿纠纷申请扣押船舶,且事实清楚、权利义务关系明确的,可以不要求提供担保”。因此,在海员或其近亲属就海员人身伤亡损害赔偿的请求申请法院扣船的情况下,法院可以视案件情况免除申请人提供扣船担保的义务。海员经济能力微薄,通常无力提供足够的扣船担保。上述规定降低了海员申请扣船的难度,有助于保障这一弱势群体的权益。

海上人身损害赔偿案件的执行问题是海事法院工作需要突破的“瓶颈”。据宁波海事法院调研,其审判的许多此类案件为涉渔纠纷,被执行人一方绝大多数是渔民或者小运输船的船主。渔船或者小运输船既是生产工具,也是主要财产,被执行人履行能力较差;在不少案件中,作为雇主的船舶所有人也在事故中失踪或丧生,有的则在审判过程中失踪。[①]《民法典》第40条和第46条规定,利害关系人可以申请宣告下落不明的公民失踪或死亡,故海员作为利害关系人,也具有向法院申请宣告被执行人死亡的权利。[②]在赔偿义务人死亡后,有无遗产以及是否存在义务承担人,是决定诉讼或执行能否继续的前提,也是继承人成为被告或被执行人的前提。但是,继承是权利而非义务。[③] 海事法院无权强制相关人员进行继承。在没有遗产可供执行或相关人员放弃继承遗产时,

① 参见《关于船员劳务合同纠纷案件若干法律问题的调研》,载宁波海事法院网,http://www.nbmc.gov.cn,访问日期:2024年8月17日。

② 参见华永智、吴胜顺:《海上人身损害赔偿案件执行的特点、困境与对策》,载《海事司法论坛》2009年第4期,第28页。

③ 参见《民法典》第1120条。

海事法院并不能将相关人员直接确定为赔偿义务人或被执行人,[①]而是应依法终结诉讼或执行。[②] 2017 年 5 月 1 日起施行、2020 年修正的《最高人民法院关于民事执行中财产调查若干问题的规定》分别对申请人提供线索的义务[③]以及被执行人的财产报告义务[④]作出了明确规定,并规定人民法院有权调查[⑤]、搜查[⑥]、传唤[⑦]与查找包括船舶在内的相关财产。[⑧] 该规定的颁布有助于更高效地查清赔偿义务人的财产,确保执行工作顺利进行。

4.9　女海员和未成年海员得到特殊保护的权利

《劳动法》第 58 条第 1 款强调:"国家对女职工和未成年工实行特殊劳动保护。"海员职业相对于一般的陆上职业工作强度更大、危险性更高。中国内国法和相关国际公约就女海员和未成年海员的权益保护问题作出了一些特别规定。

4.9.1　对女海员的特殊保护

《海事劳工公约》、国务院行政法规《女职工劳动保护特别规

---

① 《民法典》第 1161 条第 2 款规定:"继承人放弃继承的,对被继承人依法应当缴纳的税款和债务可以不负清偿责任。"

② 参见《民事诉讼法》第 154 条和第 268 条。

③ 参见《最高人民法院关于民事执行中财产调查若干问题的规定》第 2 条。

④ 参见《最高人民法院关于民事执行中财产调查若干问题的规定》第 3 条至第 7 条。

⑤ 参见《最高人民法院关于民事执行中财产调查若干问题的规定》第 12 条和第 13 条。

⑥ 参见《最高人民法院关于民事执行中财产调查若干问题的规定》第 14 条。

⑦ 参见《最高人民法院关于民事执行中财产调查若干问题的规定》第 15 条。

⑧ 参见《最高人民法院关于民事执行中财产调查若干问题的规定》第 16 条。

定》(2012年4月28日起实施)以及交通运输部规章《海船船员值班规则》(2012年2月17日,交通运输部10号令发布,2020年7月6日修正)对女性海员的权益保护问题作出了特别规定。

4.9.1.1 《海事劳工公约》对女海员的特殊保护规定

《海事劳工公约》的标准A3.1第9款规定,船东有义务为女海员提供单独的生活设施。该公约的标准A3.1第11款还提出,船东应当为男海员和女海员提供分开的卫生设施。除此之外,该公约没有对女海员权益保障问题作出更详细的规定。

4.9.1.2 中国内国法中有关女海员的特殊保护规定

国务院早在1988年就曾颁布过《女职工劳动保护规定》。该规定旨在"维护女职工的合法权益,减少和解决女职工在劳动和工作(以下统称劳动)中因生理特点造成的特殊困难,保护其健康"①。国务院于2012年4月28日公布了《女职工劳动保护特别规定》,该规定于公布之日起施行,1988年的《女职工劳动保护规定》被同时废止。《女职工劳动保护特别规定》对女职工在任何情况下都禁忌从事的劳动范围以及女职工在经期、孕期和哺乳期禁忌从事的劳动范围分别作出了具体的规定。②

《女职工劳动保护特别规定》第3条指出:"用人单位应当加强女职工劳动保护,采取措施改善女职工劳动安全卫生条件,对女职工进行劳动安全卫生知识培训。"该规定第4条提出:"用人单位应当遵守女职工禁忌从事的劳动范围的规定。用人单位应当将本单位属于女职工禁忌从事的劳动范围的岗位书面告知女职工。"该规定第5条强调:"用人单位不得因女职工怀孕、生育、哺乳降低其

① 1988年《女职工劳动保护规定》第1条。

② 参见该规定的附录"女职工禁忌从事的劳动范围"。

工资、予以辞退、与其解除劳动或者聘用合同。”该规定第 6 条至第 10 条对女性在孕期、哺乳期和产假期间应当享受的保护和待遇作出了具体规定，[①]其第 11 条还指出：“在劳动场所，用人单位应当预防和制止对女职工的性骚扰。”这些规定均应适用于女性海员。另外，交通运输部规章《海船船员值班规则》第 124 条也明确要求，船长在安排值班时充分考虑女海员的生理特点。

综上，中国对女职工的保护标准已达到并超过了前述《海事劳工公约》的要求。

4.9.2 未成年海员的特殊保护规定

未满 18 周岁的未成年人可能因从事超出其身体可承受范围的劳动而受到身心损害。中国《劳动法》、1995 年 1 月 1 日起施行的原劳动部规章《未成年工特殊保护规定》以及国务院《船员条例》对未满 18 周岁的未成年工的权益保护作出了规定。除此之外，《海事劳工公约》也对未成年海员的权益保护问题作出一些规

① 《女职工劳动保护特别规定》第 6 条规定：“女职工在孕期不能适应原劳动的，用人单位应当根据医疗机构的证明，予以减轻劳动量或者安排其他能够适应的劳动。对怀孕 7 个月以上的女职工，用人单位不得延长劳动时间或者安排夜班劳动，并应当在劳动时间内安排一定的休息时间。怀孕女职工在劳动时间内进行产前检查，所需时间计入劳动时间。”第 7 条指出：“女职工生育享受 98 天产假，其中产前可以休假 15 天；难产的，增加产假 15 天；生育多胞胎的，每多生育 1 个婴儿，增加产假 15 天。女职工怀孕未满 4 个月流产的，享受 15 天产假；怀孕满 4 个月流产的，享受 42 天产假。”第 8 条明确：“女职工产假期间的生育津贴，对已经参加生育保险的，按照用人单位上年度职工月平均工资的标准由生育保险基金支付；对未参加生育保险的，按照女职工产假前工资的标准由用人单位支付。女职工生育或者流产的医疗费用，按照生育保险规定的项目和标准，对已经参加生育保险的，由生育保险基金支付；对未参加生育保险的，由用人单位支付。”第 9 条强调：“对哺乳未满 1 周岁婴儿的女职工，用人单位不得延长劳动时间或者安排夜班劳动。用人单位应当在每天的劳动时间内为哺乳期女职工安排 1 小时哺乳时间；女职工生育多胞胎的，每多哺乳 1 个婴儿每天增加 1 小时哺乳时间。”第 10 条阐明：“女职工比较多的用人单位应当根据女职工的需要，建立女职工卫生室、孕妇休息室、哺乳室等设施，妥善解决女职工在生理卫生、哺乳方面的困难。”

定。这些特殊保护规定主要体现在未成年工的最低年龄限制、未成年工体检要求以及一些特殊用工制度等方面。笔者以下对此进行介绍。

4.9.2.1 《海事劳工公约》的规定

《海事劳工公约》明确禁止未满16周岁的未成年人担任海员工作。[①] 该公约亦明确禁止未满18周岁的未成年海员在夜间工作(夜间指不晚于24点并且不早于5点,并且不短于9小时)以及从事可能危害其健康和安全的工作。[②] 对于已满16周岁不满18周岁的海员,该公约的导则B2.3.1第1款对其作息时间提出了建议,即:"(a)工作时间不能超过每日8小时、每周40小时,只有在出于安全原因无法避免的情况下才加班工作;(b)各餐都要留有充分的时间,并应保证在日间正餐有至少1个小时的休息时间;以及(c)应允许每连续工作2小时后有15分钟的休息时间。"

《海事劳工公约》规定未成年海员体检证书的最长有效期为1年。[③] 这表明已满16周岁、未满18周岁的未成年海员必须每年接受一次体检。

《海事劳工公约》的部分导则还对未成年海员的休假和遣返等事项提出了一些特别建议。该公约的导则B2.4.4第1款提出:"对于根据集体协议或海员就业协议在一艘前往国外的船上服务六个月或任何更短的时间,并在该段时间内没有回到过其居住国,且在该航行之后的三个月中也不会回去的18岁以下未成年海员,应考虑特别的措施。此种措施可以包括将其免费送回到其居住国

---

① 参见《海事劳工公约》的标准A1.1第1款。

② 参见《海事劳工公约》的标准A1.1第2款。

③ 参见《海事劳工公约》的标准A1.2第7款。

原来的受聘地去休其在航行期间所获得的任何假期。”该公约的导则 B2. 5. 2 第 3 款建议：“首次出航国外的 18 岁以下未成年海员在船上服务至少四个月后，若显示出不适应海上生活，应给予该未成年海员从设有船旗国或者其国籍或居住国领事馆的第一个合适的挂靠港口被免费遣返回国的机会。应向为该未成年海员签发准许其上船就业的有关当局报告任何此种遣返情况及其原因。”

4. 9. 2. 2　中国内国法的规定

中国法律允许用人单位招收已满 16 周岁的未成年工。《民法典》第 18 条第 2 款规定：“十六周岁以上的未成年人，以自己的劳动收入为主要生活来源的，视为完全民事行为能力人。”《劳动法》第 58 条指出，未成年工是指年满 16 周岁未满 18 周岁的劳动者。类似地，《未成年工特殊保护规定》第 2 条第 1 款规定：“未成年工是指年满十六周岁，未满十八周岁的劳动者。”《船员条例》第 5 条指出，申请海员适任证书的最低年龄为 18 周岁，实习海员和见习海员的最低年龄为 16 周岁。① 可见，在中国内国法下，未成年海员的最低年龄为 16 周岁，这与《海事劳工公约》的规定完全一致。

中国劳动相关法律法规对未成年工设定了特殊保护制度。2024 年修正的《未成年人保护法》第 61 条第 3 款强调，任何组织和个人招用未成年工时，均应执行国家在“工种、劳动时间、劳动强度和保护措施”等方面的规定，不得安排其从事“过重、有毒、有害等危害未成年人身心健康的劳动或者危险作业”。该原则性规定适用于所有类型的海员劳务合同，但仍较为抽象。按照国际公约优先适用的原则，《海事劳工公约》中有关未成年海员的相关限制性规定属于《未成年人保护法》所称的有关“工种、劳动时间、劳动

---

① 参见《船员条例》第 5 条。

强度和保护措施”的规定，在涉外案件中应得到优先适用。

《未成年工特殊保护规定》第3条[①]对未成年人不得从事的工作作出了特别规定，还对当未成年工患有某种疾病或具有某种非残疾型的生理缺陷时，用人单位不得安排其从事的劳动进行了详细的列举。[②] 该规定还特别指出，用人单位招收使用未成年工必须向县级以上劳动行政部门办理登记，[③]劳动行政部门按照该规定审核未成年工的体检情况以及用人单位拟安排的劳动范围后才能核发《未成年工登记证》，[④]未成年工持《未成年工登记证》方能上岗从事相应的劳动。[⑤]

国务院《船员条例》并未如前述《海事劳工公约》的标准A1.1那样禁止未成年海员在夜间工作，也未明确禁止未成年海员在船上从事可能危害其健康和安全的工作。[⑥] 但前述交通运

---

① 《未成年工特殊保护规定》第3条规定：“用人单位不得安排未成年工从事以下范围的劳动：(一)《生产性粉尘作业危害程度分级》国家标准中第一级以上的接尘作业；(二)《有毒作业分级》国家标准中第一级以上的有毒作业；(三)《高处作业分级》国家标准中第二级以上的高处作业；(四)《冷水作业分级》国家标准中第二级以上的冷水作业；(五)《高温作业分级》国家标准中第三级以上的高温作业；(六)《低温作业分级》国家标准中第三级以上的低温作业；(七)《体力劳动强度分级》国家标准中第四级体力劳动强度的作业；(八)矿山井下及矿山地面采石作业；(九)森林业中的伐木、流放及守林作业；(十)工作场所接触放射性物质的作业；(十一)有易燃易爆、化学性烧伤和热烧伤等危险性大的作业；(十二)地质勘探和资源勘探的野外作业；(十三)潜水、涵洞、涵道作业和海拔三千米以上的高原作业(不包括世居高原者)；(十四)连续负重每小时在六次以上并每次超过二十公斤，间断负重每次超过二十五公斤的作业；(十五)使用凿岩机、捣固机、气镐、气铲、铆钉机、电锤的作业；(十六)工作中需要长时间保持低头、弯腰、上举、下蹲等强迫体位和动作频率每分钟大于五十次的流水线作业；(十七)锅炉司炉。”

② 参见《未成年工特殊保护规定》第4条。

③ 参见《未成年工特殊保护规定》第9条第1项。

④ 参见《未成年工特殊保护规定》第9条第1项。

⑤ 参见《未成年工特殊保护规定》第9条第3项。

⑥ 参见《海事劳工公约》的标准A1.1第2款、第4款。

输部颁布的《海员船上工作和生活条件管理办法》第 48 条第 2 款明确列举了未成年海员不得从事的工作，包括“(一)搬运重物作业；(二)进入锅炉、液舱和隔离舱；(三)置身于有害的噪音和振动中；(四)操作起重机械或其他动力设备或器械，或向操作此类机械的人员发信号；(五)操作系泊中拖缆或锚泊设备；(六)索具作业；(七)恶劣天气中在高处或甲板上工作；(八)电器设备维护；(九)接触有潜在危害的物质，或诸如危险或有毒物质等有害的物理试剂及受到电离辐射；(十)清洗厨房机械；(十一)操控小艇”。该办法第 49 条进一步禁止未成年海员在夜间工作。所谓“夜间”系指“当地时间 21 点开始不少于连续 9 个小时的时间段”。[①] 这些规定符合上述《海事劳工公约》的标准 A1.1 的要求。

《劳动法》第 65 条要求用人单位“对未成年工定期进行健康检查”。《未成年工特殊保护规定》第 6 条至第 8 条同样要求用人单位对未成年工进行定期体检，并根据体检结果安排适合未成年工从事的劳动。[②] 这些规定也符合上述《海事劳工公约》的要求。

综上，就未成年海员保护而言，中国国内立法已经达到了《海事劳工公约》的标准 A1.1 设定的标准；即便中国内国法律法规未达到该公约相关标准，对中国籍沿海运输船舶和中国籍国际航行船舶也应优先适用该公约。

---

① 《海员船上工作和生活条件管理办法》第 58 条。

② 《未成年工特殊保护规定》第 6 条规定：“用人单位应按下列要求对未成年工定期进行健康检查：(一)安排工作岗位之前；(二)工作满一年；(三)年满十八周岁，距前一次的体检时间已超过半年。”第 7 条指出：“未成年工的健康检查，应按本规定所附《未成年工健康检查表》列出的项目进行。”第 8 条强调：“用人单位应根据未成年工的健康检查结果安排其从事适合的劳动，对不能胜任原劳动岗位的，应根据医务部门的证明，予以减轻劳动量或安排其他劳动。”

参考文献

一、中文著作类

1. 中华人民共和国劳动和社会保障部法制司、德国技术合作公司中国法律改革咨询项目编著:《中德劳动与社会保障法:比较法文集》,中信出版社2003年版。

2. 曾世雄:《损害赔偿法原理》,中国政法大学出版社2001年版。

3. 陈梁:《提单免责条款及其对海运货物保险的影响》,武汉大学出版社2005年版。

4. 邓瑞平:《船舶侵权行为法基础理论问题研究》,法律出版社1999年版。

5. 董保华:《劳动关系调整的法律机制》,上海交通大学出版社2000年版。

6. 法治斌、董保城:《宪法新论》,台北,元照出版公司2004年版。

7. 付立忠:《环境刑法学》,中国方正出版社 2001 年版。

8. 高铭暄、马克昌主编:《刑法学》,北京大学出版社 2000 年版。

9. 高秀东:《交通肇事罪的认定与处理》,人民法院出版社 2005 年版。

10. 郭婕、刘俊、杨森编著:《劳动法学》,中国政法大学出版社 1999 年版。

11. 韩立新、王秀芬编译:《各国(地区)海商法汇编》(下卷),大连海事大学出版社 2003 年版。

12. 何丽新、吴海燕主编:《海商法案例精解》,厦门大学出版社 2004 年版。

13. 黄越钦:《劳动法新论》,中国政法大学出版社 2003 年版。

14. 姜颖:《劳动合同法论》,法律出版社 2006 年版。

15. 李景森、贾俊玲主编:《劳动法学》,北京大学出版社 2001 年版。

16. 饶戈平:《国际组织法》,北京大学出版社 1996 年版。

17. 沈志先主编:《海事审判精要》,法律出版社 2011 年版。

18. 史尚宽:《债法总论》,中国政法大学出版社 2000 年版。

19. 司玉琢、胡正良主编:《〈中华人民共和国海商法〉修改建议稿条文、参考立法例、说明》,大连海事大学出版社 2003 年版。

20. 司玉琢、吴兆麟编著:《船舶碰撞法》(第 2 版),大连海事大学出版社 1995 年版。

21. 司玉琢主编:《海商法》,法律出版社 2003 年版。

22. 司玉琢主编:《海商法》(第 2 版),法律出版社 2007 年版。

23. 司玉琢:《海商法专论》,中国人民大学出版社 2007 年版。

24. 司玉琢、李志文主编:《中国海商法基本理论专题研究》,北京大学出版社 2009 年版。

25. 司玉琢主编:《国际海事立法趋势及对策研究》,法律出版社 2002 年版。

26. 司玉琢主编:《海商法专题研究》,大连海事大学出版社 2002 年版。

27. 汤树荣、刁龙生主编:《劳动法实务全书》,中国工人出版社 1994 年版。

28. 邓大松主编:《社会保险》,中国劳动社会保障出版社 2002 年版,第 9 页。

29. 唐德华主编:《最高人民法院〈关于确定民事侵权精神损害赔偿责任若干问题的解释〉的理解与适用》,人民法院出版社 2001 年版。

30. 王利明、崔建远:《合同法新论 · 总则》,中国政法大学出版社 1996 年版。

31. 王利明、杨立新编著:《侵权行为法》,法律出版社 1996 年版。

32. 王利明:《侵权行为法归责原则研究》,中国政法大学出版社 2003 年版。

33. 王利明:《中国民法典学者建议稿及立法理由(侵权行为编)》,法律出版社 2005 年版。

34. 王全兴主编:《劳动法学》,人民法院出版社 2005 年版。

35. 王泽鉴:《民法学说与判例研究》(第 2 册),中国政法大学出版社 1998 年版。

36. 王泽鉴:《债法原理》(第 1 册),中国政法大学出版社 2001 年版。

37. 魏振瀛:《民法》,北京大学出版社 2000 年版。

38. 吴兆麟编译:《STCW 公约与 STCW 规则(2008 年中英文对照综合文本)》,大连海事大学出版社 2009 年版。

39. 徐万民、李恭忠主编:《中国引航史》,人民交通出版社 2001 年版。

40. 杨春洗、向泽选、刘生荣:《危害环境罪的理论与实务》,高等教育出版社 1999 年版。

41. 杨立新:《侵权法论》(下册),吉林人民出版社 2000 年版。

42. 杨立新:《侵权法论》(第 2 版),人民法院出版社 2004 年版。

43. 杨立新主编:《侵权行为法》,复旦大学出版社 2005 年版。

44. 杨立新主编:《人身损害赔偿司法解释释义》,人民出版社 2004 年版。

45. 杨立新:《侵权责任法》,法律出版社 2010 年版。

46. 杨振山主编:《债法事典》,中华工商联合出版社 1994 年版。

47. 易军、宁红丽:《合同法分则制度研究》,人民法院出版社 2003 年版。

48. 张俊浩主编:《民法学原理》,中国政法大学出版社 1997 年版。

49. 张穹主编:《新刑法罪与非罪此罪与彼罪的界限》,中国检察出版社 1998 年版。

50. 张文显主编:《法理学》,高等教育出版社 1999 年版。

51. 张忠晔主编,刘左军、李菡、寇国栋编译:《各国和地区海商法比较》,人民交通出版社 1994 年版。

52. 郑尚元:《工伤保险法律制度研究》,北京大学出版社2004年版。

53. 郑肇芳主编:《海事侵权案例》,上海人民出版社2006年版。

54. 中国社会科学院法学研究所《法律辞典》编委会编:《法律辞典》,法律出版社2003年版。

55.《1978年海员培训、发证和值班标准国际公约马尼拉修正案(中英文对照)》,中华人民共和国海事局译,大连海事大学出版社2010年版。

56. 胡正良等:《〈海商法〉修改基本理论与主要制度研究》,法律出版社2021年版。

57. 最高人民法院民事审判第四庭编:《涉外商事海事审判指导》,人民法院出版社2004年版。

58. 王利明、公丕祥主编:《人身损害赔偿司法解释若干问题释评》,人民法院出版社2005年版。

59. 江平主编:《民法学》,中国政法大学出版社2007年版。

60. 崔建远主编:《合同法》(第5版),法律出版社2010年版。

61. 全国人大常委会法制工作委员会社会法室编著、滕炜主编:《劳务派遣制度解读与法律适用》,中国法制出版社2013年版。

62. 王铁崖主编:《国际法》,法律出版社1995年版。

63. 应新龙主编:《上海海事法院海事案例精选》,法律出版社2011年版。

64. 关保英主编:《行政法与行政诉讼法》(第2版),中国政法大学出版社2004年版。

65. 姜明安主编:《行政法与行政诉讼法》,北京大学出版社、高等教育出版社 1999 年版。

66. 中国海事仲裁委员会上海分会组织编写:《航运标准合同系列(上海格式)》(第 1 分册),人民交通出版社 2012 年版。

67. 最高人民法院民事审判第一庭编著:《最高人民法院人身损害赔偿司法解释的理解与适用》,人民法院出版社 2004 年版。

二、译著类

1. [加]威廉 · 台特雷:《国际海商法》,张永坚等译,法律出版社 2005 年版。

2. [美]G. 吉尔摩、C. L. 布莱克:《海商法》(上、下),杨召南等译,中国大百科全书出版社 2000 年版。

3. [英]劳特派特修订:《奥本海国际法》(上卷)(第 1 分册),王铁崖、陈体强译,商务印书馆 1981 年版。

4. [英]马尔科姆 · N. 肖:《国际法》(第 6 版),白桂梅等译,北京大学出版社 2011 年版。

5. [英]伊恩 · 布朗利:《国际公法原理》,曾令良、余敏友等译,法律出版社 2007 年版。

三、中文期刊类和论文集类

1. STCW 公约解读组:《STCW 公约马尼拉修正案解读》,载《航海教育研究》2011 年第 1 期。

2. 白军、于佳佳、徐新喆:《STCW 公约修订与航海教育的应对策略》,载《航海教育研究》2011 年第 1 期。

3. 边英健:《从因果关系谈碰撞间接损害的赔偿责任》,载《世界海运》2003 年第 2 期。

4. 陈海波:《船舶碰撞致船员伤亡损害的法律救济——论〈海商法〉第 169 条第 3 款的适用》,载《中国海商法年刊》1996 年第

00 期。

5. 陈建华:《考察德国引航管理的启示》,载《珠江水运》2002 年第 9 期。

6. 陈秋妹:《论目前船员劳动争议案件若干问题》,载《青岛远洋船员学院学报》2001 年第 3 期。

7. 张丽英、李永博:《析 ITF 对方便旗船的抵制问题》,载《世界海运》2012 年第 5 期。

8. 陈现杰:《关于审理人身损害赔偿案件适用法律若干问题的解释的理解与适用》,载《人民司法》2004 年第 2 期。

9. 初忠刚、马强、孙庶业:《〈海船船员适任考试、评估和发证规则〉修订草案简析》,载《航海教育研究》2011 年第 1 期。

10. 丁凤楚:《论我国行业协会的法律地位和法律规制》,载《山东理工大学学报(社会科学版)》2006 年第 6 期

11. 丁建洪:《船员劳动合同应予立法》,载《中国水运》2004 年第 7 期。

12. 段尊雷:《STCW 公约马尼拉修正案下电子员履约对策分析》,载《航海技术》2011 年第 6 期。

13. 付金鹏、刘小勇:《关于公平责任原则的几点法律思考》,载《山东审判》2005 年第 6 期。

14. 郭萍、马得懿:《试析我国海上人身伤亡损害法律救济有关问题》,载《中国海商法年刊》2002 年第 00 期。

15. 何小勇:《我国劳动派遣现状及法律规制》,载《上海政法学院学报》2006 年第 4 期。

16. 胡辉:《海峡两岸海商法之比较研究——船舶碰撞法》,载《中国海商法年刊》1996 年第 00 期。

17. 胡正良:《我国海上人身伤亡赔偿责任限制的法律适

用》,载《大连海事大学学报(社会科学版)》2002 年第 4 期。

18. 黄程贯:《劳动法中关于劳动关系之本质的理论》,载《政大法学评论(台北期)》第 6 期(1998 年)。

19. 蒋跃川、牟彩霞:《论互有过失船舶碰撞造成船员人身伤亡的责任负担》,载《中国海商法年刊》2006 年第 00 期。

20. 赖尚斌:《海上人身伤亡案件的法律适用》,载《中国海商法年刊》2005 年第 00 期。

21. 黎军:《行业协会的几个基本问题》,载《河北法学》2006 年第 7 期。

22. 刘孜文:《论引航的民事责任》,载《中国海洋法学评论:中英文版》2008 年第 2 期。

23. 李恩洪、饶滚金:《解析〈中华人民共和国船员条例〉》,载《世界海运》2008 年第 1 期。

24. 李祯、王艳华:《海事劳工公约中海员人身伤亡赔偿制度与我国立法现状的对比研究》,载深圳国际海事论坛组委会编:《2008 深圳国际海事论坛论文集》,人民交通出版社 2008 年版。

25. 孙思琪:《海洋强国战略背景下我国船员劳动和社会保障制度构建刍议》,载《社会保障研究》2017 年第 3 期。

26. 李励:《船舶碰撞损害赔偿的要件》,载《上海海事大学学报》2005 年第 1 期。

27. 刘芳武:《浅谈我国外派船员人身伤亡赔偿的有关问题》,载《南通航运职业技术学院学报》2002 年第 1 期。

28. 刘霞:《聘用合同与劳动合同,啥区别》,载《人力资源》2007 年第 3 期。

29. 刘正江、鲍君忠:《STCW 78/10 修正案的特点及影响》,载《中国海事》2010 年第 7 期。

30. 刘从丹:《〈2006 国际海事劳工条约〉对船舶配员的影响研究》,载《中国水运(下半月)》2012 年第 4 期。

31. 刘波:《国际贸易与国际劳工标准问题的历史演进及理论评析》,载《现代法学》2006 年第 3 期。

32. 楼昶:《论我国船员劳务外派法律制度的完善与规范》,载《天津航海》2005 年第 1 期。

33. 陆悦铭、胡建国:《引航员与船长间信息交流方式研究》,载《中国航海》2006 年第 4 期。

34. 吕琳:《工伤保险与民事赔偿适用关系研究》,载《法商研究》2003 年第 3 期。

35. 马强、刘新建、初忠刚:《STCW 公约马尼拉修正案与航海教育的应对》,载《航海教育研究》2011 年第 2 期。

36. 马艳玲、宋巍:《良好履约彰显 航运大国形象——我国海事履约工作顺利通过 IMO 自愿审核》,载《中国海事》2010 年第 1 期。

37. 马永伟:《我国行业协会法律问题初探》,载《甘肃农业》2006 年第 8 期。

38. 孟红军:《〈海商法〉修改中关于船员外派的若干法律问题》,载《世界海运》2006 年第 4 期。

39. 张新国:《逆向劳动力派遣合同纠纷若干问题初探》,载《人民法院报》2007 年 4 月 16 日。

40. 倪学伟:《海上人身伤亡损害赔偿标准类型化研究》,载《中国海商法年刊》2006 年第 00 期。

41. 彭翠红:《凝聚力量、加强自律促进中国引航行业健康发展——彭翠红组长在中国引航协会筹备工作会上的讲话》,载《长江引航》2007 年第 4 期。

42. 秦艳华、孙付:《第三人侵权引起工伤的法律适用问题辨析》,载《山东审判》2005 年第 5 期。

43. 孙鹏:《“同命”真该“同价”?——对死亡损害赔偿的民法思考》,载《法学论坛》2007 年第 2 期。

44. 山东省高级人民法院民四庭:《审理船员劳动(劳务)合同关系存续期间海上人身损害赔偿案件的有关问题》,载《山东审判》2003 年第 5 期。

45. 孙琳:《STCW78/95 公约在中国履约情况浅析》,载《中国海事》2007 年第 7 期。

46. 孙颖、郭才森:《劳动合同、雇佣合同与劳务合同浅析》,载《理论学习》2004 年第 5 期。

47. 谭立独、许方辉:《问诊劳务派遣》,载《工友》2006 年第 9 期。

48. 唐静:《论雇员受害赔偿九分钟的雇主责任》,载王利明、公丕祥主编:《人身损害赔偿司法解释若干问题释评》,人民法院出版社 2005 年版。

49. 唐一雄:《我国海员劳务外派的现状及对策》,载《航海教育研究》2004 年第 3 期。

50. 王建新:《船员劳务合同纠纷的诉讼与仲裁》,载《中国水运》2002 年第 4 期。

51. 王秀芬、高云嵩:《〈2006 年海事劳工公约〉及其对海事社会的影响》,载《中国海商法年刊》2006 年第 00 期。

52. 王秀芬:《船员法的部门属性及其主要制度研究》,载《中国海商法年刊》1999 年第 00 期。

53. 王国华、孙誉清:《〈2006 年海事劳工公约〉国内适用问题研究》,载《中国海商法研究》2013 年第 3 期。

54. 王勇、张晓东:《〈2006年海事劳工公约〉履约对策分析》,载《中国海事》2009年第8期。

55. 王博:《现行法律框架下船员工伤疑难问题的解决——以工伤保险与侵权赔偿竞合为视角》,载上海海事大学海商法研究中心编:《海大法律评论2014—2015》,上海浦江教育出版社2015年版。

56. 夏亮:《船员外派人身伤亡案件中船员服务机构地位辨析》,载《中国海商法年刊》2010年第1期。

57. 肖英杰:《论海员劳务雇用合同》,载《上海海运学院学报》1997年第2期。

58. 宣晓东:《引航员与船长的职责冲突和权限划分》,载《航海技术》2006年第5期。

59. 杨立新:《人身损害赔偿问题研究》(上),载《河南省政法管理干部学院学报》2002年第1期。

60. 姚晓静:《行业协会的法律地位》,载《学习月刊》2006年第10期。

61. 尹伟民、刘云龙:《关于外派船员人身伤亡赔偿问题的探讨》,载《当代法学》2002年第8期。

62. 尹伟民、许民强:《关于船员劳务合同中优先权问题的探讨》,载《世界海运》2003年第1期。

63. 印绍周、李冰、尹庆:《论〈2006海事劳工公约〉对我国海员的影响》,载深圳国际海事论坛组委会编:《2008深圳国际海事论坛论文集》,人民交通出版社2008年版。

64. 印绍周、王玉洋:《谈我国与国际运输工人联合会(ITF)的合作》,载《中国海事》2011年第2期。

65. 余晓汉:《船舶互有过失碰撞所致油污损害的责任主

体》,载《中国海商法年刊》2000 年第 00 期。

66. 张春龙:《国际海事组织法律委员会通过〈公平对待海员指南〉》,载《中国海事》2006 年第 6 期。

67. 张丽:《中国船员社会保障法之研究》,载《中国海商法年刊》2002 年第 00 期。

68. 张丽娟:《论我国行业协会的法律规制》,载《政法论丛》2007 年第 1 期。

69. 张敏:《船员人身伤亡工伤赔偿问题研究》,载《当代法学》2003 年第 3 期。

70. 张贤伟:《国内船员劳务合同纠纷不应适用劳动仲裁前置原则》,载《中国海商法年刊》2000 年第 00 期。

71. 张新宝、郭明龙:《论侵权死亡的精神损害赔偿》,载《法学杂志》2009 年第 1 期。

72. 张新宝:《工伤保险赔偿请求权与普通人身损害赔偿请求权的关系》,载《中国法学》2007 年第 2 期。

73. 张绪腊:《船员外派劳务合同纠纷及其对策》,载《水运科技信息》1999 年第 2 期。

74. 赵劲松:《俞小洪涉外海上人身伤害索赔案引发的思考》,载北京大学海商法研究中心编:《海商法研究》(总第 8 辑),法律出版社 2003 年版。

75. 郑环宇:《海员心理素质对航运安全的影响》,“船员综合素质与安全”2005 年专题研讨会,2005 年 4 月于广州。

76. 周秀玲、王海潮:《保障海员权益不容忽视》,载《中国海事》2006 年第 5 期。

77. 鲍君忠、王艳华、刘正江:《STCW 公约马尼拉修正案过渡期问题及有关国家履约准备》,载《航海教育研究》2011 年第

4期。

78. 王琪:《关于 STCW 公约的若干问题》,载《水运科技信息》1999年第6期。

四、学位论文类

1. 陈晶:《船员人身伤亡损害赔偿法律制度研究》,复旦大学2009年硕士学位论文。

2. 刘孜文:《引航员法律制度研究》,复旦大学2008年硕士学位论文。

3. 孙宁尔:《我国海员外派业务中劳务派出机构的准入、作用和责任》,复旦大学2006年学士学位论文。

4. 杨薇:《我国船员劳务合同的法律问题分析——并与一般劳务合同的比较》,复旦大学2007年硕士学位论文。

5. 王珏玮:《STCW 公约在中国的履约情况分析》,复旦大学2012年学士学位论文。

6. 黄杨婷:《〈国际海事劳工公约〉研究》,复旦大学2013年硕士学位论文。

7. 安丰明:《船东保赔协会法律制度研究——以英国法为中心》,西南政法大学2004年博士学位论文。

8. 宫淼:《论精神损害赔偿》,对外经济贸易大学2007年硕士学位论文。

9. 马姗:《船员权利保障研究——兼议我国〈船员法〉立法构建》,上海海事大学2007年硕士学位论文。

10. 沈宏伟:《论船员人身伤亡损害赔偿及相关立法研究》,大连海事大学2007年硕士学位论文。

11. 沈强:《我国死亡损害赔偿制度研究》,苏州大学2007年硕士学位论文。

12. 宋建侠:《海上人身伤亡损害赔偿法律问题研究》,中国海洋大学 2007 年硕士学位论文。

13. 孙妍:《海上人身伤亡损害赔偿法律问题研究》,大连海事大学 2006 年硕士学位论文。

14. 徐辉:《船员人身伤亡损害赔偿若干法律问题研究》,上海海事大学 2007 年硕士学位论文。

15. 徐佳:《船员劳务合同的法律研究》,大连海事大学 2004 年硕士学位论文。

16. 薛春林:《工伤事故保险赔偿与民事侵权损害赔偿的适用关系——试论〈最高人民法院关于审理人身损害赔偿案件适用法律若干问题的解释〉第十二条规定》,四川大学 2005 年硕士学位论文。

17. 赵振华:《海上人身伤亡损害赔偿法律问题研究》,西南政法大学 2007 年硕士学位论文。

18. 彭宇、周楠:《〈《2006 年海事劳工公约》2018 年修正案〉视角下被劫持海员的权利保障分析与中国因应》,载《上海海事大学学报》2023 年第 1 期。

19. 王若瑶:《扣船期间的船舶管理法律问题研究》,复旦大学 2021 年硕士学位论文。

20. 李响:《海事国际公约的监督执行》,复旦大学 2014 年硕士学位论文。

21. 张婷婷:《船舶挂靠经营研究》,复旦大学 2007 年学士学位论文。

22. 乔斌:《我国海员外派机构的立法完善问题研究》,大连海事大学 2016 硕士学位论文。

23. 亢永超:《美国船员法律制度研究》,大连海事大学 2008 年硕士学位论文。

五、英文著作类和期刊文章类

1. Christopher Hill, *Maritime Law*, 6th edition, London Hong Kong LLP, 2003.

2. Nicholas J. Healy & Joseph C. Sweeney, *The Law of Marine Collision*, Cornell Maritime Press, 1998.

3. D. Fitzpatrick & M. Anderson, *Seafarer's Rights*, Oxford University Press, 2005.

4. Steven J. Hazelwood, *P & I Clubs: Law and Practice*, Lloyd's of London Press Ltd., 1989.

5. Peter Malanczuk, *Akehurst's Modern Introduction to International Law*, 7th edition, Routledge, 1997.

6. Coles R. & Watt E., *Ship Registration: Law and Practice*, Taylor & Francis, 2013.

7. Ntovas A. X., *The Maritime Labour Convention (2006) - Introductory Note*, Volume 53 International Legal Materials, Issue 5, (2014).

8. Zhao M., Zhang P. et. al., (corresponding author), *Chinese Women Seafarers: A Case Study of the Women Cadets in Shanghai*, 83 Marine Policy 40 - 47 (2017).

9. Zhang P. & Phillips E., *Safety First: Reconstructing the Concept of Seaworthiness under the Maritime Labour Convention 2006*, 67 Marine Policy 54 - 59 (2016).

10. Zhang P., Zhao M., Rajagopal S. & Retouniotis F., *Research on Prevention of Ship Collisions with Oil Rigs*, Journal of Shipping and Ocean Engineering, Vol. 6:5, p. 279 - 283 (2016).

11. Xu, T. & Zhang, P., *Rethinking the Concept of Seafaring*

Labour, Journal of Shipping and Ocean Engineering, Vol. 6 : 4, p. 221 – 2256(2016).

12. Fan J. & Zhang P., *Research on Strategic Shipping Development in China*, Journal of Shipping and Ocean Engineering, Vol. 6 :4, p. 254 – 259(2016).

13. Xu T. & Zhang P., *Compulsory Liability Insurance for Marine Drilling Platforms Pollution under Chinese Law*, Journal of Shipping and Ocean Engineering, Vol. 8 :8, p. 356 – 363(2016).

14. *The Impact of Brexit on the International Trade between China and UK*, Economy, Vol. 268 :22, p. 80 – 83.

15. Zhang P. & Zhao M., *Maritime Labour Convention*, 2006 *and the Chinese Seafarers: How Far is China to Ratification?*, 61 Marine Policy 54 – 65(2015).

16. Qian K., Duan G. & Zhang P., *Research on Risk Management Strategy of Shipping Enterprise*, Journal of Shipping and Ocean Engineering, Vol. 5 :18, p. 75 – 79(2015).

17. Duan G. & Zhang P., *Research on Application of UAV for Maritime Supervision*, Journal of Shipping and Ocean Engineering, Vol. 4 :16, p. 322 – 326(2014).

18. Zhang P. & Zhao M., *Maritime Labour Policy in China: Restructuring under the ILO's Maritime Labour Convention* 2006, 50 Marine Policy 11(2014).

19. Liang Chen, *Legal and Practical Consequences of Not Complying with ISM Code*, Maritime Policy & Management, Vol. 27 :3, p. 219 – 230(2000).